# 团队认同与团队创造力：
## 社会身份视角下的双重作用机制研究

栾琨 谢小云 张倩  著

中国财经出版传媒集团
经济科学出版社
Economic Science Press

## 图书在版编目（CIP）数据

团队认同与团队创造力：社会身份视角下的双重作用机制研究/栾琨，谢小云，张倩著．—北京：经济科学出版社，2019.10
ISBN 978 – 7 – 5218 – 0971 – 8

Ⅰ.①团⋯　Ⅱ.①栾⋯②谢⋯③张⋯　Ⅲ.①团队管理 – 研究　Ⅳ.①C936

中国版本图书馆 CIP 数据核字（2019）第 210951 号

责任编辑：申先菊　赵　悦
责任校对：杨　海
版式设计：齐　杰
责任印制：邱　天

### 团队认同与团队创造力：社会身份视角下的双重作用机制研究

栾　琨　谢小云　张　倩　著
经济科学出版社出版、发行　新华书店经销
社址：北京市海淀区阜成路甲 28 号　邮编：100142
总编部电话：010 – 88191217　发行部电话：010 – 88191522
网址：www.esp.com.cn
电子邮件：esp@esp.com.cn
天猫网店：经济科学出版社旗舰店
网址：http://jjkxcbs.tmall.com
固安华明印业有限公司印装
710×1000　16 开　14.25 印张　240000 字
2019 年 10 月第 1 版　2019 年 10 月第 1 次印刷
ISBN 978 – 7 – 5218 – 0971 – 8　定价：96.00 元
（图书出现印装问题，本社负责调换。电话：010 – 88191510）
（版权所有　侵权必究　打击盗版　举报热线：010 – 88191661
QQ：2242791300　营销中心电话：010 – 88191537
电子邮箱：dbts@esp.com.cn）

# 前言

近些年来,经济下行压力不断增大,市场竞争愈演愈烈,企业所面临的生存和发展环境已经变得日渐严峻。与此同时,劳动力成本不断增加,各类资源日益紧缺,企业无法再单纯依靠"资源消耗型"或"人口红利"等因素来获得发展机会——绝大多数企业都面临着迫切的"转型升级"需要和企业创新的压力。以往研究表明,由于团队能够有效汇聚多样的信息和观点,因此逐渐成为组织开展创新活动时所依靠的主要形式。《2017年德勤全球人力资本趋势报告》明确提出,由等级分明的组织架构向"团队协作"模式转变是提高组织适应力的重要步骤,并且,"领先企业正在向更加灵活、以团队为中心的模式发展"。

尽管团队创造力对组织来说非常重要,但要实现有效创造,团队却面临诸多难题。要想拥有团队创造力,应符合如下条件:首先,团队成员应具备恰当的工作动机,尤其是内在动机;其次,团队应具有恰当水平的多样信息和观点;最后,团队还需要具备处理这些知识或信息,并且进行创新的相关技能和能力。以往研究对后两个方面给予关注,并进行了大量的探索,尤其是团队多样性对创造力的影响。尽管在个体创造力研究中,学者们将内部动机视为影响个体创造力的重要因素之一,但在团队创造力研究领域,却鲜少有研究能够准确回答"团队动机如何影响团队创造力"这一问题。考虑到团队动机因素会显著影响团队信息加工的目的、范围和深度,本研究认为,我们有必要将集体动机视角补充到现有团队创造力的研究框架中。

本书提出,集体水平的团队认同(下文简称"团队认同")能够有效地扮演影响团队创造力的内部动机的角色。基于社会身份视角,团队认同首先能够激励成员内化团队目标,鼓励成员为了团队目标的实现而付出努力。并且,共享认同还可以显著提高个体对其他成员的评价,增强其信任感,从而提高成员对其他同事的观点的关注和采纳程度。团队认同此方面的积极作用得到了以往部分研究的关注。

但这很可能只是团队认同影响团队创造力的一个方面。

团队认同不仅有可能刺激成员内化团队目标，并且随着他们的认同水平的提高，团队身份对于个体定义自我来说会变得愈加重要。此时，任何可能改变甚至贬低团队身份的创新知识、创新信息或创新方案都很有可能引发团队身份威胁。此时，团队认同很可能导致创新信息被团队成员排斥甚至拒绝；更有甚者，高度认同还有可能导致团队成员拒绝向外部群体求助和学习，甚至从根本上不敢提出原创性的观点和想法。此时，由于缺乏创造力的重要来源，即使团队具备高动机水平，他们可能也很难开展有效创造。

基于以上论述，本书研究一致力于讨论团队认同对团队内部学习（internal learning），尤其是外部学习（external learning）的影响。虽然团队认同被发现能够对团队信息加工、团队凝聚力等内部过程产生积极影响，但以往很少有研究讨论团队认同对外部学习的影响。研究一发现，团队认同会如假设一样积极影响团队内部学习，但当涉及外部学习时，团队认同的作用会变得复杂。在高水平心理安全条件下，团队认同能够积极影响团队外部学习；但当团队心理安全的条件不具备时，团队认同会对外部学习产生倒"U"形影响，尤其是过度认同反而会抑制团队向外探索学习。

在研究一对团队认同影响团队学习的过程机制进行了初步探索之后，研究二致力于讨论团队认同如何通过影响行为整合（behavioral integration）来影响团队创造力。基于新产品研发团队或技术开发团队的样本，研究二发现，团队认同可以积极作用于团队创造力，并且这种积极作用会被行为整合中介。我们在研究二中还发现，行为整合的中介作用会受到团队任务特征（即团队任务要求的创新卷入程度）的调节。对于创新卷入程度要求比较低的任务来说，团队只需要利用好手头的资源即可完成创造任务，此时行为整合的中介作用较为明显。与之相反，一旦任务要求团队进行"从无到有"的创造，团队就可能因强调整合而忽视了挖掘、提出和分享信息，导致行为整合过程缺乏足够的信息资源投入而无法积极影响团队创造力。此时，行为整合的中介作用就会被削弱。

研究三关注共享认同可能对团队创造力产生的负面作用。由于团队认同会要求成员按照团队身份或团队规范的原型进行思考和行动，因此共享认同，尤其是过度认同会导致团队内表现出较为一致的态度、观点和行为——这很可能会破坏团队开展创造的基础。我们在研究三中假设，尽管恰当水平的团队认同能够增强团队成员的工作动机,促使他们开展外部学习、团队反思以及进谏,但由于过度认同削弱了成员个人的独特性和区别性,因而会对上述三种能够为团队带来新鲜和发散观点的过程产生不利影响。同时,考虑到领导对团队身份或规范的塑造作用,我们认为,当领导能够包容团队成员的新观点和不同想法时,共享认同的团队会因为遵守这样的行为守则而更为积极地进行外部学习、团队反思和进谏。但是,如果领导不能包容这些行为,共享认同就会表现出对这三种信息发散过程的曲线影响。研究结论支持了我们的假设。特别是当领导包容性较低时,团队认同与外部学习、团队反思和进谏之间存在显著的倒"U"形关系,过度认同的负面作用得到了论证。进一步而言,我们还在研究三中假设团队认同可以通过外部学习、团队反思和进谏等信息发散机制影响团队创造力,但最终结果只支持了成员进谏在此过程中的中介作用。

在前述研究的基础上,我们在研究四中总结提出了"集体水平的团队认同影响团队创造力的双路径模型",希望借助该模型有效梳理"团队认同影响团队创造力的过程机制"模型。我们认为,集体水平的团队认同对团队创造力的积极作用体现为:共享认同能够推进团队的信息聚合过程;但同时共享认同也有可能因为抑制了成员个人的独特性而削弱团队的信息发散过程,从而对团队创造力产生负面影响。考虑到信息聚合过程和信息发散过程对团队创造力的重要作用,本研究指出,在探索集体水平的团队认同对团队创造力的影响时,我们应当整合两条路径同时进行分析。基于这种思路,在研究四中,我们选用利用式学习(信息聚合路径)和探索式学习(信息发散路径)这一对二元过程机制来解释团队认同对团队创造力的作用,并进一步探索了团队规范对这一关系的调节作用。研究四的结果表明,团队认同能够积极促进利用式学习过程,而对探索式学习的作用则会受到团队开放式思维规范的调节。当开放式思维规范水平较低时,过度认同更容易负面抑制探索式学习。并且,共享认同和团队规范的交互作用能够借由团队探索式学习对团队创造力产生影响。

本书的研究意义主要体现在以下四个方面:第一,透过这四个研究,本书首先将团队认同作为集体共享的动机因素引入团队创造力研究的前因变量框架中,填补了长期以来团队创造力研究中集体动机视角的缺失。第二,本书的研究发现系统推进了对于团队认同和团队创造力的关系的认识,并基于信息聚合和信息发散的双路径模型对团队认同影响团队创造力的机制进行了总结和检验。第三,我们还对团队认同潜在的负面作用进行了刻画和检验,响应了该领域研究者长期以来的号召。第四,本书以信息聚合和信息发散两条路径对于以往复杂凌乱的团队创新过程研究进行了总结，论证了这两种路径对于团队创造力的重要意义。我们鼓励未来研究在本研究的基础上，对这两条路径之间的互动关系进行更为复杂细致的探索。

我们还讨论了本研究结果的实践意义和未来可能的研究方向。

本专著受国家自然科学基金资助项目《团队共享认同与团队绩效关系研究：学习的视角》（批准号：71372056）资助。

# 目 录

**第1章 绪论** /1
1.1 研究背景 …………………………………………………… 1
1.2 主要研究问题 ……………………………………………… 7
1.3 研究水平和主要研究对象 ………………………………… 9
1.4 本书的主要创新点 ………………………………………… 9
1.5 章节安排 …………………………………………………… 11

**第2章 文献综述** /13
2.1 团队创造力研究进展 ……………………………………… 13
2.2 团队认同的研究进展 ……………………………………… 25
2.3 团队认同对团队创造力影响的研究进展 ………………… 36
2.4 团队认同和团队创造力关系有待研究的方向 …………… 40

**第3章 主要研究框架** /42
3.1 团队认同对团队内、外部学习过程的影响 ……………… 42
3.2 团队认同对团队创造力的积极影响：信息聚合机制 …… 44
3.3 团队认同对团队创造力的消极影响：信息发散机制 …… 46
3.4 团队认同影响团队创造力的双路径模型 ………………… 47

**第4章 团队认同对内部学习、外部学习影响的
　　　　探索研究（研究一）** /54
4.1 问题提出 …………………………………………………… 54
4.2 假设提出 …………………………………………………… 55
4.3 方法 ………………………………………………………… 59

4.4 结果 ·················································· 63
4.5 讨论 ·················································· 72
4.6 结论 ·················································· 75

## 第 5 章 团队认同与团队创造力的关系：基于行为整合的信息聚合过程研究（研究二）/ 77

5.1 问题提出 ·············································· 77
5.2 理论基础和假设提出 ·································· 78
5.3 研究方法 ·············································· 83
5.4 研究结果 ·············································· 89
5.5 讨论 ·················································· 94
5.6 结论 ·················································· 97

## 第 6 章 团队认同与团队创造力的关系：基于外部学习等信息发散过程研究（研究三）/ 98

6.1 问题提出 ·············································· 98
6.2 理论基础和假设提出 ·································· 99
6.3 研究方法 ············································· 108
6.4 研究结果 ············································· 116
6.5 讨论 ················································· 123
6.6 结论 ················································· 128

## 第 7 章 团队认同与团队创造力的关系：双重路径的整合研究（研究四）/ 129

7.1 问题提出 ············································· 129
7.2 理论基础和假设提出 ································· 131
7.3 研究方法 ············································· 138
7.4 研究结果 ············································· 144
7.5 讨论 ················································· 150
7.6 结论 ················································· 154

## 第8章 研究结论与展望 / 156
    8.1  总结四个研究的研究结论 ………………………………… 157
    8.2  研究的理论贡献 …………………………………………… 160
    8.3  未来可能的研究方向 ……………………………………… 165

## 第9章 实践意义 / 168

**附录 研究问卷** …………………………………………………… 172
    附录 A  研究一问卷 ………………………………………… 172
    附录 B  研究二问卷 ………………………………………… 175
    附录 C  研究三问卷 ………………………………………… 177
    附录 D  研究三问卷 ………………………………………… 179
    附录 E  研究四问卷 ………………………………………… 181
    附录 F  研究四问卷 ………………………………………… 183

**参考文献** ……………………………………………………………… 184

# 第 1 章

# 绪　　论

## 1.1　研究背景

### 1.1.1　团队创造力研究的现实意义

有学者指出，随着 2013 年人口抚养比从下降转为上升，我国人口红利现象——这个在改革开放之后为我国经济发展做出突出贡献的重要因素——将会逐渐消失（Cai & Wang，2005；蔡昉，2010），这对于我国未来的经济发展模式提出了挑战。这种人口结构的转变与人口红利的消失，对于劳动密集型产业的发展造成巨大的威胁：基于劳动力成本低廉而形成的竞争优势也会在接下来的几年内慢慢消失。显然，这部分企业正面临着巨大的转型压力。

2015 年 3 月 5 日，李克强总理在第十二届全国人民代表大会第三次会议上作《政府工作报告》时首次提出"要实施中国制造 2025"的宏大计划。2015 年 6 月 11 日，国务院发布《国务院关于大力推进大众创业万众创新若干政策措施的意见》，提出大众创业、万众创新是"发展的动力之源"，对于推动经济结构调整、打造发展新引擎、增强发展新动力、走创新驱动发展道路具有重要意义。李克强总理在参加达沃斯论坛时，将"大众创业、万众创新"称为中国经济的"新引擎"，再次申明了创新对于企业健康成长、对于我国经济持续发展的重要意义。

从已发布的 2015—2018 年我国宏观经济数据中可以看出，我国的 GDP 增速已经稳步进入了"6"时代，相比于之前数年的宏观经济数据，GDP 增速变缓是不争的事实。其中，传统工业企业负重而行、利润率持续下滑的窘境并没有好转，反而有愈演愈烈的趋势。对于这些企业而言，除人力成本的竞争优势逐渐消失之外，长期以来以资源消耗为主要特征的粗犷型增长模式也已经不能继续支撑企业的盈利增长。除了举步维艰的传统工业企业外，我国高科技企业发展同样面临前所未有的困境。前有"中兴"，后有刚刚得到喘息机会的"华为"，"技术壁垒"确实在一定程度上扼制了我国企业的咽喉和命脉。"转型升级"和"核心技术自主创新"成为上述企业要共同经历的必由之路；而这二者的实现，从微观层面来说，都需要创新技术的突破（金碚，2011；孔伟杰，2012）。

由于能够汇集不同的观点和视角，团队成为企业在组织创新活动时依靠的主要形式（Paulus，2000；王唯梁，谢小云，2015）。尽管团队形式在企业的日常实践中已经得到普及，但是团队创造力（team creativity）却是在近年来的研究中才受到关注的。与积累了大量研究证据的个体创造力研究相比，研究者对于如何提升团队创造力的探索还处在初级阶段（Anderson, De Dreu & Nijstad, 2004；Shalley, Zhou & Oldham, 2004；Shalley & Perry – Smith, 2008）。

### 1.1.2 团队创造力的前因变量研究：能力视角的主导格局

现有的关于团队创造力的前因变量的探索可以简单总结为以下几个方面。

第一，团队多样性对团队创造力的影响作用。

相比于员工个人，团队形式最大的优点在于能够集中具有不同专长背景、掌握不同知识技能的员工，从而丰富团队的信息资源池，为团队思考问题、寻找解决方案提供更加多样的角度和思路。关于团队多样性和团队创造力之间关系的研究一直是研究者们关注的重要问题（Harvey, 2013；Kearney & Gebert, 2009；Rodriguez, 1998；段光，杨忠，2014；倪旭东，2010）。

第二，团队氛围对团队创造力的影响作用。

与一般的绩效活动相比，开展创新活动需要承担更多的风险和不确定性，需要更深度的知识交流和互动沟通。此时，是否具备一个良好的团队氛围，就成为团队能否自如地进行创新活动的关键（Hunter, Bedell & Mumford, 2007；薛继东，李海，2009）。其中，支持创新的团队氛围、心理安全氛围（psychological safety）和自主权（autonomy）都被发现能够影响团队创造力（Edmondson，1999；Shalley & Gilson，2004；方来坛，时勘，刘蓉晖，2012；隋杨，陈云云，王辉，2012；唐翌，2005；王端旭，薛会娟，张东锋，2009）。

第三，团队互动过程对团队创造力的影响。

创造力的产生和团队的生产活动既存在相似的地方，也存在较大的差异。因此，只有更为准确地刻画团队创造力的产生过程，我们才有可能更加准确地探究影响团队创造力的前因变量。研究者对该问题进行了积极的关注。其中，头脑风暴（brainstorming）、任务冲突、信息分享对创造力的作用得到了比较多的讨论（Brown & Paulus，2002；Chen，2006；Paulus，2000；Zhang，Tsui & Wang，2011）。

现有研究对于理解如何提升团队创造力有着重要意义，但是不得不说，由于研究者对团队创造力这一主题关注的时间还比较短，仍然有很多非常关键的、能够影响团队创造力的因素并没有得到恰当的重视。

阿玛贝尔（Amabile，1983；1997）在总结创造力的构成要素模型时，将内在动机、相关的任务知识和创新技能视作激发个体或团队创造力的三大要素。同样的，芒福德和古斯塔夫森（Mumford & Gustafson，1988）在对创新行为进行解读时，也认为动机和能力是驱动创新行为的两大要素。以往的研究虽然关注了团队在创新过程中所投入的信息资源的多样性程度对团队创造力的影响，但是同样重要的团队共享动机却没有得到恰当的关注。与之形成鲜明对比的是，在个体创造力研究领域，研究者始终关注个体动机，尤其是内在动机因素对团队创造力的影响过程（Hon & Leung，2011；Zhang & Bartol，2010）。与此同时，团队创造力往往难以客观评价并给予激励，因此团队内在的对任务的持续关注会显著影响他们在创新任务中的表现（Paulus & Dzindolet，2008）。考虑到团队共享动机对团队创造力研究的重要意义和现有研究的缺乏，本研究认为，将团队水平的动机因素引入团队创造力的研究框架之中能够有效地填补现有创造力研究拼图中的缺憾。进一步地，基于社会身份视角（Reicher，Spears & Haslam，2010），我们认为集体水平的团队认同（collective team identification）作为一种重要的团队水平动机因素，能够对团队创造力产生影响。

### 1.1.3 引入团队认同对团队创造力研究的意义

自1989年阿什福思和马以尔（Ashforth & Mael，1989）两位学者借助组织认同（organizational identification）将社会身份理论（social identity theory）

引入组织管理研究领域之后,研究者对组织认同和团队认同等多种社会身份认同感(social identification)进行了广泛探究。研究者将对社会身份的认同感定义为员工感知到的和某种社会身份的同一性程度(oneness)以及对该社会身份的归属感(belongingness)。以往研究表明,对组织内各种社会身份的认同感会激发员工做出有利于他人的行为,因此会显著提升员工的组织公民行为(organizational citizen behavior)(Van der Vegt, Van de Vliert & Oosterhof, 2003; Van Dick, Grojean, Christ & Wieseke, 2006)、互助行为(Dovidio, Gaertner, Validzic, Matoka, Johnson & Frazier, 1997),减少群体内成员之间的偏见,提高成员对群体内成员的积极评价和信任水平(Hewstone, Rubin & Willis, 2002),并提高团队绩效(Ellemers, De Gilder & Haslam, 2004; Van Knippenberg, 2000)。但鲜少有研究关注社会身份认同感对于创造力或者是创新活动的影响(汤超颖,刘洋,王天辉,2012)。

这是否说明社会身份认同感对于创造力的作用是不值得关注的呢?

显然不是。

我国早期的核武器专家在艰苦的科研环境下仍然奋斗不息,最终取得了举世瞩目的创新成果。这些核武器专家大多放弃了国外优渥的生活条件和良好的科研条件,支持他们回国不断努力的原因并不是外在的物质条件和奖励,而是根植于其心底的对于"中国人"身份的认同;正是这份认同感驱动他们持续投入为了祖国的繁荣富强而奋斗的事业当中。从这个角度来看,身份认同对于创新活动的开展和创新任务的最终实现非常重要。

组织寄希望于通过组建团队来整合多方面的信息和资源,但是团队成员却往往不能将自身利益和团队的集体利益挂钩——团队的动机损失问题长期以来困扰着研究者和管理者(Chen & Kanfer, 2006)。并且,不同于一般的工作绩效,团队创造力的水平往往难以得到客观评价。此时就需要团队成员时刻牢记团队对创造力任务的要求,愿意为了实现这样的要求而不断付出努力。以上两方面所需要的工作动机显然和团队成员如何看待自己有很大的关系(Hirst, Van Dick & Van Knippenberg, 2009; Shalley et al., 2004)。团队认同描述了团队成员感知到的和团队身份的相似程度以及成员对团队身份感知到的归属感程度。当成员认同他们所持有的团队身份时,他们会感知到个人身份和团队身份较为一致,团队的目标和追求会被成员内化为个人追求的一部分,这就从根本上解决了团队利益和个人利益无法统一的问题。因此,对于那些致力于追求提升创造力的团队来说,团队内的共享认同会有效驱动团队成员为了实现这种目标而付出工作努力（Ellemers et al.，2004；Van Knippenberg & Ellemers，2003）。

贝尔实验室曾经是史上规模最大，成就斐然的私有实验室。AT&T 公司给贝尔实验室提供了最好的条件；而贝尔实验室也在多个科学领域都贡献过突出成果。但是，在 AT&T 公司被拆分后，继承了贝尔实验室的朗讯不能够提供之前那样巨额的科研经费，因而贝尔实验室在开展创新活动方面长期以来存在的问题也随之显现。具体来说，虽然贝尔实验室为人类的科技进步做出过突出贡献，但是，由于它始终是一家企业的私有实验室，因此如何在开展创新活动时平衡收支、提高创新效率也是其应当考虑的一个重要目标。尤其是当企业很难对贝尔实验室所提供的创新成果进行确切估值时，该实验室多大程度上将企业盈利而不只是科学上的成就纳入考量范畴就显得格外重要了。而这显然和贝尔实验室内的科学家如何看待他们的身份、如何看待他们和 AT&T 公司之间的关系密切相关。如果他们将自己视作 AT&T 的成员，认为 AT&T 员工这个身份对于他们来说非常重要，那么他们在开展创新活动时，就更有可能把产品创造力对企业的贡献考虑在内。但是，如果科学家们更多的是以"科研人员"或"科学家"这样的职业身份来定义自我，那么他们在从事创新活动时，关注更多的可能就是创造力对于科学进步的意义；这就可能造成企业的研发高投入，却难以转化成为实际产品的尴尬局面。[①]

上述证据均表明了集体水平的团队认同对团队创造力的重要意义。不过，以往研究者也反复强调，团队认同对于团队创造力的作用并不总是积极的，二者之间的关系会更加复杂（Ashforth，Harrison & Corley，2008；Haslam，Adarves–Yorno，Postmes & Jans，2013）。

身份认同增强了个体的工作动机，提升了其努力水平，但是身份（identity）本身也成为限制创造力的重要因素。团队成员对团队身份愈加认同，团队身份对于他们个人而言就会变得更加重要（Brewer & Gardner，1996），对于这种身份的任何改变可能都是成员所不希望看到的。为了维持现有的团队身份，与身份或者是原型特征（prototypicality）不同的观点和意见就很难会被采纳（Hutchison，Abrams，Gutierrez & Viki，2008）。此时，团队很有可能会对现存的管理实践和产品产生思维定式，进而会排斥那些改变现状或者是身份原型的创新活动。

---

① 该案例是本书的研究者根据吴军 2011 年所著的《浪潮之巅》中相关章节进行的总结。

我们正在经历的时代是一个急速动荡的时代。我们正以前所未有的速度目睹一个个大企业的兴起和衰落，从柯达到诺基亚，甚至可能是未来的宝洁。这些曾经被我们看作管理中经典案例的企业，无一不在面临巨大动荡之后走向衰落。克里斯坦森在《创新者的窘境》（Chiristensen，2014）一书中提出，受困于消费者需求，这些大企业更倾向于用延续性技术变革（而不是破坏性技术创新）的方式来应对市场变化。冈斯（Gans，2016）进一步指出，相比于消费者需求的引导和限制，这些企业更难以突破的是内部现有的产品架构（product architecture），因为产品架构往往是这个企业当初获得成功和辉煌的重要基石。从微观层面上分析，不论是普通员工还是高层管理者，他们会对一个成功的组织或团队身份产生更高水平的认同，因为这样的身份可以帮助他们获得更高的社会地位和评价。当这样的组织身份成为他们在社会活动中的重要标签时，任何可能改变或是损害这个身份的尝试都会被阻止甚至惩罚。时至今日，摩托罗拉还固守着"技术优势"的标签；在iOS操作系统问世后，诺基亚花了很多年才最终放弃了对"塞班系统"的执着……这些生动的例子一次次地诠释着要在这些曾经辉煌过的企业中推进破坏式创新的困难程度，这也在一定程度上体现了身份认同或者是身份原型对于创造力及有效创新活动的潜在负面作用（Gans，2016）。

简单来说，高水平的团队认同可能使团队成员无法接受与自己身份原型相悖的观点和看法，尤其是当他们因为这些身份特征而获得尊重和社会地位时。并且，具有高水平认同的成员还会因为自我审查（self-censorship）的过程而对于异质性的观点进行自我"阉割"（De Dreu，Nijstad & Van Knippenberg，2008），他们会对这些有可能改变或者损害团队形象或是地位的信息三缄其口。此时，高水平的共享认同不仅使得变革很难在团队内推行，团队内部也很有可能会因此而缺少特异性的信息和观点，而这显然会对需要多样观点的创新过程产生负面影响。

上述分析表明了组织认同或团队认同对组织创新或者是团队创造力的重要作用。具体到本研究所关注的团队创造力问题，我们认为，虽然团队认同会激励团队成员为了团队目标的实现而付出工作努力，是团队开展创新活动的重要驱动因素，但共享认同，尤其是过度认同可能会强化成员对于差异观点的排斥，显著削弱团队内部多样观点的表达和交锋。

在团队创造力研究日益重要的今天，我们有必要对如何促进团队创造力或者是影响团队创造力的因素进行更全面和系统的分析。创造力的产生需要不同的信息、观点和资源，因此以往研究对团队多样性、团队成员所拥有的网络资源和团队创造力之间的关系投入了大量的关注（Bell, Villado, Lukasik, Belau & Briggs, 2011）；创造活动还需要良好的团队氛围作保障，因此以往研究也关注了团队氛围对团队创造力的影响作用（Hunter et al., 2007）。然而，团队成员贡献高的动机水平对团队创造力的影响却一直游离在团队创造力的研究框架之外，尽管研究者在探索个体创造力问题时，始终将个体的内在动机视为驱动个体创造力的最关键因素。团队动机首先影响着团队开展创造活动的目的，也决定着团队在创造过程中所投入的认知努力的程度和持续性；并且，团队动机还有可能导致团队开展有偏的信息加工和分享，这些对于我们理解团队的创造过程和最终的团队创造力都是十分关键的（De Dreu, Nijstad, Bechtoldt & Baas, 2011）。

如前所述，作为一种典型的团队动机，团队认同能够激励团队成员内化团队目标，使得团队目标对团队成员的行为和工作努力产生驱动作用（Van Knippenberg, 2000）。这不仅有效缓解了团队的动机损失问题，并且，对于那些以创新为目标的团队来说，团队认同会促使团队成员努力去完成这些目标，因而会在团队创造的过程中投入高强度的、持续的认知努力。与此同时，团队认同还有可能影响团队在创造过程中的信息加工方向，甚至有可能引发有偏的信息分享和信息加工，从而损害团队创造力。总结来看，团队认同和团队创造力之间可能存在着十分复杂而有趣的关系。关注二者之间的关系，不仅有助于我们理清如何利用共享认同来促进团队创造力，更重要的是，引入集体水平的团队认同能够有效解决以往团队水平创造力研究中的集体动机视角缺失问题。因此本书设计并开展了一系列的研究来初步探索团队认同和团队创造力之间的关系。

## 1.2 主要研究问题

团队认同可能会对团队创造力产生两种影响作用。第一，对团队身份的认同会激励团队成员内化团队目标，从而为了实现目标而付出不懈的工作努力（Lembke & Wilson, 1998; Van Knippenberg & Van Schie, 2000）。并且，由于团队创造力的结果难以评价，团队成员对团队目标自发的、真挚的关心和追求对于实现有效的团队创造力来说非常关键。

与此同时，团队认同能够使得团队成员更加积极正面地看待团队内的其他成员（Kramer, Hanna, Su & Wei, 2001; Williams, 2001），从而显著改善团队成员间的沟通情况，促进团队成员间的行为整合（behavioral integration）等。基于此，我们提出，团队认同能够有效促进团队内的信息聚合过程，从而积极作用于团队创造力。

第二，随着认同水平的升高，社会身份对于个体来说越来越重要（Dutton, Dukerich & Harquail, 1994），减少和该身份有关的不确定性的需求与维护现有身份稳定性的需求会变得愈加显著。共享认同水平高的团队不仅对试图改变现状的、具有创新性的观点的容忍度可能会变差，就连团队成员个人都有可能在需要提出不同观点时保持沉默，进而维持团队身份的稳定性。此时，作为创造力产生基础的观点多样性遭到抑制（Bell, Villado, Lukasik, Belau & Briggs, 2011; Harvey, 2013）。基于此，本研究提出，团队认同，尤其是过度认同会抑制团队内不同信息和多样观点的涌现和发散过程，进而抑制团队创造力。

不过，上述过程会受到团队规范或团队身份特征的影响，并且这些规范或特征对于共享高水平认同的团队来说尤为关键（Haslam et al., 2013）。当团队原型能够接纳甚至是鼓励团队成员发表不同观点时，共享认同更有可能成为积极推进团队创造力的重要刺激因素。但是，如果团队身份对不同的观点是持封闭甚至是排斥的态度，团队认同会促使成员更加严格地遵守这样的"行为守则"，此时团队认同就会对团队创造力产生抑制作用。从这种角度来说，考虑团队身份的特征要素或领导对团队身份特征的塑造作用对于更为准确地探究团队认同对团队创造力的影响也是十分重要的。

本书关注了集体水平的团队认同和团队创造力之间的复杂的关系。我们将团队创造力产生的过程分为信息聚合过程和信息发散过程，由此认为团队认同能够通过积极影响信息聚合过程的方式来提高团队创造力，但是过度认同却会因为限制了团队内的信息发散过程而削弱团队创造力。围绕上述研究问题，我们开展了紧密联系的四个研究：研究一关注团队认同对团队内、外部学习的影响，以及心理安全在它们的关系中所起到的调节作用。在此基础上，研究二关注团队认同如何借由积极影响行为整合进而积极影响团队创造力。该关系会受到团队任务要求的创新卷入程度的调节。研究三则探讨团队认同对外部学习、团队反思和进谏这三种能给团队带来多样观点的信息发散过程的负面作用，进而认为共享认同，尤其是过度认同会通过负面影响这些过程从而对团队创造力产生负面作用。这种作用可能会受到领导包容性的调节。在上述三个研究基础上，研究四提出了"团队认同影响团队创造力的双路径模型"，并综合信息聚合（利用式学习）和信息发散（探索式学习）两个过程来探讨集体水平的团队认同对团队创造力的影响作用。这种关系最终会受到团队开放式思维规范的调节。

## 1.3 研究水平和主要研究对象

虽然个体创造力对于组织实现创新和"转型升级"来说也是至关重要的，但是本研究主要讨论的还是集体水平的团队认同对于团队创造力的影响作用。我们的研究框架特别强调以下两方面的前提。

第一，本研究所讨论的创造力问题都是在团队水平进行的，是基于群体互动的过程产生的团队创造力。

第二，有关社会身份认同感的研究非常丰富，其中，尤以组织认同和团队认同的研究居多。但是这些研究往往是在个体水平展开的，探讨的是个体水平的社会身份认同对员工个人行为的影响。本研究关注的是团队成员共享的认同水平对团队行为和团队创造力的影响作用。

另外，本研究的研究对象主要选取了那些需要从事创新任务的技术团队、研发团队等，提高团队创造力往往是上述团队的工作重点和目标。因此我们能够在这些团队中开展团队创造力的研究。

## 1.4 本书的主要创新点

本研究围绕"团队认同影响团队创造力的过程机制"这一核心问题有序开展了四个研究。致力于在一定程度上刻画团队认同对团队创造力可能产生的积极或消极效应，并对这样的差异效应进行情境权变模式的讨论。本研究的创新点和研究贡献主要体现在以下三个方面。

第一，基于社会身份视角，假设并检验了集体水平的团队认同对团队创造力产生影响的双路径模型，为探索二者关系提供了基于信息加工过程的作用机制。

基于社会身份视角，本书着力推进了现有研究对"团队认同如何影响团队创造力"这一问题的认识，并基于信息聚合和信息发散两种路径来捕捉团队认同对团队创造力的影响作用。团队认同被认为能够激发团队成员对团队目标的关注，进而作为一种内在动机促进团队的信息聚合过程，对团队创造力产生显著的积极作用。但团队认同还会导致团队固守现状、拒绝改变，降低成员之间的差异性，因而过度认同会通过抑制团队信息发散过程从而损害团队创造力。

尽管已经有研究对团队认同和团队创造力间的关系投入了一定的关注（Adarves - Yorno, Postmes & Haslam, 2007; Haslam et al., 2013），但是这部分研究并没有围绕团队认同对团队创造力影响的机制进行详细的刻画。本研究通过引入信息聚合和信息发散两条路径，对团队认同影响团队创造力的积极、消极机制进行了有效划分，推进了我们对共享认同和团队创造力间的关系的认识。

第二，探索并发现了团队认同潜在的负面作用。

由于团队认同能够有效消除团队成员的动机损失，减少团队内的过程损耗，削弱团队成员间的偏见，因此它被认为对团队合作过程和团队绩效甚至是对于多样信息的使用都有积极作用（Van Knippenberg, 2000; 栾琨, 谢小云, 2014）。这些积极作用得到了大量实证研究的支持（Van der Vegt & Bunderson, 2005; Kearney & Gebert, 2009）。但是，在团队认同的积极作用占据了研究者视线的同时，仍有少部分研究者在极力呼吁不能忽视认同的潜在负面作用（Ashforth et al., 2008）：具有高组织认同的个体会抵制组织的变革；共享的团队认同也被认为会逐渐削弱团队成员个体的差异性。这些过度认同的负面作用很可能会损害团队创造力。

基于这种思路，本研究假设了团队认同对团队信息发散过程和团队创造力的负面作用，并探讨了这种负面作用的情境性。最终结论表明，在特定情境（领导包容性低，团队开放性规范较低）中，团队认同尤其是过度认同确实会通过抑制团队信息发散过程的方式来削弱团队创造力。

这种负面作用的发现一方面积极响应了研究者对于全面理解认同影响作用的号召，另一方面也提醒管理者在决定努力推进团队认同或者是组织认同的建设之前，要对团队或组织所处的情境、构建社会身份认同感所希望达成的目标进行更多思考。

第三，适度填补了团队创造力研究中集体动机视角的缺失。

创造结果具有难以衡量性，因此团队成员要时刻以组织和团队的利益为重,这样才会使得创造过程更可能产出积极结果。更重要的是,尽管团队多样性能够影响团队在创造过程中所能调动和利用的信息资源数量,但是团队内共享的动机最终决定了团队利用这些信息资源的程度和加工这些信息的目的(Amabile,1997)。如果团队在创造过程中不能始终保持着较高水平的认知动机和认知投入,那么团队多样性很可能无法得到有效的利用而最终无法作用于团队创造力。这两者都点明了集体动机对团队创造力的重要作用。尽管在个体创造力研究中,学者们基于阿玛贝尔(Amabile,1983)提出的创造力构成模型,着力于探索个体的工作动机尤其是内在动机对个体创造力的影响,但是令人遗憾的是,从集体动机视角展开的关于集体动机如何影响团队创造力的研究屈指可数。

考虑到这种研究现状,基于社会身份视角,我们将团队认同作为一种典型的团队共享动机引入进来,详细探讨该因素对团队创造力可能的激励或削弱作用。我们的研究发现不仅表明了集体水平的团队认同对团队创造力的显著作用,更重要的是,适度填补了现有团队创造力前因变量研究框架中集体动机视角的缺乏。

## 1.5 章节安排

本书将更紧密地围绕"团队认同影响团队创造力的过程机制"这一核心问题展开;在对相关领域研究进行系统回顾的基础上,有序地对本书中包括的四个研究进行论述。具体的章节安排如下。

第1章为绪论。本章的主要任务是从现实背景、现实案例和理论背景等几个方面介绍本书希望关注的核心问题以及关注这个问题的价值所在。在此基础上,简单介绍本书的创新点和可能的理论贡献。

第2章为文献综述。我们首先从两方面对和团队创造力有关的研究进展进行了回顾:在介绍了近二十年来研究影响团队创造力的较为远端的前因输入端的相关进展之后,总结并梳理了团队创造力研究中还存在的问题。针对这些值得关注的研究方向,本书进一步明确,我们想要关注的研究问题是:团队认同如何影响团队创造力。

在明确了研究问题的基础上,我们紧接着介绍了现有的关于团队认同和团队创造力二者关系的研究进展情况,尤其是总结了现有研究对二者关系的分歧观点。在此基础上，本研究希望通过区分不同的作用路径来梳理和解释团队认同对团队创造力的影响。

第3章为主要研究框架，重点介绍了四个研究之间的逻辑递进关系。在研究一、研究二和研究三的基础上，总结并提出了团队认同影响团队创造力的双路径模型，研究四致力于对该双路径模型进行初步检验。

第4章重点介绍研究一。在研究一中，我们重点关注团队认同对团队内、外部学习过程的影响，并且假设团队认同会积极影响内部学习，但团队认同和外部学习之间存在倒"U"形关系。进一步地，心理安全被发现会调节上述关系。研究一通过对61个新产品开发团队进行问卷调查从而对上述假设进行了检验，结果发现，在低水平心理安全条件下，团队认同和团队外部学习之间存在倒"U"形关系。

第5章重点介绍研究二。我们关注在新产品研发或技术开发团队中，团队认同如何通过影响团队成员的行为整合来影响团队创造力。该研究假设，共享认同能够通过促进团队内的行为整合过程的方式来提高团队创造力；上述关系在那些对创新卷入程度要求较低的任务中表现得更加明显。研究二通过对62个团队进行问卷调查并对这一观点进行了检验。

第6章重点介绍研究三。我们探索团队认同如何借由影响团队外部学习、团队反思和进谏等过程来影响团队创造力。团队创造力需要团队成员发现问题、革新观点，并将这些观点通过有效的渠道表达出来；而团队认同很有可能对上述过程产生负面影响。研究三通过对77个研发、技术或服务团队进行领导和团队的配对调查，并对上述观点进行了检验，并且发现了团队领导的包容性程度对上述关系的调节作用。

第7章重点介绍研究四。通过整合信息聚合过程（利用式学习）和信息发散过程（探索式学习），我们对本书提出的"团队认同影响团队创造力的双路径模型"进行检验。同时，我们还考虑了开放式思维规范（open-mindedness norm）对上述关系的调节作用。通过对52个团队进行的两轮问卷调查，本研究对上述关系进行了检验。

第8章为研究结论与展望。这一章首先对前述四个研究所得到的结论进行了总结，然后对本研究的理论贡献和实践意义进行了讨论。在此基础上，提出了一些未来研究值得继续关注的问题和现象。

第9章为实践意义。基于系列研究的发现，提出了三点对组织和管理实践的建议。

# 第 2 章

# 文 献 综 述

本章内容主要分为两部分。第一部分是对团队创造力已有研究的回顾和总结。第二部分基于已有的研究进展，总结过往团队创造力研究中仍然存在的问题。

基于此，我们认为引入团队认同能够有效地弥补团队创造力研究中集体动机视角的缺失。文献综述第二部分对"团队认同"概念的提出和发展脉络、社会身份视角进行了总结，然后梳理了现有的和"身份认同和创造力"主题相关的研究及其分歧观点，并进一步提出了关于这一主题值得关注的研究方向和问题。

## 2.1 团队创造力研究进展

创新不仅对管理实践、科学进步甚至对人类的可持续发展都意义重大（Haslam et al., 2013；Shalley & Zhou, 2008）。同时，创造力和创新问题还很复杂。不同于一般的工作绩效能够被有效定义和评价，创造力往往很难被客观评价（Barrick, Stewart, Neubert & Mount, 1998），并且群体在完成创新任务时所经历的过程机制也存在较大的差别。这些都对创新研究，尤其是团队创造力研究的开展和推进具有很大的挑战性。尽管如此，研究者通过数十年的积累，还是在创新这个问题上取得了一些进展。

### 2.1.1 创造力和创新绩效的区别

以往研究中，对创造力（creativity）既有从结果方面进行的探索（Oldham &

Cummings, 1996; Zhou, 1998), 也有从过程角度给出的定义 (Amabile, 1983; Hargadon & Bechky, 2006)。当研究者关注团队创造力过程时，强调的是团队进行具有原创性的行为和过程，并不强调最终的结果是否具有创新性 (Drazin, Glynn & Kazanjian, 1999)。由于本书主要是从结果层面去定义团队创造力，因此本书将对这一角度给出的定义进行更细致的讨论。

一些心理学研究用头脑风暴任务中个体或群体所产生的观点和想法的质量和数量来对创造力水平进行评价。具体的指标有三个：产生观点的流畅性 (fluency)，即在头脑风暴的过程中产生了多少观点；产生观点的多样性 (flexibility)，即产生的观点可以分成多少个不同的种类；以及观点的原创性 (originality; Nijstad, De Dreu, Rietzschel & Baas, 2010)。这部分研究对于创新的看法更注重"新"(novelty) 这个元素，强调观点的原创性和多样性。

但在组织管理研究领域，对创造力的要求除了具有原创性之外，还要求所提出的想法、完成的产品要具有实用性 (usefulness; Amabile, 1988; Mumford & Gustafson, 1988)。原创性要求创新的产品或结果相对于所处时代中功能相同的物品具备一定的独特性 (unique)；实用性则要求创新的产品和结果仍然需要为消费者或者是使用者提供价值 (add value; Shalley & Zhou, 2008)。进一步地，研究者认为，不论是为当下的产品或者是为管理实践"添砖加瓦"的微量改变，还是"从无到有"的突破性发现，都应该包括在创造力的研究当中。

还有一点需要指出的是，虽然产品或服务的创新程度往往难以客观测量，但是创新本身还是需要比较对象的。新的产品需要和现存的具有相同功能的产品进行比较，选取的这个比较标准会直接影响个体或群体对产品创新性的评价 (Adarves - Yorno et al., 2007)。举个简单的例子，要评价一部手机产品的创新程度，需要将该部手机和其他手机产品进行比较；要评价一个现代主义画家作品的原创性程度，需要将他的作品和其他现代主义画家的作品进行比较。从这个角度来分析，创造力的评价离不开创新主体本身所处的社群背景 (community; Adarves - Yorno, Haslam & Postmes, 2008)。

创造力主要指的是观点、产品方案和决策上的革新，而创新绩效 (innovation) 还包括观点的实施 (implementation)。威斯特和安德森 (West & Anderson, 1996) 认为，除了创造出新的过程、观点和产品之外，创新绩效还要包括个体或者群体对这些新发现的介绍 (introduction) 和应用 (application; 也可见 West, 2002)；创新绩效的产生需要个体和群体有意识地想要从创新结果中获得利益，并且将这种意图付诸实践。

总结来看，创造力可以看成创新绩效的第一阶段或者是创新绩效的新观点产生过程；创新绩效往往被认为包括两个要素：创新和实施（West，2002）。因此，虽然创造力和创新绩效是不同的两个概念，但二者间的关系十分紧密。

由于二者之间存在着明显的差别，因此在研究创造力和创新绩效时，研究者关注的重点也会存在差别。创造力研究中，研究者会更多地关注新观点如何产生（Miura & Hida，2004；郑全全，李宏，2003），如何在现有的多个创新方案之中进行选择或整合等（Harvey & Kou，2014；Rietzschel，Nijstad & Stroebe，2006）。而对创新绩效进行讨论时，兼顾创新想法的产生与实施则是更有价值的研究思路。由于本研究只讨论了团队内新观点的产生过程和结果，因此采用团队创造力作为结果变量更为合适。

## 2.1.2 个体创造力研究的简单回顾：CMC 模型与 IMCB 模型的二元格局

在回顾团队创造力研究进展之前，本研究首先对个人水平的创造力活动进行简单的回顾，以便于我们对团队创造力具体过程的理解。

在对个体创造力进行研究时，有两个理论模型特别值得我们关注，分别是阿玛贝尔提出的创造力构成要素模型（component model of creativity，CMC；Amabile，1983；1988；1997）以及伍德曼和他的同事们提出的创新行为交互模型（interactionist model of creative behavior，IMCB；Woodman，Sawyer & Griffin，1993；Woodman & Schoenfeldt，1990）。

**1. 阿玛贝尔的创造力构成要素模型（CMC）**

阿玛贝尔认为，由于创新活动的复杂性，要完成创新，个体必须具备三个要素：相关领域的知识技能（domain-relevant skills）、创新的相关技能（creativity-relevant skills）和任务动机（task motivation；Amabile，1983）。相关领域的知识技能是个体从事创新活动的基础，这些知识技能的积累决定了个体在面对问题、解决问题时所采用的思考方式和评价标准。创新的相关技能包括个体的认知风格，例如，有些个体擅长打破常规去思考问题，有些个体则更加倾向于墨守成规；个体倾向于采用的启发式也是创新技能的一部分；另外，工作风格也影响着个体创新技能水平的高低。

创造力的要素模型中，最受研究者关注的应该就是任务动机这个维度

(Amabile, 1985；Conti, Collins & Picariello, 2001；George, 2007；Zhang & Bartol, 2010；薛贵，董奇，周龙飞，张华，陈传生，2001)。阿玛贝尔在1983年的研究中，强调了内部动机而不是外部动机对创造力的重要意义。阿玛贝尔认为，由于参与创新活动需要持续的认知投入和努力，并且从事创新活动还需要承担结果的不确定性等风险，因此，如果创造力本身不能给个体带来乐趣或者是激励的话，那么创新是无法开展的（Amabile, 1983）。同时，尽管任务和创新的相关技能是个体开展创新活动的基础，但个体对于上述两种知识技能的调动程度很大程度上取决于他们的内部工作动机（Amabile, 1988）。不过，随着研究证据的累积，阿玛贝尔在后来的研究中进一步提出了动机合力（motivational synergy），肯定了外部动机可以通过和内部动机协调合作的方式来影响个体创造力（Amabile, 1993）。

阿玛贝尔的创造力构成要素模型对于产生或者是影响个体创造力的因素进行了系统性的总结，对后续研究的推进也起到了关键性作用。

### 2. 伍德曼等人的创新行为交互模型（ICMB）

伍德曼等人在回顾以往关于个体创造力的研究时总结出三个主要角度：(1) 个性因素（personality）；(2) 认知风格和认知能力；(3) 社会心理学关注的情境因素对创新的影响。伍德曼等人综合这三种视角，提出了创新行为交互模型（Woodman & Schoenfeldt, 1990）。创新行为交互模型提出，个体的创新行为或创造力的产生是一个"人和情境交互"的复杂过程。其中，情境对个体创造力的作用既发生在个体开展创新活动之前，也在个体创新的过程之中：个体会受情境激发，同时运用自己的认知能力，在特定情境中完成创新任务。

创新行为交互模型的优势在于同时考虑个体特征和社会情境的作用，而这种思路对于后续的研究也起到了关键的指导作用（Zhou & Hoever, 2014）。

与这一观点呼应，阿玛贝尔在1983年的文章中也指出过，之所以鼓励研究者多关注任务动机这个因素，除了以往对于动机因素的研究还比较缺乏之外，另一方面的原因还在于，任务动机是创造力的构成要素模型中会显著受到外界管理手段和情境因素影响的变量。换句话说，管理者可以通过适当的手段对个体的任务动机进行管理。这在一定程度上说明，阿玛贝尔也考虑到了个体创新过程中人与情境可能存在的交互关系。

总结来看，阿玛贝尔和伍德曼在归纳个体创新时，都认可认知能力或者是认知投入对创新的重要意义：在个体的认知风格、任务知识会影响创造力之余，受情境、任务动机因素所激发出的投入和努力水平也在一定程度决定了个体创新的成败（Hirst et al.，2009）。

随着团队形式在组织中的普及，"团队如何完成创新任务"逐渐成为研究者关注的话题。虽然研究者习惯于沿用个体创造力的方法来定义团队创造力，但是二者之间却存在着很多差异。哈维和高（Harvey & Kou，2014）就曾指出，个体创新是由成员个人基于自己的专长知识而开展的认知加工活动及结果；但是团队创造力不仅涉及成员个人多样信息或差异观点的分享，同时还和团队内的观点冲突、信息讨论和加工以及最终的决策选择密切相关。图2-1是哈维在另一个研究中所描述的一个典型的由个体输入，经由团队互动，最终转化成团队创造力或创新产出的过程。

从图2-1中可以看出，仅基于成员个体来讨论团队创造力问题不仅片面，还会忽略对团队创造力意义重大的团队互动过程。因此，我们需要从成员特质、团队水平的互动、分享和讨论等多个角度对团队创造力进行研究。延续这种思路，近年来直接从团队水平切入、关注团队创造力的研究逐渐增多。

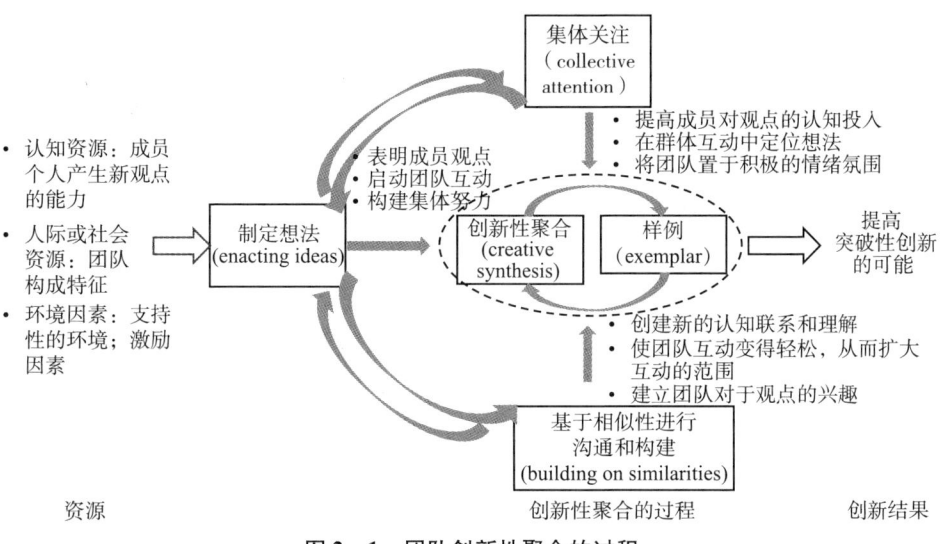

图2-1 团队创新性聚合的过程

资料来源：Harvey, S. Creative Synthesis: Exploring the Process of Extraordinary Group Creativity [J]. Academy of Management Review, 2014, 39 (3): 324-343.

### 2.1.3 团队创造力的研究进展回顾

虽然个体创造力的研究已经积累了很多证据，但直到 2000 年，学者们才把关注的目光从单纯的个体研究转向团队或者是群体创造力问题。

为了对团队创造力这一主题的研究进行系统回顾，本书在 Web of Science 网站上以"team creativity"为关键词进行搜索。截至 2019 年，发表的和关键词有关的文章共计 161 篇。按照发表年份作图。具体的趋势如图 2-2 所示。由图中可以看出，从 2014 年开始，关于团队创造力的研究数量飞速增长。

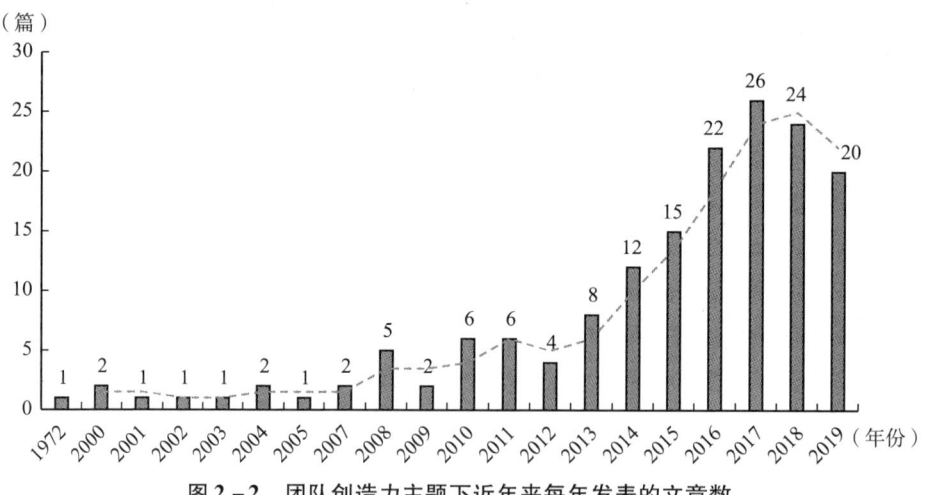

图 2-2 团队创造力主题下近年来每年发表的文章数

为了更好地理解现有关于团队创造力的研究进展，本研究对在 Web of Science 网站上检索出的实证文章进行了系统梳理。在圈定了恰当的研究领域（例如"Management, Business, Applied Psychology" & "Social Psychology"）之后，共有 113 个实证研究被选取进行分析和整理。

在这 113 个研究中，有少数几个研究关注了团队创造力对团队创新绩效（team innovation）或者是更长期的绩效的影响（Sung & Choi, 2012）；绝大部分研究都对团队创造力的前因变量进行了探索，从中不难看出，团队多样性以及不同种类的领导风格（例如，变革型领导、授权型领导或共享领导）得到了以往研究的大量关注。本书根据这些研究关注的前因变量的种类，对它们进行了进一步地梳理和总结。具体结果如表 2-1 所示。

表 2-1　影响团队创造力的前因变量研究总结

| 分类 | 具体分类 | 前因变量举例 | 具体的研究举例 |
|---|---|---|---|
| 成员特质（水平、多样性或断裂带） | | 创新能力、创新风格、创新活动开展的方式等 | (Tagger, 2001); (Helen, 2004); (Kim & Kim, 2007) |
| | | 性别、个性特质（调节聚焦等）、目标导向、知识专长、认知风格、文化背景等 | (Tagger, 2002); (Tiwana & McLean, 2005); (Kurtzberg, 2005); (Shin & Zhou, 2007); (张钢, 倪旭东, 2007); (Pearsall, Ellis & Evans, 2008); (Bear, Oldham, Jacobsohn & Hollingshead, 2008); (Cureu, 2010); (Schilpzand, Herold & Shalley, 2011); (Viriyayudhakorn & Kunifuji, 2012); (Van Knippenberg, Van Ginkel & Barkema, 2012); (Gong, Kim, Lee & Zhu, 2013); (Ellis, Mai & Christian, 2013); (Sacramento, Fay & West, 2013); (Han, Han & Brass, 2014); (Lee, Bassellier & Faraj, 2014); (Lee, Lee, Seo & Choi, 2015); (Chae, Seo & Lee, 2015); (吕洁, 张钢, 2015); (Tang & Ye, 2015); (Leung & Wang, 2015); (Hunter & Cushenbery, 2015); (Lin, Law & Zhou, 2017); (Aggarwal & Wooley, 2019); (Qu & Liu, 2017); (Luan, Ling & Xie, 2016); (Wang, Kim & Lee, 2016) |
| 团队结构 | | 情绪基调（affective tone）、情绪智力等 | (Tu, 2009); (Barczak, Lassk & Mulki, 2010); (Tsai, Chi, Grandey & Fung, 2012); (Shin, 2014); (Amabile, Barsade, Mueller & Staw, 2005) |
| | 网络结构 | 网络强度和结构洞、外部网络等 | (Yang & Cheng, 2010); (Choi & Lee, 2011); (Jia, Shaw, Tsui & Park, 2014); (Perry‐Smith & Shalley, 2014) |
| | 成员关系 | 沟通模式、反馈 | (Leenders, Van Engelen & Kratzer, 2003); (Leenders, Van Engelen & Kratzer, 2007); (Hoever, Zhou & Van Knippenberg, 2018); (Harrsion & Dossinger, 2017) |
| | | 更高层次的身份（superordinate identity）、团队凝聚力等 | (Sethi, Smith & Park, 2001); (Litchfield, Karakitapo lu‐Aygün, Gumusluoglu, Carter & Hirst, 2018); (Salazar, Feitosa & Salas, 2017) |
| | 认知结构 | 共享心理模型（正确性和共享程度）、交互记忆系统等 | (王黎萤, 陈劲, 2010a); (Gino, Argote, Miron‐Spektor & Todorova, 2010); (林晓敏, 白新文, 林琳, 2014); (Santos, Uitdewilligen & Passos, 2015) |
| | 权力结构 | 共享领导、权力轮转（Heterarchy）等 | (Aime, Humphrey, Derue & Paul, 2014); (Lee, Lee, Seo & Choi, 2014); (蒿坡, 龙立荣, 贺伟, 2015) |

续表

| 分类 | 具体分类 | 前因变量举例 | 具体的研究举例 |
|---|---|---|---|
| 任务结构 | | 标准化工作流程、系统设计思路；信息沟通技术任务阶段，任务特征（任务互依性，自主性；过程管理等 | (Sethi, Smith & Park, 2001); (Gilson, Mathieu & Shalley, 2005); (Leenders, Van Engelen & Kratzer, 2007); (Farh, Lee & Farh, 2010); (Hon & Chan, 2012); (Sacramento, Fay & West, 2013); (Goldenberg, Larson, Jr. & Wiley, 2013); (Rosso, 2014); (Lee, Lee, Seo & Choi, 2014); (Lee, Basselier & Faraj, 2014); (Diez, Tena, Romero – Gomez, Diaz & Aedo, 2014); (Chae, Seo & Lee, 2015); (Leung & Wang, 2015); (Homan, Buengeler, Eckhoff, Van Ginkel & Voelpel, 2015) |
| 团队氛围 | | 创新氛围，鼓励冒险的氛围，参与安全、心理安全，团队支持氛围等 | (Sethi, Smith & Park, 2001); (Van Knippenberg, Van Ginkel & Barkemema, 2012); (Helen, 2004); (Yang & Cheng, 2010); (Fairchild & Hunter, 2014); (Giibert – Lopez, Verdu – Jover & Gomez – Gras, 2014); (Hunter & Cushenbery, 2015); (朱雪春, 陈万明, 唐朝永, 2015); (Lee, Choi & Kim, 2018) |
| 领导因素 | | 领导风格（例如，变革型领导，授权型领导）；领导认知风格；领导成员交换关系等 | (Shin & Zhou, 2007); (Kratzer, Leenders & Van Engelen, 2008); (Sung & Choi, 2012); (Hon & Chan, 2012); (蔡亚华, 贾良定, 尤树洋, 张祎, 陈艳露, 2013); (王磊, 2015); (Carmeli & Paulus, 2015); (Lee & Farh, 2019); (Hu, Erdogan, Jiang, Bauer & Liu, 2018); (Mo, Ling & Xie, 2019); (Li, Fu & Sun, 2016) |
| 过程因素 | 冲突 | 任务冲突、关系冲突和地位冲突 | (张钢, 倪旭东, 2007); (Cureu, 2010); (Farh, Lee & Farh, 2010); (Fairchild & Hunter, 2014); (吕洁, 张钢, 2015); (王磊, 2015); (Zhao, 2015); (Santos, Uitdewilligen & Passos, 2015); (Lee, Choi & Kim, 2018) |
| | 知识共享和信息互换 | | (Gong, Kim, Lee & Zhu, 2013); (Bear, Oldham, Jacobsohn & Hollingshead, 2008); (蔡亚华, 贾良定, 尤树洋, 张祎, 陈艳露, 2013); (Lee, Lee, Seo & Choi, 2014); (朱雪春, 陈万明, 唐朝永, 2015); (王磊, 2015); (Carmeli & Paulus, 2015) |
| | 其他 | 专长聚合、团队反思、信息的精细化加工、观点的反思性建构、探索和利用等 | (Tiwana & McLean, 2005); (Van Knippenberg, Van Ginkel & Barkemema, 2012); (Ellis, Mai & Christian, 2013); (Shin, 2014); (朱雪春, 陈万明, 唐朝永, 2015); (Chae, Seo & Lee, 2015); (Choi & Lee, 2015); (Hoever, Zhou & Van Knippenberg, 2018) |

备注：本表格是由作者本人整理得到的。

从表2-1的总结中，我们不难看出以下几个趋势。

第一，团队创造力研究主要遵循的理论视角包括"投入—过程—产出（IPO）模型"和"社会资本视角"。

传统的投入—过程—产出（imput-process-output）模型基本占据了主导地位。这和团队创造力研究关注的前因变量主要是团队结构和任务结构有很大的关系。现有研究大多关注成员属性，尤其关注团队成员所具有的和任务相关的信息多样性如何影响团队创造力；也有研究更为直接地关注任务经验、团队内认知结构对团队创造力的影响（Gino, Argote, Miron-Spektor & Todorova, 2010；王黎萤，陈劲，2010a）。研究者们认为，来自不同教育背景、具有不同专长知识的成员能够为团队带来不同的观点和解决问题的角度（Shin & Zhou, 2007；Tiwana & McLean, 2005）。与此同时，多样的成员还兼具多样的外部网络（Reagans, Zuckerman & McEvily, 2004），这也是提高团队信息和观点多样性的一个重要渠道。丰富的信息资源经由信息共享或者是任务冲突的过程机制，为团队创造力提供了可能。

社会资本视角一是被用来解释团队成员或领导因所处的网络位置为团队带来的资源和观点对团队创造力的影响（Kratzer, Leenders & Van Engelen, 2008；Perry-Smith & Shalley, 2014），并将成员个人外部网络对团队创造力的作用加入创新研究中。二是用来描述团队成员间的沟通（Leenders, Van Engelen & Kratzer, 2003）和关系强度等因素对团队创造力的影响。

第二，关注人和情境、成员和领导的交互关系对团队创造力影响的研究越来越多。

虽然团队多样性对团队创造力的意义重大，但是研究者们却始终没能得到一致的结论（Harvey, 2013；Majchrzak, More & Faraj, 2012）。究其原因，是因为诸如教育背景、专业知识等因素的多样性不仅为团队的信息加工过程提供了丰富的资源基础，也成为团队成员进行社会分类（social categorization）的基础，而后者有可能导致团队内的冲突和过程损失（Pearsall, Ellis & Evans, 2008；Williams & O'Reilly, 1998），最终对团队创造力产生负面作用。为了解释这些看似矛盾的结论，近些年来，研究者已经逐渐意识到结合情境（context）来考察主体（actor）特质影响的重要性（Tett & Burnett, 2003；王黎萤，陈劲，2010b）。在这种思想指导下，学者们已经开始研究团队所处的情境因素、团队领导的特点和团队结构因素、任务结构因素的交互对团队创造力的影响（Zhou & Hoever, 2014）。

已有研究显示，虽然团队多样性决定了团队能够使用的信息资源和观点的潜在数量，但如果没有积极安全的氛围（Fairchild & Hunter, 2014）、恰当的集体动机（Baer, Oldham, Jacobsohn & Hollingshead, 2008），又或者是足够的能力（Luan, Ling & Xie, 2015）等作为支撑或保障，这些属性的积极作用很可能无法得到有效发挥和使用。周京和霍弗（Zhou & Hoever, 2014）在对以往的创新研究进行综述时，也鼓励未来研究要考虑行动者—情境的互动效应（actor-context interaction effects）对创造力的影响。

第三，对团队创造力的过程机制的研究仍以任务冲突和信息共享为主。

虽然关于团队创造力的研究探索已经开展了多年，但现有研究大多还是利用任务冲突或者是信息共享的过程机制来解释团队创造力（Farh, Lee & Farh, 2010; Lee, Seo & Choi, 2014）。研究者普遍认为，通过任务冲突和信息共享，不同的信息观点得到表达并在团队中进行碰撞，因而能够促进团队创造力。

不过，近些年来，已经有研究开始指出，团队创造力是一个相对复杂的过程，除了要考虑观点的发散之外，还应当对观点的聚合过程投入关注（Cropley, 2006; Harvey, 2014; Kohn, Paulus & Choi, 2011）。尤其是对于现实工作的团队来说，他们需要的往往不是多个解决方案，而是找到或发展出一个最满意的创新方案进而付诸实践。从这种角度，如何在任务冲突和信息共享之后再进一步关注团队选择方案或聚合观点的过程是非常有价值的（Zhou & Hoever, 2014）。

总结来看，现有的团队创造力的研究表现出了几大趋势：（1）对团队创造力的前因变量的研究占据了主导地位，仅有极少数的几个研究关注到了团队创造力对创新绩效、长期绩效的影响；（2）团队结构因素或任务结构因素仍然是研究的热点，但是已有越来越多的学者指出，需要同时关注创新主体特征和创新情境因素之间的互动对团队创造力的影响；（3）团队创造力研究的理论视角以 IPO 模型为主，以任务冲突和知识共享作为主要的过程机制。已有的研究进展虽然让人欣喜，不过，由于学者们关注团队创造力这一研究主题的时间还比较短暂，团队创造力研究中不免存在一些问题。

## 2.1.4 团队创造力研究中存在的问题：动机视角缺失和过程机制模糊

周京和霍弗（2014）在对 2000 年之后关于创造力的研究证据进行总结时

指出，虽然研究者对于如何促进团队创造力的研究已经变得愈加复杂，但是截至目前，大部分研究都无法明确指出存在某一类因素（尤其是备受研究者关注的团队多样性属性）能够持续地对团队创造力产生积极影响（Zhou & Hoever, 2014）。我们认为，造成这一研究现状的主要原因是，目前的团队创造力研究中还存在两个主要问题。

团队创造力已有研究存在的第一个问题是，对于团队创造过程的理论研究长期以来并没有突破性的发展或较为统一的认识。不同于一般的团队绩效产生过程，团队创造力的实现往往会经历一个更加复杂甚至多样化的过程。要想准确地预测团队的投入要素对团队创造力的影响，我们需要对资源投入之后的转化过程或者是团队创新过程有更加透彻的了解（Kurtzberg & Amabile, 2010）。但是，在阿玛贝尔的创造力构成要素模型（1983）和伍德曼等人的创新行为交互模型（1990）提出之后，创造力研究领域对于团队创新过程的理论认识长期以来再没有显著的理论演进（Anderson et al., 2014）；任务冲突和信息共享这两个过程始终牢牢占据着研究者的视线。

任务冲突和信息共享只能捕捉到创新过程中的"发散"要素，即团队内观点由少变多、由一致向分歧发散的过程，却忽略了"聚合"过程对团队创造力的重要意义（Alavi & Tiwana, 2002; Cronin, Bezrukova, Weingart & Tinsley, 2011），因此仅仅基于这两个过程机制并不能有效解释团队创造力产生的复杂过程。要理解团队创造力的产生过程，我们不仅要对团队内如何增加观点变异的过程进行分析，还要关注团队如何实现观点的累加（build-on）和重构（reframing）以及最终的信息聚合。

值得庆幸的是，近些年来已经有部分研究者基于对实际工作团队的观察来探索团队创造力产生的过程并取得了一些进展（Hargadon & Bechky, 2006; Harvey, 2014; Hoever & Zhou, 2018）。不过，这些尝试还处于初级阶段，研究者透过这些案例分析所观察到的创新过程还未得到其他研究的普遍关注；持续推进对团队创新过程的理解仍然非常重要。

第二个更棘手的问题是，长期以来团队水平的创造力研究忽略了团队水平动机因素的影响。

阿玛贝尔在1983年就提出了动机因素对创造力的重要影响。创新过程要求个体对自己已有的知识进行反复的思考和加工，并根据需要不断地去搜索新的知识和观点。这个过程需要个体持续的认知投入和努力。因此阿玛贝尔认为动机因素不论对于个体创造力还是团队创造力来说都是非常关键的（Amabile,

1997）。关注个体创造力问题的学者们针对个体工作动机尤其是内在动机对个体创造力的影响进行了大量探索（Dewett，2007），但是这种探索并没有延伸到团队创造力的研究中，以往关于团队创造力的研究很少讨论团队内的共享动机对团队创造力的作用。

和个体水平的任务动机一样，团队水平的共享动机能够激发员工个人的认知努力，并且团队水平动机因素对团队创造力还有着其他更复杂的作用。产生创造力本身是一项需要付出额外努力、承担相应风险，但最终结果仍然难以预料的工作（Yu & Frenkel，2013）。首先，创新任务很可能并不是团队的本职工作，参与这样的工作会占据或者是消耗团队成员开展日常工作或完成角色内任务的时间或精力；其次，有创新意味着打破常规，而打破常规的过程极有可能不被团队成员尤其是领导接受，这在很大程度上会增加创新过程中的风险；最后，创造力本身往往难以评价（Amabile & Pillemer，2012；De Dreu，Nijstad，Bechtoldt & Bass，2011）。这个过程中所要求的额外的工作努力、风险和结果的不确定性都会增加组织或团队开展创新活动的成本和不确定性。如果团队成员无法内化团队目标和利益追求，不能真心地关注团队的结果表现，成员在创新活动中的目标就可能相对而言比较分散，甚至背离团队希望实现的目标，最终的创新结果也很难获得保障。从这个角度来看，具有"亲团队"或者是"亲社会"的工作动机能够鼓励团队成员承担创新过程中的风险和成本，确保他们关注团队目标并且以实现团队目标为重，进而促进团队创造力。

"亲社会"的工作动机对于团队多样性的有效利用也是十分重要的（Van Knippenberg，De Dreu & Homan，2004）。"亲社会"的工作动机使得成员更倾向于去考虑别人的观点和看法（Grant & Berry，2011），从而提高了他们进行观点整合和团队创新的可能性。与之相反，如果团队缺乏工作动机，那么，即使拥有不同的信息资源和观点视角，团队也有可能因为无法有效利用这些资源而造成信息过载，最终降低团队创造力的水平。

尽管团队水平的动机因素，尤其是团队"亲社会"的工作动机对于团队创造力来说非常重要，但是和个体创造力研究领域极其看重个体动机因素的影响不同，团队创造力的研究并没有对于这一集体动机要素给出恰当的关注（Wang，Kim & Lee，2016）。团队创造力研究中的集体动机视角长期以来一直是缺失的。这很大程度上是由于团队水平的动机研究始终进展缓慢：关于团队动机的研究始终缺乏理论基础（Ellemers et al.，2004）。另外，集体动机视角的趋势也和研究者长期以来始终把团队作为一种情境因素,并未真正将团队作为一个有机实体有关。但早在 1997 年时,赫兹等人 (Hinsz, Tindale & Vollrath, 1997) 就指出,团队作为一个有机实体,可以作为信息的加工者进行研究。此时,团队的动机水平、团队加工信息的方向和目的都会对最终信息加工的结果、团队创造力水平产生影响。基于此角度,团队绝不仅是成员完成创新任务的情境因素,团队属性、团队的动机水平、团队的目标都会影响团队创造力。

不过,近些年来,随着对团队动机研究关注的增多,社会身份视角被认为是推进团队动机研究的重要理论基础 (Chen & Kanfer, 2006; Ellemers et al., 2004)。已有研究也表明,团队认同能够促使团队成员为了实现共同目标而进行努力 (Van Knippenberg & Ellemers, 2003),消除团队成员之间的偏见和误解,更好地利用团队丰富的信息资源,进而提升团队创造力 (Hoever, Van Knippenberg, Van Ginkel & Barkema, 2012; Kearney & Gebert, 2009; Sethi, Smith & Park, 2001; Van Der Vegt & Bunderson, 2005)。对于此类研究,我们认为,基于社会身份来探讨集体水平的团队认同对团队创造力的影响,可以在一定程度上弥补现有团队创造力研究中集体动机视角的缺失。

虽然引入团队认同、关注共享认同对团队创造力的作用对于从集体动机视角推进创造力研究较有意义,但目前对于上述关系的探索仍十分有限。本书从这种研究现状出发,希望能够围绕团队认同对团队创造力的影响作用进行考察,并打开团队认同对团队创造力的作用机制。

## 2.2 团队认同的研究进展

关注社会身份的学者们认为,个体自我概念 (self-construct) 不仅取决于个体本身所具有的特点,同时还会受到所认同的社会身份的影响 (Ashforth & Mael, 1989)。身份研究初期,研究者认为个体的身份主要包括两种:个人身份 (personal identity) 和社会身份 (social identity)。个人身份指个体化的自己——那些在特定社会背景中能将个体区别于其他人的特征 (Brewer, 1991)。而社会身份指"个体自我概念的一部分,它来源于个体对自己作为某个(或某些)社会群体的成员身份的知识、价值和与其相关联的情感" (Tajfel, 1982)。随着身份研究的不断推进,个体的角色身份以及个体和他人的关系也会成为定义其个人身份的一部分。

个体可能同时具有多个身份，这些身份可能是特殊的或者普通的，通常个体认为某个社会身份是主观重要（subjective importance）和具有吸引力（perceived attractiveness），即满足了个体的某些需求，从而发展为身份认同，例如对组织身份的认同等（Sluss & Ashforth, 2008）。

关注个体所认同的社会身份对于解释其在具体社会情境中的行为有很重要的意义。自20世纪70年代以来，研究者就对这方面的问题进行了大量的探索。在此基础上，社会身份理论（social identity theory）和自我分类理论（self-categorization theory）逐渐发展起来（Tajfel, 1974; Turner & Oakes, 1989）。社会身份理论被发展用来解释群际关系，尤其是不同群体之间的偏见甚至是冲突；自我分类理论最初被发展用来解释个体为什么会对某个社会身份产生认同，但目前已被用于解释更多的问题（Haslam, 2004）。由于两个理论之间存在着非常密切的关系，常被同时用来解释具体的实践问题，因此后来有学者提出，用社会身份视角（social identity approach or social identity perspective）作为两种理论的合称（Reicher et al., 2010）。

## 2.2.1　社会身份视角：社会身份理论和自我分类理论

社会身份视角下主要包括两个重要理论：社会身份理论和自我分类理论。

**1. 社会身份理论（Social Identity Theory, SIT）**

该理论最初提出是被用于解释群际关系，尤其是群际冲突问题（Tajfel, 1974）：为什么相对于黑人群体，白人群体会有优越感？为什么不同民族之间会有矛盾？为什么合并的企业中，来自不同企业的员工之间会存在冲突？20世纪70年代，泰费尔等人开展了一系列实验，尝试从社会身份的角度来解释这个现象（Tajfel, Flament, Billig & Bundy, 1971）。和以往沟通研究中所得到的研究结果不同，在实验中，他们发现，即使被试之间没有人际互动的经历，只把某个社会身份赋予他们，这个社会身份也会对他们的态度和行为产生影响。这引发了学者们极大的兴趣。社会身份理论即是用来解释这种现象的。

个体本身有追求一个积极的自我形象或者是进行自我形象提升（self-enhancement）的基本动机（Abrams & Hogg, 1988）；当他们接受或认同了某个具体的社会身份之后，就会寄希望于通过该社会身份来实现这种自我形象提升的需求。举例来说,当一个学生认同了"浙江大学学生"这个身份后,他就会特别希望得到别人对于"浙江大学学生"这个身份的积极评价,从而获得满足。换句话说,如果个体认同了某个群体身份,他就会有动力去追求自己所在的社会群体和其他社会群体的积极区分(positive distinctiveness),借此来实现对自我形象的有效提升(Tajfel & Turner, 1979; Tajfel, 1982)。

解释群际偏见和冲突是社会身份理论的一个重要贡献。在此基础上,泰费尔等人还描述了如何对某个社会身份产生认同的过程(Tajfel & Turner, 1979)。具体来说,泰弗尔认为,个体会经由社会分类(social categorization)、社会比较(social comparison)和社会认同(social identification)这三个过程来对某个社会身份产生认同,并具体讨论了这三个认知过程之间的关系(Tajfel, 1974; 1975)。

在此基础上,社会身份理论还关注了一个重要问题:个体对于群体身份的地位的感知和判断如何影响他们对自我提升策略的选择(Haslam, 2004; Tajfel & Turner, 1979)。这种对群体地位的判断,除了对地位的感知之外,还包括对现有地位合法性和可变性的感知,以及个体对于不同社会群体之间边界是否可以渗透的感知。基于对上述因素的组合判断,个体会在改变自己所在的群体、更换群际比较的对象、提升自己所在群体的地位、进行更大规模的社会变革等几个策略之间进行选择。

社会身份理论体现了"社会"这个因素对个体的态度和行为的影响,这对于仅从个人特质出发研究态度和行为是一个很重要的补充。社会情境和该情境下的社会身份被补充进学者的研究框架中。尽管社会身份理论对于很多问题(例如刻板印象、偏见和谈判等问题)都表现出了强大的解释力,但是该理论并没有解释社会身份会突显的原因。而自我分类理论是对这一问题的回答。

### 2. 自我分类理论(Self-categorization Theory, SCT)

个体能够用以进行自我定义的社会身份有很多,为什么会特别用某个或某几个社会身份来定义自我呢?自我分类理论在对这个问题做出回答的同时,进一步揭示了人际关系和个体所处社会群体的群际关系对个体行为的影响。

个体在不同的社会情境中都需要表现出恰当的行为,而且需要对纷繁复杂的信息进行分类整理并进行快速判断——这种降低不确定性的需求实际上也是为什么个体会对社会身份产生认同的原因之一(Hogg & Terry, 2000)。显然,此时会让个体产生认同感的群体身份首先需要帮助个体进行有效的信息整理和行为指导；这种有效程度明显和当时的社会情境尤其是外群体是谁有着十分密切的关系（Oakes, 1996; Turner, Oakes, Haslam & McGarty, 1994）。举个简单的例子，当心理学家和物理学家在进行学术探讨时，两个人表现出的可能更多是各自的知识背景差异。而当两位学者一起与政府官员进行座谈时，两人间的知识背景差异被弱化，取而代之的会是两人同时用"学者"的身份来指导自己的态度和行为。

除了和个体所处的社会情境、比较对象有关外，群体身份对于个体的突显程度还取决于个体感知到的自己和该群体身份之间的相似性程度。泰弗尔将身份认同定义为"个体感知到自己属于某个社会群体"，同时"具有该群体身份对于个体来说意义重大"。阿什福思和马以尔（1989）两人基于泰弗尔的定义，将组织认同定义为员工感知到的自身和组织身份的同一性（oneness）以及对组织身份的归属感程度（belongingness）。同一性指的就是个体感知到自身和具体的群体身份之间的相似性程度。举例来说，当画家和音乐家在交流时，画家是很难对音乐家的身份产生认同感的，因为两种身份之间存在着明显的不同。不过，还需要指出的一点是，群体身份之间的差异也会随着社会情境的改变而发生变化。在上述例子中，如果把画家、音乐家、化学家和物理学家放到一起进行讨论，那么艺术家（包括画家和音乐家）和科学家（包括化学家和物理学家）之间的差异可能是更加显著的。

特纳等人（Turner, Oakes, Haslam & McGary, 1994）将上述过程总结成三个因素，认为这三个因素的组合既决定了一个社会分类是否显著，也是形成社会身份认同的基础。这三个因素分别是：认知可得性（cognitive accessibility）、比较的适宜性（comparative fit）和比较是否符合规范（normative fit; Oakes, Turner & Haslam, 1991; Van Knippenberg, De Dreu & Homan, 2004）。

经过自我分类的过程，个体和内群体成员之间会感知到较高水平的相似程度，而对外群体成员则会感知到差异；并且，个体对于群体身份特征的感知会影响他们的态度和行为（Abrams & Hogg, 1990）。不仅如此，群体内其他成员的态度和行为也会对个体本身产生较大的影响，甚至成为他们行为的参照（Abrams, Wetherell, Cochrane, Hogg & Turner, 1990）。此时，受到认同程度的驱使，个体不仅会倾向于同意群体内成员的观点和看法，同时他们还会积极地追求在那些事关团队荣辱和形象的问题上达成一致（Haslam, 2004）；这种效应被后来的很多研究用来解释身份认同对群体思维的推进作用（Turner & Pratkanis, 1998; Turner, Pratkanis, Probasco & Leve, 1992）。并且，基于参照信息影响力,研究者对群体内成员,尤其是领导的原型性程度(prototypicality)① 对其工作有效性和影响力的作用也进行了进一步地分析(Hogg, 2001; Van Knippenberg & Hogg, 2003)。

让我们感到遗憾的是,虽然研究者已经明确了群体身份对个体态度和行为的重要意义,尤其是论证了在社会身份的作用下,个体有动力去追求和内群体成员达成一致,研究者甚至也基于社会身份视角对群体思维现象进行了解释,但是鲜少有研究直接关注社会身份或者是对社会身份的认同对于群体内的信息加工以及创新的影响。

**3. 对社会身份理论和自我分类理论的简单总结**

社会身份理论和自我分类理论都是比较复杂的理论,涉及的概念、能解释的现象种类繁多(Haslam, 2004)。简单来看,社会身份理论较好地解释了群际偏见和冲突出现的原因。自我分类理论的应用范围更广,不仅可以显示在特定情境下,某个具体的社会身份得以突显的原因,更重要的是,可以更近一步来解释群体身份对成员个人态度和行为的影响。

## 2.2.2 组织内部认同研究焦点的转移:从组织认同到团队认同②

**1. 组织认同**

社会身份视角最初被阿什福思和马以尔(1989)两位学者引入以研究组织认同对员工行为、员工对组织的态度和承诺以及员工绩效的影响。组织认同的定义颇多,比较为大家所接受的是:其一,"个体将与感知到的组织身份相同的属性纳入自我概念中,这一认知联结称为组织认同"(Dutton et al., 1994);其二,"个体对与组织一致和从属于组织的感知称为组织认同"(Ashforth & Mael, 1989)。组织认同概念中包括"认知(cognition)"和"情感(affect)"两方面要素(Epitropaki & Martin, 2005),即个体感知到其属于组织

---

① 自我分类理论提出,由于群体成员在那些特别能表现群体特性的因素上表现出的程度存在差异,因此群体成员对于群体身份的代表性程度是不一样的。这种代表性程度就是本书所说的原型性程度(Van Knippenberg & Van Knippenberg, 2005)。

② 2.2.2 和 2.2.3 两小节部分内容已发表在《外国经济与管理》2014 年第 4 期《国外团队认同研究进展与展望》一文中。

且是组织典型一员的程度和个体作为组织成员的情感体验。

其中,组织认同的认知成分的主要内涵为:将自己视为组织的一员,将组织的价值观内化,认为个人目标与组织目标相一致,并从心理上觉得与组织命运牵连在一起(Ashforth & Mael,1989;Riketta,2005;Edwards,2005)。而组织认同的情感成分则更多地表现为与组织情感的联结和对组织的归属感(Edwards,2005)。同时,组织认同使得个体在看待自己时,不光关注自己与其他个体区分开的特异性特征,同时也会关注自己与团队内成员相似的特征(Ashforth & Mael,1989),进而表现出群体内偏好和群体外歧视等行为(例如,van Dick et al.,2004),或者将组织的典型特征(Prototypical Characteristics)作为自我概念的一部分,从而强化自己的典型性行为。由此,我们可以看到,组织认同的概念中还包括一个重要的因素——"行为"。

除了认知和情感两个要素外,对于组织认同这一概念的内涵界定,学者们也总结过不同的框架。例如:泰弗尔(1982)的三要素框架:认知属性(对成员身份的知晓),评价属性(与身份知晓相关的价值内涵的感知)和情感属性;范迪克(van Dick,2005)的四要素框架:认知属性,情感属性,评价属性和行为属性。然而,很多学者认为,行为这一成分并不是组织认同的核心部分,它有时候更表现为认同的结果,而不是认同的概念本身(Edwards,2005)。评价属性更多的指为区别自己所属群体与其他群体而对自己群体所做出的价值观陈述(Tajfel,1982),因为在实证研究中,这种主观的陈述很难衡量,或者说这种陈述与组织内个人产出之间的关系很难捕捉,后续的研究很少将其纳入组织认同的研究中,或者与认知属性进行了一部分的合并。因此认知属性、情感属性的两要素构成模型成为理论界普遍接受的观点。

阿什福思等(2008)在对组织认同这一概念进行梳理和综述时提出一个认同概念理解的模型,如图2-3所示,其认为认同最狭义的概念界定只包括社会身份理论中对社会身份的界定内容,即"认知"和"情感"两个要素,这与阿什福思和马以尔(1989)的定义也是一致的。而组织认同概念本身不是简单的"认同"或"不认同"这一分类变量,而是具有程度区分的连续变量,因此随着认同程度的加深,其概念构思包含的意义也从图2-3的第一个环扩大到第二个环,进而扩大到第三个环。

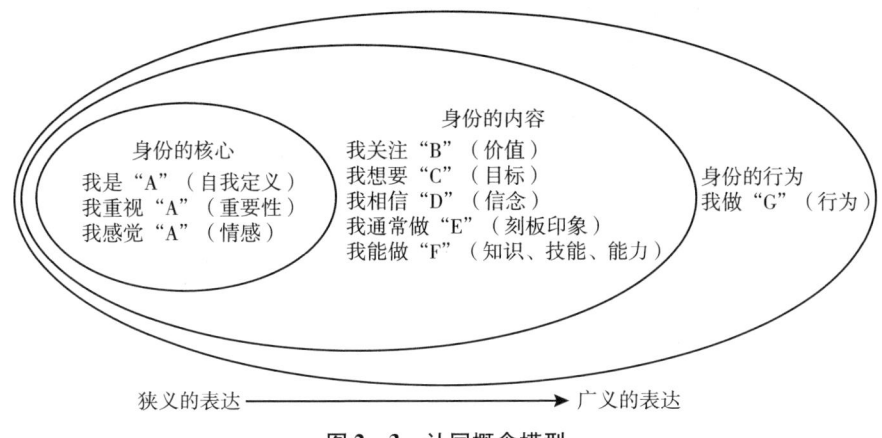

图 2-3 认同概念模型

资料来源：Ashforth, B. E., Harrison, S. H. & Corley, K. G. Identification in organizations: an examination of four fundamental questions [J]. Journal of Management, 2008, 34: 325-374.

### 2. 团队认同（team identification）

随着研究的深入，研究者发现，不只是组织认同，员工在组织生活中还会对更多不同层次的社会身份产生认同，这些认同也会对他们的工作行为和工作态度产生影响（Van Knippenberg & Van Schie, 2000）。更进一步地，研究者发现，实际上员工更容易对更低层次（或者是覆盖范围更窄的）的社会身份产生认同（O'Leary & Mortensen, 2010）。原因在于：首先，对于那些大部分时间都是和组织内成员进行互动的员工来说，团队身份和部门身份能更好地使他们同时满足相似性需求和差异性需求（Brewer, 1991）。其次，员工会和自己所在的部门和团队的同事进行更多的交流，因而相对于组织身份，团队身份和部门身份对于员工个人的重要性可能会更加明显（Ashforth & Johnson, 2001）。从这种角度来说，团队认同对员工行为的影响可能更为直接。

例如，范德维特和邦德森（Van der Vegt & Bunderson, 2005）在对包含多学科专家的团队的学习行为的研究中发现，只有当该团队的集体的团队认同高时，这种跨学科的专业多样性才能显示出其优势，促进团队的学习行为。他将这种集体的团队认同定义为："在特定团队中团队成员从情感上将自己与团队成员身份联结起来的显著性"。卡迷利和他的同事们在肯定了认同可以作为一个集体的团队水平的构念的基础上，将集体的团队认同理解为团队成员"共享"的一种认知和情感上的认同感（Carmeli, Gelbard & Goldriech, 2011）。

综合以往研究进展，本书中我们把团队认同定义为：团队成员感知到的自我和团队身份的同一性和对团队身份的归属感。更为具体的，团队认同指的是成员个人感知到的团队内部的统一性（an unified entity）以及他们对这个团队成员身份的眷恋或投入程度（Bezrukova, Jehn, Zanutto & Thatcher, 2009）。

和组织认同的研究进展类似，研究者认为成员对团队身份的认同实际上也是一个多维度的概念。例如，伊利莫斯等人（Ellemers, Kortekaas & Ouwerkerk, 1999）基于泰费尔的思想，提出可以用社会自我分类（social self-categorization，认同的认知维度）、团队承诺（认同的情绪情感维度）和团队自尊（group self-esteem，认同的评价维度）三个量表进行组合来测量成员对于团队身份的认同程度。更为重要的，身份认同的多维模型［例如，泰弗尔（1982）的三维度模型］还提示我们：身份认同的认知维度和评价维度很大程度上影响着个体对社会身份的接纳程度和认同程度，而这种认同程度直接决定着团队成员在情绪情感方面会多大程度投入到团队身份上。更加直接的，对认知维度和评价维度的探索可以用来解释身份认同的形成机制；而对于身份认同的情绪情感维度的探索则更多的用来预测身份认同对员工行为和态度的作用（Haslam, 2004; Riketta, 2005）。

不过，随着团队认同或者是身份认同研究的推进，已经有研究者指出，虽然身份认同的情绪维度能很好地解释身份认同对成员行为的激励作用，但是身份认同还会使得成员以贴近身份原型的要求去行为，此时身份认同的认知维度，也即团队成员感知到的团队身份的特征将会对他们的行为和态度产生影响（Abrams et al., 1990; Haslam et al., 2013）。对此，研究者需要进一步综合考虑不同维度的身份认同对个体行为的影响（Ashforth et al., 2008）。

## 2.2.3 个体水平团队认同的影响

社会身份理论认为，当团队身份成为个体自我概念的一部分时，团队的绩效表现和外部社会对团队的评价将会成为个体自我评价的一部分（Ashforth & Mael, 1989）。为了获得一个积极的自我形象，团队成员就有动力去实现团队目标（Dutton et al., 1994; Van Knippenberg, 2000）。并且，和一般基于社会交换所形成的关系不同，由于团队成员真心地关心团队的产出和形象，因此，即使是工作要求之外的部分（不能有效被外部奖励所激励的部分），只要有利于团队的利益，他们也会愿意去付出工作努力（Van Knippenberg & Ellemers,

2003)。不断有研究指出，在组织内，对团队身份的认同程度或对组织身份的认同程度会积极影响员工的工作动机（Haslam, Powell & Turner, 2000)、角色内绩效（in-role performance; Carmeli, Gilat & Waldman, 2007)、员工离职（Van Dick, Christ, Stellmacher, Wagner, Ahlswede, Grubba et al., 2004; 袁庆宏，丁刚和李珲，2014)、角色外行为（Van Dick, Van Knippenberg, Kerschreiter, Hertel & Wieseke, 2005; Van Knippenberg & Sleebos, 2006）等。[1]

尽管个体水平的团队或组织认同的积极作用非常明显，但是也有研究指出，在特定情境中，对团队或组织身份的认同可能会带来负面效应：当团队或者组织的身份发生改变时，具有高水平身份认同的成员很有可能会反对这些改变。例如，研究者发现，当组织间发生兼并的情况时，对原来组织具有高认同感的成员反而更难接受组织合并的现状，尤其是当原有的组织身份特征无法延续到新合并产生的组织身上时（Van Leeuwen, Van Knippenberg & Ellemers, 2003)。从这个角度来看，高水平的团队认同同样有可能让团队成员抗拒团队身份的改变。

### 2.2.4 团队认同构念的发展：个体层次向集体层次的聚合

随着研究的推进，越来越多的研究也表明，经过一段时间的互动和沟通，团队能够形成共享的对团队身份的认同感知（Van der Vegt & Bunderson, 2005)。如图2-4所示，团队认同的相关研究近年来得到的关注在迅速增加。这为我们关注集体水平的团队认同的作用奠定了基础。

为了将对社会身份的认同和其他类似的构思（例如，对组织的情感承诺）区分开，研究者强调，对组织和团队身份的认同本身并不需要成员和组织内的其他员工或者团队成员发生互动或者是存在交换关系（Lembke & Wilson, 1998)。此时，团队身份的形成实际是经历了一个"从上到下"的过程：首先有了成员对团队身份的理解和感知，在认同感的作用下，成员将团队身份所包括的内涵［包括规范（norms)、信念（beliefs）或者是行为要求］内化成为自己的行动准则，进而认同该身份的成员都表现出了较为一致的行为（Hogg et al., 1993; Tuner, Oakes, Haslam & McGarty, 1994)。但是已经有研究指

---

[1] 由于组织认同和团队认同对个体在上述行为的作用机制非常接近，因此我们并没有对二者进行完全的区分。

出,"自下而上"的过程也能形成团队身份和共享的认同,只是成员需要对团队目标具有较高的承诺度(Jans, Postmers & Van der Zee, 2011; Jans, Postmers & Van der Zee, 2012)。

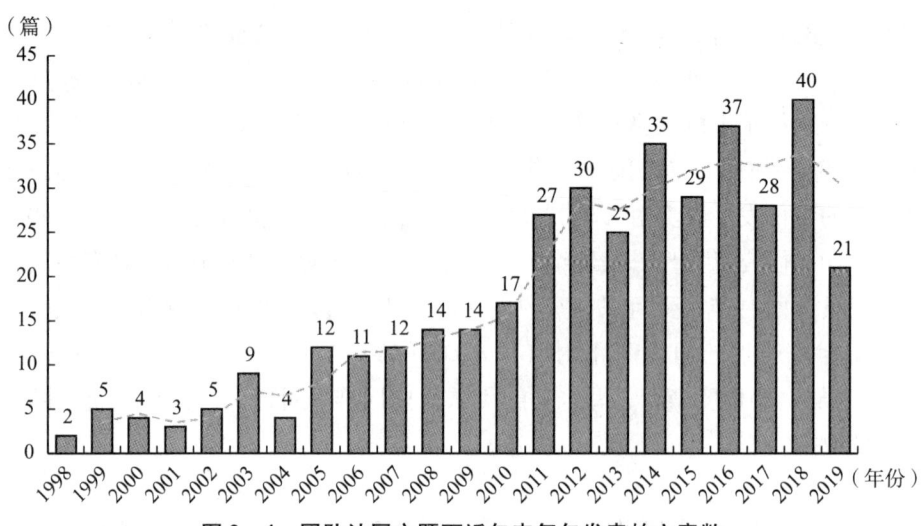

图 2-4 团队认同主题下近年来每年发表的文章数

注:基于 web of science 网站中列出的 SSCI 文章进行统计。

## 2.2.5 集体水平团队认同的效能机制:团队产出驱动力与团队过程黏合剂

为了更加直观地分析团队认同的研究进展,我们对已有的团队认同研究进行了文献计量分析。团队认同研究开展的方向大致可以分成两方面:从团队多样性和断裂带角度关注团队认同的形成过程;从结果层面考察团队认同影响团队绩效的过程机制。根据现有的认同研究,我们整理出了更为直观的、较为完整的认同模型,如图 2-5 所示,图中清晰地列出了现有研究发现的认同的影响因素与结果变量。

由于本书重点关注团队认同对团队创新结果的影响作用,因此在下文中会着重对团队认同的绩效影响进行综述。对团队绩效或其他产出的研究,大致分成两个方向(栾琨,谢小云,2014)。

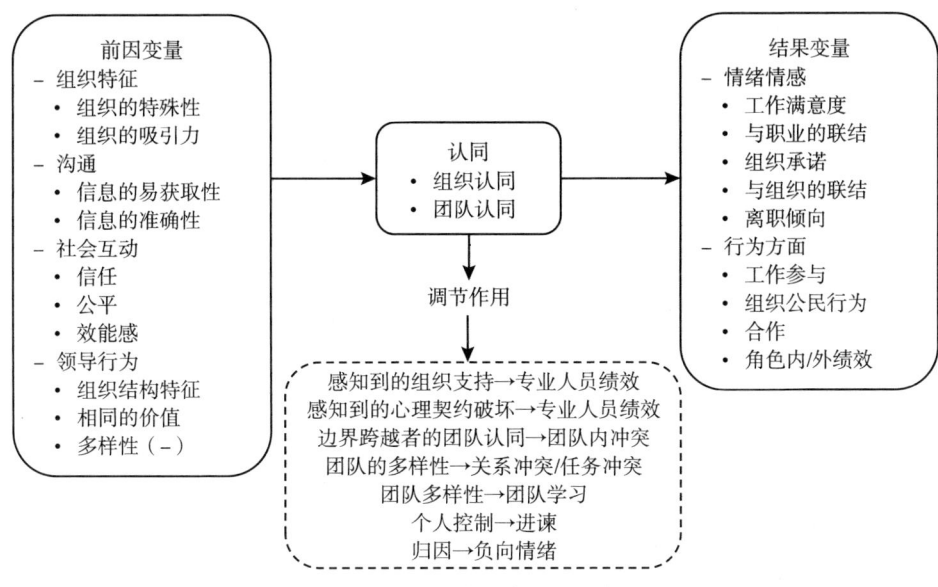

**图 2-5 认同的影响因素与结果变量总结**

注：考虑到团队认同和组织认同对某些结果变量的影响表现出较为一致的解释力，因此在总结时也包括了部分组织认同的研究进展。

第一，集体水平团队认同的动机作用。

这部分的研究结论和个体水平的研究结论相似：具有高认同感的团队成员内化了团队的目标和利益追求，在此目标的激励下，团队成员愿意付出努力去实现这些目标（Gundlach, Zivnuska & Stoner, 2006；Van Knippenberg, 2000）。更加直白的，团队认同使每个成员都能够以"主人翁"的姿态投入到工作中，从而缓解了一般工作团队中的动机损失问题（Leebke & Wilson, 1998；栾琨，谢小云，2014）。

第二，集体水平团队认同的"黏合剂"效应。

一方面，传统的团队多样性研究都会指出，团队多样性一方面为团队提供了丰富的信息资源和观点；另一方面，团队成员之间的这些差异也会成为团队内部形成子群体甚至是派系的基础（Williams & O'Reilly, 1998；谢小云和张倩，2011），这种分裂的格局会使得团队多样性无法得到有效利用，甚至危害团队产出。团队认同的黏合剂效应就是针对这种负面效应提出的：团队认同让团队成员倾向于积极评价，更加信任自己团队的成员，这种"内群体偏好"（ingroup favoritism）有助于消除团队成员之间的偏见和冲突（Bezrukova et al., 2009；陈悦明，葛玉辉，宋志强，2012）。截至目前，团队认同的这种"黏合剂"作用得到了最多关注（Eckel & Grossman，2005；Hobman & Bordia，2006；Shemla & Wegge，2019；van Veelen & Ufkes，2019；杨皎平，侯楠，邓雪，2014）。

不论是作为团队内共享的动机因素，还是作为多样性团队内部的黏合剂，集体水平的团队认同都会对团队创造力产生作用。不过，尽管团队认同的研究已经积累了一些研究证据，但对于共享认同如何影响团队创造力的直接关注还是较少的。下文中，我们将着力总结和梳理以往研究中涉及的有关"团队认同和团队创造力"关系的理论认识和研究进展。

## 2.3 团队认同对团队创造力影响的研究进展

### 2.3.1 团队认同对团队创造力的积极作用

社会身份视角指出，当团队成员认同了自己所在的团队身份之后，团队成员会内化（internalize）团队的目标和价值追求；团队利益将取代个人利益，成为具有高水平认同成员所关注并且追求的主要内容（Lembke & Wison，1998；沈伊默，袁登华，张华，杨东，张进辅，张庆林，2009）。首先，团队认同激励团队成员更加紧密地围绕在团队目标周围。此时，如果团队的目标是指向创新的，那么受认同激励的团队就会将团队的创新目标内化成为个人目标体系中的一部分；而这一点对通常较难客观评价的团队创造力来说非常关键。其次，为了实现团队目标，受认同激励的团队成员愿意付出工作努力（Ellemers et al.，2004），会做出更多的对团队有利的、由团队成员个人自由裁量（discretionary）的角色外行为，即使这样做有可能损害他们的个人利益（O'Reilly & Chatman，1986）。由于创新过程往往包含了大量角色外的行为，并且要求团队承担由此而来的风险，因此团队认同对于激发团队这方面的行为也具有难以替代的积极作用（Adler & Chen，2011）。团队认同不仅有可能激励团队开展更多的试错和探索，同时从更微观的层面来说，受内化了的创新目标的激励，团队更有可能在创新过程中付出持续的、高水平的认知努力（Salazar，Lant，Fiore & Salas，2012）。

与此同时，共享的团队认同会促使团队成员积极评价内群体成员（Billig & Tajfel，1973），进而提高对内群体成员的信任和依赖水平（Hewstone et al.，2002）。这种对内群体成员的积极态度会提高他们对内群体成员所提供信息的关注程度。持续的认知投入辅以对其他成员的信息的关注，团队认同能够提高团队对内部已有多样信息资源的利用（Van der Vegt & Bunderson，2005）、促进团队内的信息整合和创新聚合过程（Salazar et al.，2012；Van Der Vegt et al.，2003），进而对团队创造力产生促进作用（Song，Liu，Gu & He，2018）。

### 2.3.2 团队认同对团队创造力的负面作用

在研究者为团队认同的积极作用而感到欢欣鼓舞的时候，也有另外一些研究者对共享认同和团队创造力之间的积极关系感到担忧。他们认为，尽管适度的团队认同对于团队创造力可能是有利的，但是当团队过度认同现存的团队身份时，这种过分的共享认同就有可能负面影响团队的创新过程和创造力（Ashforth et al.，2008）。

首先，创新任务要求团队在完成创造力任务时，要一定程度地脱离团队内现存的管理惯例，对现有产品做出改变。换句话说，创造力需要团队成员能够不服从团队内主流规范、保持个体特异性，甚至一定程度上背离团队规范（Herman & Chiu，2014；Walton & Kemmelmeier，2012）。近些年来，已经有越来越多的研究表明，个体主义或者是团队内的个体区别化（individual differentiation）对成员创新行为和团队创造力具有积极作用（Goncalo & Staw，2006；Janssen & Huang，2008）。但是对于具有高水平共享认同的团队来说，他们倾向于接纳而不是改变团队身份、团队规范以及团队要求（Abrams & Hogg，1990；Abrams et al.，1990；汤超颖，王菲，王璐，2013）；换句话说，共享认同的团队成员倾向于认为他们在有关团队特征方面会表现出高度一致性（Adarves–Yorno，Postmes & Haslam，2006）。因此，对于过度认同的团队来说，背离团队规范，根据自己的个人意志进行活动会变得非常困难，并且将面临高额的风险（Goncalo & Staw，2006）。进一步地，过高水平的共享认同会要求团队成员在团队身份的一致性和个人的独特性之间进行选择；如果要维持高水平的共享认同，那么团队成员个人的独特性就有可能被损失（Janssen & Huang，2008）。而个人独特性的损失会导致团队成员不能将自己独有的信息分享给团队，在团队内无法表现出自己独一无二的价值。并且，他们难以从独立的角度对团队运行的现状进行思考。此时，他们不仅很难发现团队的问题，同时更有可能一味地提高对现状的承诺（Ashforth & Mael，1998）。群体思维和承诺升级都是由于过度认同而带来的典型问题（Dietz‐Uhler，1996；Turner & Pratkanis，1998）。

其次，集体水平团队认同会提升成员间的评价和信任水平；但是过度的信任对团队创新来说并不是一件好事（Langfred，2004）。过度信任会让团队成员很少去监督其他成员的工作进展、质疑他们工作中存在的潜在问题，从而减少团队反思、降低团队学习，甚至会影响到团队成员之间的协调和互助，而这些负面影响显然也会削弱团队创造力（Ashforth et al.，2008）。

最后，高水平的团队认同还会限制团队的向外求助和学习。为了维护一个积极正面的内群体形象，保持内群体能够区别于甚至优于外群体，共享高水平认同的团队往往不愿意向外群体示弱或求助（Lee，2002）；并且，他们也会带着偏见的态度去评价外群体的观点（Kane，Argote & Levine，2005；Oakes，1996）。此时，团队认同很有可能会由于限制了团队向外的知识搜索和学习过程而对团队创造力产生负面影响（Luan，Rico，Xie & Zhang，2016）。

### 2.3.3 团队认同对团队创造力矛盾作用的总结：二元悖论

总结来看，研究者对于团队认同如何影响团队创造力明显还存在不同见解。持积极观点的研究者关注的是：团队认同作为一种内在动机，能够激励团队的持续努力（Van Knippenberg & Ellemers，2003）；同时作为一种亲社会的"黏合剂"，能够弥合具有差异性的员工之间的偏见和误解（Bezrukova et al.，2009），有利于团队成员关注并采纳他人的观点，进而提高观点聚合和团队创造力。持消极观点的研究者则认为：团队认同尤其是过度认同会损害团队成员的个人独特性，使得团队受困于现存的管理实践或观点而无法跳脱出来，进而会抑制团队内观点的多样繁荣（Ashforth et al.，2008；Janssen & Huang，2008；Simon，Allix‐Desfautaux，Khelil & Le Nadant，2018）；同时由过度认同而引发的对内群体高度依赖，也会妨碍团队反思和外部学习，从而对团队创造力产生负面作用。

实际上，团队认同之所以会对团队创造力产生相反的作用，很大程度上是因为创造力在产生过程中存在着明显的矛盾需求（Lewis，Welsh，Dehler &

Green，2002）。创造力的产生需要多样并且有差异的观点，需要团队成员能够在一定程度上脱离现有框架的限制自由发挥（Skilton & Dooley，2010）。这是创造力实现的基础条件；如果团队内没有观点的变异，没有对现存方案的背离，那么团队创造力是无法实现的（Wang et al.，2016）。但若仅有差异和分歧，团队创造力也无法涌现。无论是在多个方案中进行选择，还是对不同的观点进行聚合，团队最终都要能够形成一个兼具原创性和实用性的创新方案。团队需要在评价所拥有的不同的信息资源或观点见解之后，根据团队目标来对这些资源进行聚合，最终提炼出一个有利于团队创造的方案。团队的信息聚合活动描述了团队对多样性信息资源的利用程度；如果不能有效地开展这项活动，团队内的信息资源就无法得到有效利用，团队创造的目的仍然无法实现。总结来看，增加观点变异的信息发散和利用多样信息的信息聚合过程对团队创造力的作用都是不可替代的。

但是，团队认同恰恰会对上述两类过程产生相反的影响。团队认同对于信息聚合过程的促进作用恰恰会成为信息发散的限制因素，尤其是对于共享高水平认同的团队来说。具体分析显示：一方面，对于创新过程中的信息聚合来说，团队认同有不可替代的积极作用。它不仅能够激励成员付出认知努力，同时还可以鼓励成员关注和采纳其他成员的观点，使得团队凝聚成一个有机的整体（Van Knippenberg，2000）。另一方面，对于创新过程中的信息发散来说，团队认同的作用却是消极的，尤其是当认同水平过高时。在团队内产生观点变异的基础是成员个人的区别性和独立性，这有助于他们向团队分享不同信息，同时针对现状进行独立审视和反思。同时，适度的外部学习也能为团队引入外界的差异性信息。而高水平团队认同却会使成员个人很难脱离团队，难以发挥自己的独特价值。此时，由于缺乏差异和分歧的观点，团队实际上很难脱离现存的行为模式或问题解决方案，可见，过度认同会抑制团队的外部学习。

尽管有这样的猜想，但是受制于现有实证研究的缺乏，我们仍然无法给出关于"团队认同影响团队创造力的过程机制"的明确答案。考虑到团队认同作为一个动机因素对团队创造力研究具有重要意义，我们认为有必要基于现有理论更深入地检验二者之间的关系，尤其是探索团队认同影响团队创造力的不同路径。

## 2.4 团队认同和团队创造力关系有待研究的方向

### 2.4.1 团队认同对团队创造力的影响的不同机制

尽管现有实证证据对团队认同的积极作用较为认可，但是研究者也提及团队认同的潜在负面作用（Ashforth et al.，2008；Janssen & Huang，2008；Turner & Pratkanis，1998）。要对这些研究者的担忧做出回应，我们需更加深入地探索团队认同对团队创造力的影响机制。可以说，研究者之所以会形成对团队认同和团队创造力的关系的不同见解，很大程度上是因为他们围绕着不同类型的信息加工过程在进行讨论。

当研究者认为团队认同可以积极促进团队创造力时，他们关注的往往是共享的团队认同对于知识和观点进行利用和聚合时的积极作用；而当研究者在讨论团队认同对团队创造力的负面影响时，他们倾向于认为高水平的认同抑制了团队内信息的发散或者是新观点的产生。为了更好地解读团队认同对团队创造力的影响，尤其是有效区分共享认同对团队创造力的积极作用和潜在的消极作用，我们需要分别以信息聚合的过程以及多样性的信息资源在团队内涌现和扩散的过程为机制，去讨论并检验集体水平的团队认同是否像我们所假设的那样对团队创造力表现出相应的积极和消极作用。

### 2.4.2 团队认同对团队创造力的潜在负面作用

尽管关于"团队认同负面作用"的认识由来已久，并且研究者也给出了一些关于团队认同对团队创造力的负面作用的零散研究证据，但是很少有研究针对这一问题进行直接的实证检验（Ashforth et al.，2008）。一面是被普遍认可的团队认同的积极作用（栾琨，谢小云，2014），一面是不断引发研究者担忧的过度认同对团队创造力的潜在负面影响——面对这种局面，我们急需进行实证研究来探索共享认同对团队创造力的负面作用机制，借此加深我们对这一问题的理解。

要准确检验团队认同潜在的负面作用，我们首先要选择恰当的作用机制。

共享认同的负面作用有可能表现在对信息涌现和扩散的抑制作用方面。过度认同抑制了成员个人的独特性和差异性，因此团队内不同观点的涌现和交锋、从外部获取知识等过程受到限制，从而破坏团队创造力。

其次，团队认同对团队创造力的负面作用，也有可能出现在团队成员产生了过度认同之后。适度的共享认同鼓励团队成员为了团队目标和共享利益而付出认知努力，并且承担风险甚至是损失，关注并采纳他人的信息和观点，进而促进团队的信息聚合，这些对于团队创造力来说都是弥足珍贵的。只有在团队认同过度之后，团队身份对于成员个人来说才会是无可替代的，而任何和这种身份相异的看法、任何对于这种身份的改变或挑战都会被视作威胁，进而引发团队的强烈反应。此时，过度的认同不仅会强化团队成员对团队共享观点和规范的接受程度，而且使得脱离现状、挑战现状也变得更加困难。因此，我们认为团队认同对团队创造力的作用更有可能是非线性的：只有在共享认同超过了一定水平后，也即过度认同对成员个人的限制作用超过了激励作用之后，团队认同才会借由抑制团队信息发散的方式来负面作用于团队创造力。

最后，团队认同对团队创造力的作用还会受到领导特征和团队规范特征的影响。团队认同使得团队内的社会影响过程成为可能（Turner & Oakes, 1989）。团队成员的行为和观点会受到团队规范的约束，同时团队内其他成员，尤其是领导的态度和看法对于塑造团队成员的行为来说是非常重要的。当团队形成了开放地看待不同观点的规范之后，共享认同会促使团队按照这种规范的要求来看待团队内的冲突观点和见解。此时过度的认同对个体差异性的抑制作用就很有可能被削弱。同样地，如果团队的领导能够对成员表现出的个体独特性持包容的态度，那么团队就更有可能在领导的影响下承袭这种包容性，这也会削弱过度认同对个体差异性的负面作用，从而减弱过度认同对团队创造力的负面作用。

在此基础上，我们设计并开展了四个研究，分别检验集体水平团队认同如何通过影响团队的信息聚合和信息发散两种不同的过程对团队创造力产生不同的影响作用，并进一步讨论了上述关系的情境权变机制。

# 第 3 章

# 主要研究框架

基于团队认同对团队创造力的重要作用,以及目前相关研究还比较缺乏的现状,本书致力于对二者关系进行探索。并且,由于现有关于二者关系的理论论述和实证研究的结论还存在分歧,我们认为,通过分别基于信息聚合、信息涌现和发散的机制来检验团队认同对团队创造力的影响,能够有效分离并系统解释团队认同对团队创造力的积极影响和潜在的负面作用。

为了实现上述研究目的,本书设计了四个研究:研究一主要探索团队认同对内部学习和外部学习的差异影响,揭示团队认同对不同类型团队学习过程的作用,并检验心理安全对上述关系的调节效应。以研究一的发现为起点,研究二以行为整合这一信息聚合过程为中介机制来检验团队认同对团队创造力的作用。研究三关注团队认同对信息发散过程的影响,提出团队认同在特定情境下会对外部学习、团队反思和进谏这些能给团队带来新观点和新视角的过程造成负面影响,从而削弱团队创造力。在此基础上,研究四总结并检验了团队认同影响团队创造力的双路径模型:我们通过整合信息聚合路径(利用式学习)和信息发散路径(探索式学习)来讨论团队认同在不同的团队规范作用下对上述过程的影响,进而对团队创造力产生作用。

## 3.1 团队认同对团队内、外部学习过程的影响

近年来,越来越多的学者注意到,团队在日常工作中不仅面对内部的成员,同时也暴露在组织环境中,不可避免地会与团队外的个体打交道,因此信

息、知识的来源，或者交流学习的对象也可能是团队外部的个体。所以，团队学习既可能是对内的，也可能是对外的。

爱德蒙森（Edmondson，1999）最初在开发团队学习行为的构念时，便将从外部客户或其他人那里寻找反馈也定义为学习行为的一种。卡斯勒等人（Kessler, Bierly & Gopalakrishnan, 2000）提出，观点在团队内部同事之间的流动，即一种社区行为（community-of-practice）是内部学习（internal learning）。复杂的知识很容易在团队内部分享和流动，因为团队成员通常具有相似的技术背景、经验和共同的语言。相反，外部学习（external learning）是指观点产生于外部信息源的情况，例如从用户处获得反馈，从竞争对手处复制产品或流程，或者从大学、政府研究项目或支持产业处学习等。

接下来黄思思（Wong，2004）对内、外部学习的界定似乎与爱德蒙森（1999）的团队学习的过程观点更是一脉相承。他们将内部学习称为本地学习（local learning），即发生在相同团队内的成员之间的人际间的知识获得、分享和联合行为；而外部学习称为远端学习（distal learning），即与团队外的个体发生的人际间的知识获得、分享和联合行为。这种定义不仅关注信息或观点的来源，而且将内、外部学习的边界设定为一种行为对象的边界。他们对四家公司的73个团队的实证研究表明，内部学习与团队效率正相关，而外部学习则与团队创新绩效正相关。由此我们也可以看出，内部学习与外部学习对团队绩效反映出不同的作用效果。

内部学习更多的是有效利用、维持并创造团队共有的知识，或者说建立和完善交互记忆系统，更有效地协调成员间的多样专长，提高工作效率（Liang et al.，1995）。相反，与团队外成员的学习互动可以让成员接触到不同的观点和想法，从而受到启发来思考如何改进或提高自身团队的流程等，或者直接从外部个体处获得新颖的知识，从而有助于提高团队的创造性。

然而，在进一步思考团队的内、外部学习过程时，我们又不能将二者单纯地看作相互独立或并列的团队过程，其实二者更可能交互影响团队的创新过程和创造力。当外部学习较多时，团队成员会接触到更多不同的信息或观点，从而诱发发散性的思维，而这种发散性思维带来的认知上的差异放在团队内部过程中会阻碍成员间的合作，增加冲突，减少社会一体化（social integration）或信息整合过程，导致最终难以达成一致意见，即使达成一致可能也需要更多的时间。从此种角度来看，外部学习越多，则内部学习与团队效率之间的关系可能越弱（Wong，2004）。与此同时，当团队从外部吸收了复杂的、程序性的知识后，很难马上运用到工作中，急需搭配的是团队成员之间的信息共享、深度交流和讨论，通过内部学习和反思的过程最终"消化"并"内化"从外部习得的新信息和新观点，从而影响到团队的创新表现（Bresman, 2010）。

以上论述说明，内、外部学习作为团队内重要的学习机制，很可能会对团队创造力产生影响，此时正确理解团队认同对内部学习、外部学习的影响，将有助于我们理清团队认同和团队创造力之间的过程机制。因此，我们致力于通过研究一，理清团队认同对内部学习和外部学习过程的影响。以往团队认同研究关注的核心大多是团队内部，集中讨论团队认同对团队多样性、团队凝聚力或化解团队冲突方面的积极影响，对团队认同如何影响团队成员的边界跨越行为或外部行为关注较少。透过研究一，我们希望能够揭示团队认同对外部学习的影响作用。

总结来看，研究一的焦点如下。

1. 揭示团队认同对团队内部学习的影响。
2. 揭示团队认同对团队外部学习可能产生的复杂影响。
3. 探索会影响团队认同和内部学习、外部学习的关系的调节因素（例如，心理安全）。

## 3.2 团队认同对团队创造力的积极影响：信息聚合机制

当成员认同了自己所属的团队身份后，团队身份和自我身份的边界会变得模糊（Brewer & Gardner, 1996）。在这种情况下，团队的共享目标被内化，成为个人目标的重要组成部分，进而激励团队成员朝着团队共享目标实现的方向而努力（Van Knippenberg & Ellemers, 2003）。因此，集体水平团队认同解决了团队的"动机损失"问题，将团队成员凝聚在一起，努力实现团队目标（Dutton et al., 1994; Gundlach, Zivnuska & Stoner, 2006）。而当团队以创新或创造力为目标时，即使没有外在激励，共享认同高的团队仍会向着这个目标不断努力（Barker & Tompkins, 1994）。

为了团队目标的实现，团队成员愿意做出更多指向团队利益的角色外行为，例如，他们会更多地帮助团队成员（Van Der Vegt et al., 2003），更多地向领导提出有利于团队的建议（Seppälä, Lipponen, Bardi & Pirttilä - Backman, 2012；张政晓，2013）；他们也有可能愿意将自己的想法提供给团队内其他成员（De Dreu et al., 2011；Nahapiet & Ghoshal, 1998；杨皎平等，2014）。因此，团队认同能够对团队内的信息交换产生积极影响。

团队内的共享认同会带来成员对团队内其他成员的积极评价（Hewstone et al., 2002），减少团队内成员之间的偏见和误解，提高他们对内群体成员的信任水平，从而改善团队内的沟通情况（Liao, Jimmieson, O'Brien & Restubog, 2012），降低团队冲突水平（Han & Harms, 2010），改善团队成员间的合作质量，提高团队内的信息聚合水平（Salazar et al., 2012）。

基于这样的分析，我们在研究二中假设，集体水平的团队认同能够有效促进团队内的行为整合过程（behavioral integration）。通过行为整合的过程，团队能够有效地对"散落"在团队内部的各种资源加以聚合和利用，从而促进团队创造力（Li & Zhang, 2002）。基于此，我们假设团队认同会通过影响行为整合的方式来积极作用于团队创造力。

尽管行为整合有利于团队创造力，但是团队在追求整合和一致的过程中也有可能忽视那些不利于团队达成一致的信息。已有研究表明，当团队在创新过程中过多考虑他人的观点后，尽管最终方案的有用性会提高，但是创新方案的新颖性却会受损（Grant & Berry, 2011）。换句话说，行为整合对于那些对创新要求较低的任务非常重要，集体水平团队认同可以通过促进行为整合的方式来积极影响团队创造力，但是当团队面对的任务对新颖性和原创性的要求较高时，行为整合对团队创造力的积极作用可能会被削弱，此时团队认同就有可能无法经由行为整合对团队创造力产生影响。因此，我们在研究二中还考虑了团队的任务特征，即团队任务要求的创新卷入程度（团队面临的创新任务是"开放的"还是"闭合的"；Unsworth, 2001），考察这种任务特征因素对上述中介关系的调节作用。

总结来看，研究二的焦点如下。

1. 由于团队认同能够激励团队成员内化观点，使之更加投入对他人信息的利用和聚合过程，因此团队认同能够通过提升行为整合的方式来提高团队创造力。

2. 团队任务特征将会显著地影响行为整合过程对团队创造力的贡献。

## 3.3 团队认同对团队创造力的消极影响：信息发散机制

阿什福思等人（2008）在综述中曾提到，尽管对社会身份的认同感在组织中的积极作用令人欣喜，但是认同潜在的负面效应却也让人担忧。具体来说，主要包括以下几个方面：团队认同，尤其是高水平的共享认同会导致团队拒绝发起或接受改变，哪怕这样的改变从长期来看是有利于团队的（Ashforth et al., 2008）；团队内的共享认同还有可能导致团队减少和外群体的沟通与合作（Luan et al., 2016; Wong, 2004）；还有研究指出，团队认同会削弱成员个人的区别性，使得团队始终囿于现状而无法进行变革或创新（Janssen & Huang, 2008）。这些过程的受损都将给团队创造力带来负面作用，但是鲜少有研究对这一观点进行直接检验。研究三即希望借助外部学习、团队反思和进谏这三个典型的能够给团队带来不同观点的过程来解释团队认同对团队创造力的潜在的负面影响。

第一，成员共享的团队认同感会提高团队成员对彼此的信任程度（Williams, 2000）。信任水平的提高虽然有利于团队合作，但也有可能导致团队成员减少对他人任务完成情况的监督（monitor; Langfred, 2004）。由于缺乏对彼此任务进展和完成情况的了解，团队就很难发现运行中存在的问题，从而也会降低团队针对目前运行现状进行反思的可能性。

第二，团队认同除了会带来内群体偏好外，还会显著降低团队对外群体的评价。为了实现内、外群体之间的区分，尤其是为了维护积极的内群体形象，受共享认同驱使的团队会减少与外群体的沟通和合作（Ashforth et al., 2008），这显然会抑制团队的外部学习过程（Wong, 2004; 张倩, 2012），从而负面影响团队创造力。

第三，当成员认同了团队身份之后，除了目标内化之外，团队本身的特征，团队规范，其他成员的态度和行为，尤其是团队领导的风格，都有可能成为团队成员行为的标准和参照依据（Alvesson & Willmott, 2002; Walton & Kemmelmeier, 2012）。此时，团队成员要想背离现存的通行观点或做法而提出不同的意见，会面临较大的压力和风险。更关键的是，由于受到其所认同的团队身份的约束，团队成员在行为和态度上会表现出较高的一致性，此时成员能够提出不同于现状的见解的可能性会被降低（Janssen & Huang, 2008）。由于个人观点的独特性受到限制，团队很有可能会缺乏独特观点或解决问题的新颖视角。个人区别性的丧失会导致成员缺乏进谏的独立观点和素材——高认同团队的进谏行为有可能被削弱。显然，团队创造力也会因为这样的问题而受到负面影响。

团队认同，尤其是高水平的认同感会对团队的外部学习、团队反思和成员进谏产生削弱作用，进而损害团队创造力，不过，团队认同对创新过程、团队创造力的影响与团队领导的态度和行为导向密不可分。如果团队领导能够包容甚至接纳团队内存在的不同看法，团队一方面就有可能形成积极看待差异观点的团队身份特征，另一方面，团队成员能够在领导的包容和鼓励下同时保有自己的独立思考和对团队的归属感。因此我们在研究三中还提出，当领导具有较高的包容性时，团队认同对外部学习、团队反思和进谏的负面作用可能会削弱，团队认同更有可能在此种情况下通过积极影响上述过程来作用于团队创造力。

总结来看，研究三的焦点如下。

1. 过度认同会抑制成员间的差异性和区别性，抑制团队向外探索、进行反思的过程，从而破坏团队创造力产生的基础。因此随着共享认同水平的升高，我们预期集体水平团队认同会经由外部学习、团队反思和进谏对团队创造力产生倒"U"形影响。

2. 探索团队认同对团队创造力影响的权变机制。由于领导行为会显著地影响团队成员的态度和行为，因此我们预期领导的包容性会影响团队成员对差异观点的态度和看法，从而调节团队认同对团队创造力的作用。

## 3.4 团队认同影响团队创造力的双路径模型

我们认为，团队认同对于团队创造力的积极作用主要表现在对于已知的多样观点的利用和聚合方面。研究二在研究一检验团队认同对内部学习、外部学习的差异性影响基础上，以行为整合为中介机制，检验并说明了团队认同确实可以通过促进团队内信息聚合的过程来积极影响团队创造力。与之相反，团队认同对于团队创造力的损害作用主要表现在过度认同有可能抑制不同的观点见解在团队内的产生和扩散。因此，我们在研究三中，通过引入外部学习、团队反思和团队成员进谏三个典型过程，表明了团队认同尤其是过度认同确实会削弱团队内的信息发散过程，从而负面影响团队创造力。

我们在前三个研究中检验了团队认同如何借由信息聚合过程（行为整合或内部学习）和信息发散过程（外部学习、团队反思和成员进谏）两条路径分别对团队创造力产生积极或消极的作用。考虑到信息聚合和发散过程都对团队创造力有着不可替代的重要意义，在研究一、研究二和研究三的基础上，我们进一步提出了团队认同影响团队创造力的双路径模型，并在研究四中，基于另外两种典型的信息聚合路径（利用式学习）和信息发散路径（探索式学习）在一定程度上检验我们所提出的双路径模型。

### 3.4.1 信息聚合路径 VS 信息发散路径

团队认同对团队创造力产生作用的两条路径分别是信息聚合路径和信息发散路径。其中，信息聚合路径的特点在于，经过这样的过程，团队能够减少内部观点变异，形成一个统一、一致的方案。团队在创新过程中大致会开展三类具有此种特点的聚合式信息加工路径。

第一类信合聚合路径使得团队内的信息观点由多变少，由零散变有序，团队成员的观点和所提出的方案也由分歧、散落逐渐走向聚合与一致。此时最终形成的方案并不属于团队中某个单个成员，而是团队成员"群策群力"的结果（Ellis, Mai & Christian, 2013）。典型的此类过程包括对观点的反思性重构（Hargadon & Bechy, 2006）和创新性聚合（Harvey, 2014）。研究一所关注的内部学习、研究二所关注的行为整合也属于此类信息聚合过程（Li & Hambrick, 2005）。这类信息聚合过程强调的是成员之间观点的累计及产生的化学效应（George, 2007）。团队认同能够增加团队成员关注、听取甚至采纳他人观点的可能性，这有利于促进团队内的知识协同或聚合过程（Van der Vegt & Bunderson, 2005），进而有利于团队创造力。

第二类信息聚合路径以对观点和方案的评价和选择为主要手段，团队的最终方案可能和某个成员原本的方案非常相似。此类信息聚合过程的典型例子就是在"头脑风暴"阶段之后发生的"方案或观点的选择"。这种评价和选择的过程往往被认为是一个团队的决策过程（Rietzschel et al., 2006）。为了保证有足够的方案可以比较和选择，这类聚合过程的基础是团队内存在充足数量的方案或观点变异，团队通过选择方案便可以完成创新任务。团队认同可以强化团队成员对其他成员观点的关注，使之认真听取其他人的意见和方案，进而提高方案评价的准确程度（Kane et al.，2005）。同时，由于团队认同能够促使成员认同团队内的共享目标，因此他们更有可能基于共享目标而形成方案评价和选择的标准，这使得其在方案选择时能够更有效地达成一致，并且紧密围绕团队利益进行选择。

第三类信息聚合路径的根本特征是成员主要遵从以前的方案，通过对过往方案进行细微"修改"的方法来实现创新。典型的此类信息聚合过程就是近些年来被研究者从组织水平引入团队水平的利用式学习（Kostopoulos & Bozionelos，2011）。利用式学习主要目的是精确定义、改善并且实施现有的团队运行过程或产品（March，1991）。在很多情况下，它会被看成问题导向，即团队成员为了修正目前运行过程和产品中出现的问题而进行的适应式学习过程（London & Sessa，2007）。利用式学习一般被认为有利于团队的微量创新（Li，Chu & Lin，2010）。此类聚合路径首先要求团队成员对问题有一致的认识，并且愿意为了解决问题而进行适度的调整和改变。团队认同能够激励团队成员愿意为了团队目标的实现而接受新的问题解决方案。同时，由于共享的团队认同能够促进团队成员之间的交流和合作（Van der Vegt et al.，2003；Van Knippenberg，2000），因此他们更有可能对团队内存在的问题达成一致，并且共同寻找问题解决方案。还有一点，受到团队认同的驱使，团队成员的态度和行为会受到现存管理惯例或者是实践方案的影响，这些惯例和实践方案很有可能会成为他们个人身份的一部分（Abrams et al.，1990）。因此高水平的团队认同有可能导致团队成员拒绝大幅度的过程革新或变革；共享认同会促使他们更愿意通过利用式学习这样的过程来微调现在的方案进而解决问题。从这种角度来说，团队认同也有可能通过促进团队利用式学习的方式来积极影响创造力。对信息聚合路径的总结如表 3-1 所示。

总结来看，我们认为，团队认同对团队创造力存在积极影响很大程度上是因为共享认同能够促进团队内的信息聚合路径，不论是透过成员之间的信息叠加和聚合，还是在头脑风暴之后的方案选择，或者是透过利用式学习。具有高水平认同的团队能够紧密围绕团队目标来开展讨论和观点评价，认真并且不带偏见地听取其他成员的信息和观点，激励团队成员在这个过程中持续地投入认知努力等，进而能够对团队的信息聚合路径产生积极作用，从而促进团队创造力。

与之相反，由于团队认同尤其是过度认同在一定情境中会导致团队拒绝接受改变，促使团队快速达成一致甚至引发群体思维，降低成员个人区别性（Alvesson & Willmott, 2002; Ashforth et al., 2008; Brown & Starkey, 2000; Janssen & Huang, 2008），这些消极作用会对团队内的信息发散路径产生负面影响。因此我们假设团队认同尤其是过度认同会经由信息发散路径损害团队创造力。

本研究中所提到的信息发散路径，主要指的是那些能够增加团队内观点变异的过程或路径。增加团队内观点变异的方法很多。第一，团队成员可以基于自己的教育背景和技能背景的差异，在团队内提出或分享多样的观点和想法（Luan et al., 2015），这类信息发散路径的典型例子是任务冲突（Farh et al., 2010; Xie, Wang & Luan, 2014）或信息共享（Hoever et al., 2012）。第二，团队成员可以通过任务反思的方式来思考现存团队运行过程和产品可能存在的问题，这也增加了团队内的观点变异，显然团队反思是对这种观点发散方式的表征（Shin, 2014）。第三，增加团队内观点变异的方法是引入外部的观点。布雷斯曼（Bresman, 2010）对团队的外部活动进行研究时，认为通过外部学习，团队可以了解当下的技术发展趋势和市场环境，还可以学习其他团队的现有经验来解决目前团队面临的问题。此类典型的过程包括外部学习或者是团队成员的边界跨越行为（Bresman, 2010; Michell & Nicholas, 2006）。另一个值得一提的发散过程是探索式学习（exploratory learning）。成员通过不断搜索、试错或实验的方法，为团队发展出新的方案或产品。探索式学习过程并没有区分具有差异的信息和观点的来源，但是研究者普遍认为，与利用式学习主要基于现存实践、整个过程的变异较小不同，探索式学习过程中往往会引入并且产生更多的差异（Kostopoulos & Bozionelos, 2011; McGrath, 2001）。经过探索式学习，团队最终可能还是产出一个一致的方案，但是，由于在这个过程中产生的变异和观点发散较多，因此本书还是把探索式学习当作发散过程的一种。对信息发散路径的总结如表 3-1 所示。

团队认同，尤其是过度认同对信息发散路径的负面作用会表现在三个方面。第一，共享认同会促使成员个人去遵守并贯彻团队规范，认可并接受团队内主流的观点或见解（Ashforth et al., 2008）。此时，团队成员对待问题的看法、对解决问题的方案的思考会不断向团队内共享的见解靠拢（Michel & Jehn, 2003）。其次，对于认同团队身份的成员来说，其他成员如何看待他们所持的观点会成为他们评价观点质量的重要标准（Haslam, 2004; Postmes, Haslam & Swaab, 2005）。最后，在团队认同促使团队成员接受团队内主流见

第3章 主要研究框架

表3-1 基于信息聚合路径和信息发散路径总结以往团队创造力实现的过程机制

| | 特征 | 实证举例 |
|---|---|---|
| 信息聚合路径 | (1) 强调不同观点的累加和对不同观点的聚合；经由此过程，团队内逐渐形成统一、一致的方案 | 专长整合和观点聚合（Majchrzak, More & Faraj, 2012; Tiwana & McLean, 2005）；观点累加（build-on; Kohn, Paulus & Choi, 2011）；观点的反思性重构（Ellis, Mai & Christian, 2013; Hargadon & Bechky, 2006）；信息精细化加工（Van Knippenberg, Van Ginkel & Barkemema, 2012）等 |
| | (2) 观点的评价和选择；常伴随"头脑风暴"任务而发生 | 观点评价和选择（Harvey & Kou, 2014; Rietzschel, Nijstad & Stroebe, 2006） |
| | (3) 直接利用或遵从以前的工作模式或产品，在这个过程中产生的变异始终较少 | 利用式学习（Choi & Lee, 2011） |
| 信息发散路径 | 观点由少变多，由统一向分歧变化和现有的实践或方法相比，该过程中产生了较多的变异（variation）和团队多样性或者是团队成员之间有密切的关系为观点多样性或者是方案选择提供多样信息输入，是团队创造力产生的基础 | 任务冲突（Fairchild & Hunter, 2014; Farh, Lee & Farh, 2010）<br>信息共享（Gong, Kim, Lee & Zhu, 2013; Lee, Lee, Seo & Choi, 2014; 蔡亚华, 贾良定, 尤树洋, 张祎, 陈艳露, 2013）<br>头脑风暴<br>少数派异议（De Dreu & West, 2001; Nijstad, Berger-Selman & De Dreu, 2014）<br>团队反思（Schippers, Hartog, Koopman & Wienk, 2003; West & Anderson, 2002; 朱雪春, 陈万明, 唐朝永, 2015）<br>外部学习（Choi, 2002; Wong, 2004）<br>探索式学习（Choi & Lee, 2011）等 |

注：本表格是作者本人整理得到的。

解的同时，团队对差异信息或创新观点的接受和认可度也可能降低。此时，由于分享的新观点无法得到团队的认可，成员个人也会逐渐认为自己所持的独特观点并无价值。长此以往，在共享过度认同的团队内，成员的个人区别性会逐渐消失，团队成员之间会变得越来越相似，诸如任务冲突、探索式学习这样需要团队内观点变异的过程会被抑制（Han & Harms, 2010），进而损害团队创造力。

第二，当具有高水平认同的团队成员接纳团队身份成为他们个人身份的组成部分，任何想要改变团队身份的尝试都可能会被视作一种威胁。过度认同会驱使团队抵抗甚至拒绝这些改变（Ashforth & Mael, 1998）；进而也有可能导致他们对这些不遵守团队规则的成员产生负面情绪（Christensen, Rothgerber, Wood & Matz, 2004），惩罚甚至隔离在团队内引发或带来这些改变的成员。对于认同或者珍视自己团队身份的成员来说，其他成员对他的排斥和惩罚会对其产生巨大的威胁。因此，团队成员本身尝试创新或者变革的动机也会随着认同水平的升高而逐渐降低；此时，具有高水平认同的成员反而很难去挑战现状、进行反思、指出问题。因而，团队反思、成员主动进谏这样的过程在具有高水平认同的团队内也有可能受到阻碍，进而负面影响团队创造力。

第三，团队认同一方面会提高成员对内群体的信任和依赖水平，另一方面也会引发团队对外群体的偏见和不当评价，因此过度认同感极有可能会对团队与外部群体的互动和合作产生负面效应（Ashforth & Mael, 2008；Wong, 2004）。来自外部的信息被视为创新观点的一个重要来源，因此减少甚至隔绝了和外部世界互动的团队的创造力也会受到负面影响。我们在研究一和研究三中关注的外部学习即是此类信息发散路径的典型表征。

基于以上三点分析，我们认为，团队认同尤其是过高水平的共享认同在一定的情境中会通过削弱团队内的观点分歧和差异、抑制团队反思、降低挑战现状的可能性等方式负面影响团队的信息发散路径，进而损害团队创造力。

对上述团队认同影响团队创造力的双路径模型的整理如图 3-1 所示。

### 3.4.2 团队认同对团队创造力影响的情境权变机制

在前三个研究中，经由行为整合、外部学习等过程，我们分别检验了团队认同对团队创造力的积极和消极影响，研究结果部分支持了我们所提出的团队

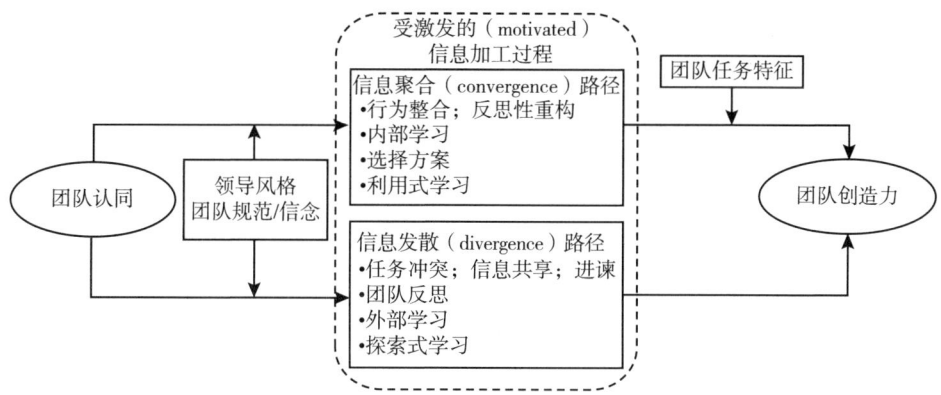

图3-1 团队认同影响团队创造力的双路径模型

认同会经由信息聚合和信息发散两类过程来影响团队创造力。在系统总结了这个双路径模型后,我们在研究四中计划通过整合信息聚合和信息发散两条路径来对集体水平团队认同的影响作用进行更全面的分析。并且,为了提高该模型检验的外部效度,我们拟在研究四中换用利用式学习作为信息聚合路径的表征,用探索式学习作为信息发散路径的表征。

同时,基于社会身份视角,我们认为,团队认同对利用式学习和探索式学习以及团队创造力的影响会受到团队规范的影响。对团队身份产生认同的成员会接纳并积极遵守团队规范对他们的要求。因此,当团队规范要求他们对差异性的观点、团队内的激烈讨论或者是探索式学习保持开放、认可甚至是鼓励的态度时,团队认同会激励成员遵守这样的团队规范,更多地开展探索式学习过程,进而促进团队创造力。与之相反的,团队也有可能因为遵守这样的规范,更少地投入团队的利用式学习过程当中,进而削弱利用式学习过程在团队认同和团队创造力关系中所起的中介作用。

总结来看,研究四的焦点如下。

1. 基于本研究所提出的"团队认同影响团队创造力的双路径模型",整合利用式学习和探索式学习过程,系统检验团队认同如何经由不同类型的信息加工路径来对团队创造力产生影响。

2. 继续探索团队认同对团队创造力影响的情境权变机制。受到认同的驱使,团队规范将会对团队成员的行为和态度产生规范作用,因此我们预期团队的开放式思维规范将会显著地调节团队认同对利用式学习和探索式学习以及团队创造力的作用。

# 第 4 章

# 团队认同对内部学习、外部学习影响的探索研究（研究一）

## 4.1 问题提出

我们在对企业的调研中发现，团队成员的认同并不是时刻都带来积极的影响，有时候，工作团队中的成员会因为高度的团队认同而与组织内的其他团队产生资源争夺和冲突等竞争对抗行为，这种群际对抗会对组织或者团队的效能产生一定程度的损失。此种情况下，团队认同不仅会影响团队成员对团队目标的接受程度和受激励程度，进而影响他们在团队内的表现，更有可能由于高度认同而负面影响他们在团队间互动时的态度和行为。但令人遗憾的是，长期以来，团队认同如何影响团队成员的群际跨越或互动行为并没有得到恰当的关注。

在第 3 章的讨论中，我们也提到，内部学习与团队外部学习作为团队学习的两种主要形式，很可能对团队创造力产生不同影响。此时，为了系统性揭示团队认同对团队创造力的影响，我们试图先厘清团队认同对内、外部学习机制的作用，以及高度认同所导致的团队成员在内、外部学习之间的权衡关系，尤其是团队认同对内部学习、外部学习可能造成的差异化影响。以此为起点，在后续研究中进一步讨论团队认同和团队创造力之间的复杂关系。

第4章 团队认同对内部学习、外部学习影响的探索研究（研究一）

## 4.2 假设提出

### 4.2.1 团队认同对团队内、外部学习行为选择的影响

前文在对认同相关研究的综述中就提及，认同是为了满足个体的自尊需求而产生，认同也是构建在自我分类假设的基础上。根据社会身份理论，个体是通过内群体（in-group）与相关外群体（out-group）的有利比较而获得自尊的。为了创造和保护较高的社会地位而保护内群体成员积极的社会身份并满足其自尊的需求，难免会产生群际偏见（Intergroup Bias；Hewstone et al.，2002）。这种群际偏见主要指内群体偏好。因此（内群体的）认同会带来内群体偏好（Lipponen，Helkama & Juslin，2003）。由此我们可以看出，认同是一个划定了内群体、外群体界限的认知过程。这一认知过程带来的偏见包括行为（歧视）、态度（偏见）和认知（刻板印象）三个元素（Wilder & Simon，2001）。因此在群际偏见的理论框架下，认同也会对群体内的个体行为产生重要的影响，即对内群体的偏好、信任、积极评价等和对外群体的负向评价、贬低等。此时，我们将团队学习分离成为团队内部学习和团队外部学习，以此来分别表征团队对内和对外的活动。

根据开展团队学习行为的对象不同，团队学习可以分为团队内部学习与团队外部学习（Kessler et al.，2000；Chan et al.，2003）。团队内部学习主要指与团队内部成员的学习互动行为；而团队外部学习主要指与团队外成员（例如，同组织其他团队同事，组织外顾客、竞争者等）进行的讨论、寻求反馈、回顾、交流等行为。团队内部学习和外部学习两种学习行为对团队效能的影响存在很大的区别。团队内部学习是团队成员间的信息交换、讨论、试错和反馈寻求。一方面，这种内部的交流过程会帮助团队形成一种社区记忆（community memory），而社区记忆有助于团队快速诊断与处理问题；另一方面，团队的互动学习过程会帮助团队形成交互记忆系统（莫申江，谢小云，2009），帮助团队更好地协调成员间的专长，因此可以有效地提高团队的效率（Wong，2004）。而团队的外部学习，是团队成员接触外界信息的一个重要过程，外部新的信息会激发团队成员对现行的团队过程的思考，也可以帮助成员整合不同

的知识来创造新的解决方案，因而能够带来团队的创新（Bresman，2010）。

对于团队内部学习而言，基于社会身份理论，团队认同会帮助团队成员建立团队归属感和与组织目标统一、命运相连的认知（Riketta，2005；Edwards，2005），因此为了帮助团队实现目标，会倾向于卷入有助于提高团队绩效的团队学习行为。同时，由于认同团队身份而带来的内群体偏好，使得团队成员认为与其拥有共同身份的团队内成员更加值得信任，更值得合作（Hewstone et al.，2002）。大量研究也证明，内群体偏好会带来一系列的亲内群体的行为，例如，为内群体分配更多的奖励，与内群体成员更加的合作等（Brewer，1979；Hewstone et al.，2002）。而这种团队内成员间的交流与合作作为信息沟通和团队互动的团队学习提供了途径和管道。另外，团队学习本来就需要冒人际风险（Edmondson，1999），而内群体偏好带来的对团队内部成员的信任——被认为是一种敢于依赖他人、冒风险的意愿（Kramer，1999）——可以帮助团队成员敢于冒这种风险，去卷入团队内部的学习行为。因此我们提出如下假设。

H1a：团队认同与团队内部学习正相关。

对于团队外部学习而言，团队认同更像是一把双刃剑（Litchfield, Karakitapoğlu – Aygün, Gumusluoglu, Carter & Hirst, 2018; Luan, Rico, Xie & Zhang, 2016）。基于社会身份理论而言，外部学习也是可以帮助团队实现目标的重要过程。外部学习可以补充团队现有的知识库，引入新知识或新经验，不仅有助于团队解决所面临的难题（尤其是新难题），同时也将有助于团队创新（Wong，2004）。当团队成员共享团队认同，他们会内化团队目标，将团队荣辱视作个人荣辱，因此受团队认同激励，他们会愿意为团队做出贡献，投入与外部客户等的沟通和信息收集活动中。此时，团队认同被认为能够积极影响团队外部学习。

但是，随着团队认同持续升高，基于群际偏见理论，团队认同可能会导致内群体偏好，甚至是对外群体的负面评价和贬低态度、行为（Hewstone et al.，2002；Luan et al.，2016），过高的团队认同一旦诱发产生了这样的群际偏见（Ashforth et al.，2008），那么将会极大地影响团队成员对外群体成员以及外群体所具有的知识、观点和经验的评价（Lipponen et al.，2003），进而抑制他们向外部群体求助和学习。从此种角度来看，当团队认同超过适当水平后，由群际偏见所引发的对外群体的负面态度将会导致团队认同负面削弱外部学习。

综合以上两方面，我们提出如下理论假设。

H1b：团队认同与团队外部学习存在倒"U"形的关系。其中，只有适中水平的团队认同将会带来最高水平的团队外部学习；不论是团队认同过低或过高，都只能带来降低水平的团队外部学习。

## 4.2.2 团队心理安全对团队认同和内部学习、外部学习关系的调节作用

基于社会身份理论的理论假设，对团队的高认同应该带来更高的学习行为，这种学习行为本身应该是不区分内部或者外部的。如前文所说，团队认同越高，则会越多地与团队内成员进行内部学习。然而，我们需要考虑到团队学习行为本身是需要冒人际风险的（Edmondson，1999），这点的确不难理解。如果向别人提出问题，似乎在证明自己能力的不足；如果一起讨论、反思工作的效果，可能会冒犯别人，也可能暴露自己的问题，甚至影响自己的升迁等；如果去试错，这需要消耗不少成本。因此考虑到这种风险，很多学者都致力于研究如何帮助个体或团队敢于冒这种风险。因此表征"在团队中人际冒险是安全的一种共享信念"（Edmondson，1999）的团队心理安全（team psychological safety）将会影响到团队成员的团队认同对其学习行为的影响过程。

当团队心理安全较高时，团队认同的提高将带来更多的团队成员间学习行为。首先，共享认同可能导致个体更加信任并且积极评价其内群体成员，同时为了维持团队的积极身份，他们也有动力开展更多的学习行为以解决团队面临的难题。并且，高水平的心理安全提示团队成员，即使他们在学习过程中需要挑战甚至是质疑他人的观点，其他成员也不会因为这种人际风险的学习行为来苛责他们，因而也降低了高水平团队认同成员在开展学习行为时所面临的风险。因此，我们认为，在团队心理安全较高的情况下，团队认同会积极促进团队内部学习。

当团队心理安全较低时，虽然团队认同依然有可能激励成员卷入并开展内部学习，但他们不得不面对因学习行为而导致的人际风险以及随之而来的惩罚和尴尬局面（Edmondson，1999）。与此同时，由于高水平认同会导致团队身份对个体来说愈加重要，因此当团队心理安全水平较低时，冒犯其他成员很可能会导致高水平认同的个体丧失团队身份，这种人际风险更有可能限制团队成员，导致他们选择尽量少地去试错、寻求反馈，并进一步减少内部学习行为。显然，当团队心理安全水平较低时，团队认同对团队内部学习的积极影响很可

能会被削弱。

由此，我们提出如下假设。

H2a：团队心理安全对团队认同与内部学习之间的关系起调节作用。具体来说，团队心理安全水平越高，团队认同对内部学习的积极影响越显著。

而对于团队的外部学习而言，除了社会身份理论提出的团队认同会带来更多的学习行为（内部学习和外部学习）以外，团队认同还会使得成员产生内群体的偏好，趋向于更积极地评价内群体、更消极地评价外群体，对外群体的偏见也很可能会随着认同水平的升高而不断加剧（Dovidio, Gaertner & Validzic, 1998; Lipponen et al., 2003）。更加严重的，向外部求助或向外部学习会伴随强烈的自尊成本。向外部寻求反馈需要暴露自己团队的不足或缺点，因而有可能降低所在团队积极的社会身份和评价。此时，外部学习的开闸对团队氛围有更高的要求。因此，团队心理安全被认为会显著调节团队认同和团队外部学习之间的关系。

当团队心理安全较高时，团队成员倾向于认为，在团队中学习或者向外部学习都是可以被理解和接受的，只要这种行为本身是从团队利益角度出发（Luan et al., 2016）。因此，高水平心理安全能够化解团队成员在开展外部学习时对人际风险或团队身份失去的担忧，进而有助于削弱团队认同尤其是过度认同对外部学习所造成的负面影响，确保团队认同对外部学习的激励作用。总结来看，我们认为，当心理安全水平较高时，团队认同更有可能积极促进团队外部学习。

但当团队心理安全较低的时候，团队认同对外部学习的影响可能更加复杂。一方面，团队认同有可能激励团队成员从团队利益角度出发，通过开展外部学习的方式来帮助团队提高产出和创新。另一方面，对于认同水平较低的成员来说，其他团队成员对他们的评价和态度并不重要。此时，虽然较低的心理安全有可能导致从事外部学习的个体受到其他成员的苛责或负面评价，但当个体具备的团队认同水平也并不高时，他们反而可以不受制于这种人际风险而更加自由地开展外部学习（Luan et al., 2016）。随着团队认同水平的不断升高，其他成员对高认同个体的评价和态度以及团队身份对团队成员而言都会越来越重要，因而会极大地加剧他们开展外部学习时所面临的人际风险；并且随认同水平而升高的内群体偏好也会导致个体对外群体的偏见升高，进一步限制了他们开展外部学习的可能性。基于以上论述，我们认为，在心理安全水平比较低时，团队认同和外部学习之间存在倒"U"形关系。

综合以上两方面,我们提出以下假设。

H2b:团队心理安全对团队认同与团队外部学习之间的关系起调节作用。具体来说,当团队心理安全较高时,团队认同会积极影响团队外部学习;当团队心理安全较低时,团队认同与团队外部学习之间的关系呈现倒"U"形。

研究一的假设模型如图4-1所示。

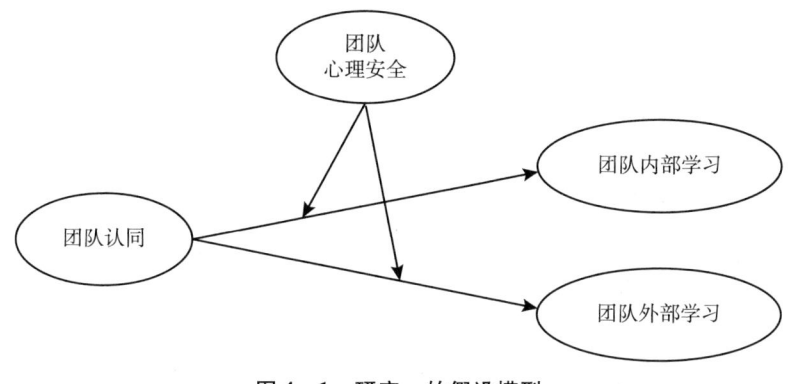

图4-1 研究一的假设模型

## 4.3 方　　法

### 4.3.1 问卷发放与回收

本研究的调查对象主要为杭州地区企业中的工作团队,通过实地调研与委托熟人相结合的方式进行取样。本研究参与调查的企业多为大型企业或知识密集型企业,参与调查的员工多为高学历员工,因此团队类型也多为知识密集型团队。选择调查企业的标准为:(1)团队为工作团队,不接受个人问卷;(2)被调查团队规模为3人以上(含主管)。

调研过程多为现场发放纸质问卷。主试将问卷放在信封内,先由主试或委托的熟人向被调查组的所有被试或工作组主管讲明研究的目的和要求,说明调查匿名性的保证措施(例如,将问卷填写后装回自粘贴的信封密封,并直接交给问卷发放者等),然后将礼品和问卷发放给被试,研究结束后要求被试将问卷放回信封并密封,然后交还给问卷发放人,主试再按照调查的安排进行对应编号,例如第 1 组编码为 1-1,1-2……除了现场发放之外,还有少部分问卷是通过委托的熟人以电子邮件的形式发放给被试。这种情况下,我们会提前以电话的形式向委托人交代问卷的发放原则和注意事项,并在包含问卷的邮件中再次申明发放要求,以保证问卷进行有效的发放。而委托的基本上都非团队领导,从一定程度上避免了社会称许性的问题。我们在问卷过程中尽量保证团队内尽可能多的成员参与我们的调查以保证最终聚合到团队水平的数据能够最大限度地反映团队互动过程的真实面貌。

整个调查过程,历经一个多月,研究涉及 17 家企业,调研中共发放问卷 300 份;回收问卷 269 份,隶属于 64 个工作团队。问卷回收率为 90%。取样团队包括固定研发团队、临时研发团队、项目团队、职能团队(例如人力资源、财务管理)及少量生产团队。

### 4.3.2 问卷处理

对于回收回来的问卷,研究者根据一定的标准分别进行了个体水平和团队水平的废卷处理。首先,我们将个体放在工作团队环境内进行检查。在员工问卷中请被试报告了其团队规模,并通过与团队实际规模(研究中向主管取得的数据)进行比对,来侦测被试在参与调查时脑中反应和呈现的是不是其所在的工作团队,如果团队中的被试所报告的团队规模与其所在工作团队实际规模相差甚远,该团队成员的问卷则被剔除。然后,我们对问卷进行团队水平的检查。本研究要求每个团队需要有 50% 以上的成员作答(Wong,2004),以期能够最大限度地捕捉到团队互动过程的全貌。对应答成员数未到 50% 的团队进行剔除处理。最终,我们共获得了 61 个团队,266 份有效问卷进入后续的研究统计分析。

### 4.3.3 变量测量

本研究的问卷采用 Likert 7 点量表,皆根据国外的成熟问卷进行双向翻译获得。首先,从 top 期刊上关于团队内、外部学习和团队心理安全等变量各自相关研究中找到引用率较高的成熟问卷,由熟练掌握英文—汉语的研究者本着"信、达、雅"的原则进行翻译;然后请两位不了解研究目的的有组织行为学研究背景的双语者将中文题项回译为英文;接着由研究者将此英文表述与成熟问卷的原始表述进行比对，看之前的翻译是否有误译的情况，再进行进一步的修改；最后我们请在企业中工作的人力资源专家来阅读修订问卷，看是否存在工作背景下难以理解或不相符的地方，然后修改形成此研究问卷的最终版本。所有问卷的出处如下。

团队认同。研究中团队认同的问卷采用的是马以尔和阿什福思（1992）开发的单维度、6题项量表。该6题项量表的信度和效度得到了以往研究的广泛认可。并且，相对于以往只捕捉了团队认同情绪情感单维度的量表来说，马以尔和阿什福思的量表被认为能够更全面地测量认同的概念内涵。具体题项包括"当有人批评这个团队时，我会觉得是自己受到了侮辱""我很想知道别人是如何评价这个团队的""当我说起这个团队时，总是倾向于说'我们'而不是'他们'"等。指导语要求被试根据其所在团队的实际情况对每个项目的符合程度进行评分，"1"代表完全不符合，"4"代表"一般符合"，"7"代表"完全符合"。团队认同问卷6个题项的Cronbach's α系数为0.86，超过了0.7的可接受标准（James, Demaree & Wolf, 1984）。

内部学习和外部学习。我们关注的团队内、外部的学习是过程中的团队学习行为；并且，我们关注的不光是学习过程中信息的来源，更是团队内成员与团队内、外成员的试错以及寻求反馈等行为互动过程。鉴于黄思思（2004）的研究更符合本研究对团队内、外部学习的界定，因此我们采用了其开发的团队内、外部学习量表。

内部学习为单维度8题项量表，测量题项包括"我们会通过提假设性的问题或情境来诱发大家的新想法、新思路""为了获得新创意，我们愿意花时间讨论每个人的建议""当工作中出现新问题时，我们会征询每个人的意见寻求解决方法"等。外部学习为单维度4个题项量表，具体题项包括"我们会在工作中征求团队外人员的专业意见""我们会与团队外人员一起总结团队的工作进展"等。指导语要求被试根据其所在团队的实际情况对每个题项的符合程度进行评分，"1"代表"完全不符合"，"4"代表"一般符合"，"7"代表"完全符合"。其中，内部学习问卷的信度系数为0.89，外部学习问卷的信度系数为0.92，均超过了0.7的可接受标准。

团队心理安全。团队心理安全采用的是爱德蒙森（1999）首次提出该概念时开发的7个题项的单维度量表，是测量这个概念最经典的问卷。具体题项包括"当有人批评这个团队时，我会觉得是自己受到了侮辱（R）""我很想知道别人是如何评价这个团队的"等，共含3个反向计分题项。指导语要求被试根据其所在团队的实际情况对每个项目的符合程度进行评分,"1"代表"完全不符合","4"代表"一般符合","7"代表"完全符合"。团队心理安全问卷6个题项的信度系数为0.67。造成该量表信度系数偏低的主要原因是反向计分题项的存在导致该问卷的信度有一定程度的损失。

控制变量。在本研究中,我们纳入了一些团队水平的变量作为控制变量。团队规模被视为团队研究中非常重要的一个因素,它会影响到团队动态过程和团队绩效的实现,例如,当团队规模扩大会导致社会闲散效应和搭便车行为的出现,可能会影响团队的内部学习行为(Wong,2004)。同时,团队任期的长短可能会影响团队成员对外部资源的掌握和处理程度(Katz,1982),从而影响团队的外部学习行为。另外,团队成员之间的熟悉程度会影响成员间的互动模式和频率,影响到团队学习行为。爱德蒙森(1999)在其最早对学习行为的研究中就提出团队类型会影响团队学习行为,因为团队类型决定了团队的任务,也决定了团队中的学习行为。因此将上述几个变量——团队类型、团队规模、团队任期和团队成员间的熟悉程度作为本研究的控制变量。

### 4.3.4 由个体水平向团队水平的数据聚合

对于团队认同,团队内、外部学习和团队心理安全几个变量,都是先从个体水平进行调查,然后按照科学的方法聚合到团队水平进行分析。

为了检验个体水平的数据能够向团队水平聚合,首先对4个主要变量(包括团队认同、心理安全、内部学习和外部学习)的 $R_{wg}$ 数值进行了计算。其中,将团队认同的 $R_{wg}$ 按从小到大进行排列后,中位数为0.93, $R_{wg}$ 大于0.7的比例为93%;心理安全的 $R_{wg}$ 的中位数是0.91, $R_{wg}$ 大于0.7的比例是89%;内部学习的 $R_{wg}$ 的中位数为0.95,所有组别的 $R_{wg}$ 均超过0.7;外部学习的 $R_{wg}$ 的中位数为0.85, $R_{wg}$ 超过0.7的比例为70%。各个变量上的 $R_{wg}$ 中位数均大于0.7, $R_{wg}$ 大于0.7的组的比例均超过70%,说明数据组内一致性良好(George,1990)。

进一步地,我们计算了4个主要变量的ICC(1)和ICC(2)数值。具体来说,团队认同的ICC(1)为0.30,ICC(2)得分为0.65;心理安全的ICC(1)为0.21,ICC(2)为0.54;内部学习的ICC(1)为0.20,ICC(2)为0.53;外部学习的ICC(1)为0.16,ICC(2)为0.46。以上分析结果中,虽然有部分变量的ICC(2)得分略低,但仍在可接受范围之内。以往类似研究显示,在个体数据向团队数据聚合过程中，也出现了略低的 ICC（2）数值（Fisher，Bell，Dierdorff & Belohlav，2012；Greer & van Kleef，2010）。从这种角度来看，我们认为，本次问卷调查所得到的个体数据可以向团队水平聚合。

## 4.4 结　　果

本研究主要采用 Stata 14.0 统计软件进行结果分析。

### 4.4.1 团队水平的样本频次分析

我们回收了 61 个组的有效数据，团队类型包括固定研发团队、临时项目团队、固定项目团队、职能团队和生产团队等，基本上覆盖了工作情境下企业通常具备的所有工作团队类型。表 4-1 呈现了各个团队特征上的频次统计结果。本研究中涉及的团队，最小的为 3 人团队，最大的为 17 人团队，规模从 3~5 人到 10 人以上都有所涉及。就团队成员的平均教育程度而言，高中或高中以下的只有 9 个团队（占比 15%），大专的有 20 个团队（占比 30%），大学本科的有 29 个团队（占比 48%），研究生及以上水平的团队也达到 3 个团队（占比 4%）。团队成员在团队内工作的平均时间，最少为 1 个月，最多为 109 个月，由 1~3 个月（2 个组，占比 3%）到 3 年以上（15 个组，占比 25%）不等，较好地捕捉到了不同任期团队的互动过程的全貌，从 1 个月到 3 年以上都有较完备的分布，可以很好地捕捉到在现实工作背景下团队内部的互动过程。

表 4-1　　　　　　　　　　被调查团队资料统计

| 被调查团队 | | 团队数（个） | 百分比（%） |
| --- | --- | --- | --- |
| 团队类型 | 固定研发团队 | 13 | 21 |
| | 临时项目团队 | 4 | 7 |
| | 固定项目团队 | 15 | 25 |
| | 职能团队 | 20 | 33 |
| | 生产团队 | 5 | 8 |

续表

| 被调查团队 | | 团队数（个） | 百分比（%） |
|---|---|---|---|
| 团队类型 | 其他 | 4 | 6 |
| | 合计 | 61 | 100 |
| 团队规模 | 3~5 人 | 24 | 39 |
| | 6~10 人 | 30 | 49 |
| | 10 人以上 | 7 | 12 |
| | 合计 | 61 | 100 |
| 平均受教育程度 | 高中或高中以下 | 9 | 15 |
| | 大专 | 20 | 33 |
| | 大学本科 | 29 | 48 |
| | 研究生及以上 | 3 | 4 |
| | 合计 | 61 | 100 |
| 成员在团队平均工作时间 | 1~3 个月 | 2 | 3 |
| | 3~6 个月 | 4 | 7 |
| | 6~12 个月 | 10 | 16 |
| | 1~3 年 | 30 | 49 |
| | 3 年以上 | 15 | 25 |
| | 合计 | 61 | 100 |

### 4.4.2 验证性因素分析

为了更好地检验本研究问卷的效度，我们进一步进行验证性因素分析（Schriesheim & Eisenbach，1995）。考虑到当前研究的样本规模与 CFA 分析中待估参数的比例关系，在进行验证性因素分析之前，首先对 4 个主要变量的测量题项进行了打包处理。① 随后，我们用 Mplus 8.0 软件包进行了验证性因素分析（Confirmative Factor Analysis，CFA）的检验，采用最大似然估计。

---

① 对所有主要变量都进行了打包处理。按照以往研究的经验，我们将所有变量都打包，保留了 3 个题项。其中，团队认同的 6 个题项每 2 个打包成新的打包题项；心理安全 1~3 生成新的打包题项 1，剩下的 4 个题项每 2 个打包成一个新的打包题项。内部学习按照 3、3、2 的规则打包成 3 个新的打包题项；外部学习则按照 2、1、1 打包成 3 个新的打包题项。

# 第4章 团队认同对内部学习、外部学习影响的探索研究（研究一）

本研究模型的拟合参数①如下：$\chi^2 = 80.20$，$df = 48$，$\chi^2/df \approx 1.67 < 2$，$p < 0.01$。其他拟合指数得分为 $CFI = 0.98$，$TLI = 0.97$，$RMSEA = 0.05$，$SRMR = 0.04$，以上数据皆说明该模型拟合良好。具体的四因子模型验证性因素分析结果如图4-2所示。

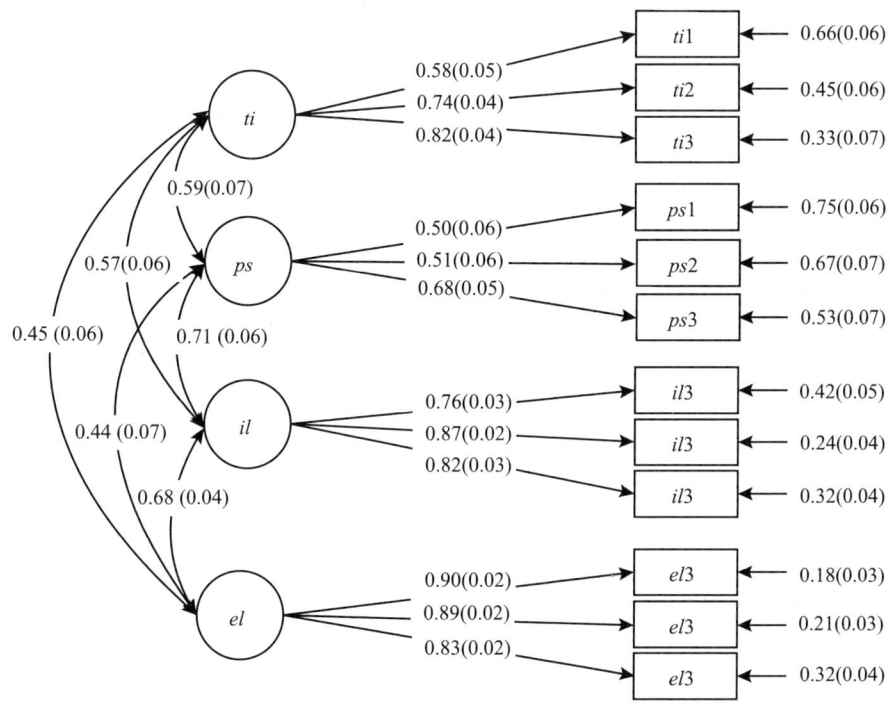

**图4-2 四因子模型的验证性因素分析结果**

注：ti 为团队认同，ps 为心理安全，il 为内部学习，el 为外部学习。

除了上述四因子模型的拟合参数，我们还对其他可能的测量模型进行了检验。具体的其他模型的拟合结果如表4-2所示。从表4-2中的结果我们也能看出，四因子测量模型能够最好地拟合我们的测量数据，其他模型对测量数据的拟合程度都显著低于我们假设的四因子模型。

---

① 验证性因素分析参数：$\chi^2$ = 拟合优度的卡方检验（Chi-square Goodness-of-fit Test）；$df$ = 自由度（Degree of Freedom）；CFI = 比较拟合指数（Comparative Fit Index）；RMSEA = 近似误差均方根（Root-Mean-Square Error of Approximation）。

表4-2　　　　　不同因子模型的验证性因素分析结果比较

| 因子模型 | $\chi^2$ | df | CFI | RMSEA | SRMR |
| --- | --- | --- | --- | --- | --- |
| 四因子模型 | 80.20 | 48 | 0.98 | 0.05 | 0.04 |
| 三因子模型 1[a] | 137.67 | 51 | 0.94 | 0.08 | 0.06 |
| 三因子模型 2[b] | 200.52 | 51 | 0.90 | 0.11 | 0.06 |
| 三因子模型 3[c] | 265.48 | 51 | 0.86 | 0.13 | 0.10 |
| 三因子模型 4[d] | 118.23 | 51 | 0.96 | 0.07 | 0.05 |
| 三因子模型 5[e] | 197.19 | 51 | 0.90 | 0.10 | 0.10 |
| 三因子模型 6[f] | 303.04 | 51 | 0.83 | 0.14 | 0.08 |
| 两因子模型 1[a] | 349.84 | 53 | 0.80 | 0.15 | 0.09 |
| 两因子模型 2[b] | 316.36 | 53 | 0.82 | 0.14 | 0.11 |
| 两因子模型 3[c] | 296.69 | 53 | 0.84 | 0.13 | 0.10 |
| 两因子模型 4[d] | 365.54 | 53 | 0.79 | 0.15 | 0.09 |
| 两因子模型 5[e] | 445.76 | 53 | 0.74 | 0.17 | 0.10 |
| 两因子模型 6[f] | 359.34 | 53 | 0.80 | 0.15 | 0.11 |
| 两因子模型 7[g] | 227.99 | 53 | 0.88 | 0.11 | 0.07 |
| 单因子模型 | 485.30 | 54 | 0.71 | 0.17 | 0.10 |

注：三因子模型 1[a] 将团队认同和心理安全合并成一个因子；
三因子模型 2[b] 将团队认同和内部学习合并成一个因子；
三因子模型 3[c] 将团队认同和外部学习合并成一个因子；
三因子模型 4[d] 将心理安全和内部学习合并成一个因子；
三因子模型 5[e] 将心理安全和外部学习合并成一个因子；
三因子模型 6[f] 将内部学习和外部学习合并成一个因子；
两因子模型 1[a] 将团队认同和心理安全合并成一个因子，剩下变量合并成一个因子；
两因子模型 2[b] 将团队认同和内部学习合并成一个因子，剩下变量合并成一个因子；
两因子模型 3[c] 将团队认同和外部学习合并成一个因子，剩下变量合并成一个因子；
两因子模型 4[d] 将心理安全、内部学习和外部学习合并成一个因子；
两因子模型 5[e] 将团队认同、内部学习和外部学习合并成一个因子；
两因子模型 6[f] 将团队认同、心理安全和外部学习合并成一个因子；
两因子模型 7[g] 将团队认同、心理安全和内部学习合并成一个因子。

上述结果再次说明，尽管团队心理安全中的反向计分题项对测量造成了一定程度的信度损失，但将团队心理安全与其他变量放在一起做全模型验证性因素分析检验时，拟合效果依然良好，说明整个团队心理安全是能够和其他变量概念区分开的，效度良好。因此，在后续研究分析中，我们依然借鉴施里斯海姆和艾森巴赫（Schriesheim & Eisenbach，1995）的做法，直接对7个题项测量得出的团队心理安全概念进行分析。

### 4.4.3 描述性统计与相关分析

本研究采用皮尔逊相关系数对主要变量的相关性进行分析。表4-3呈现了各个主要变量的均值、标准差和变量间的相关系数。

由相关数据分析我们可以发现，团队认同与团队心理安全（$r=0.43$，$p<0.01$）、团队内部学习（$r=0.59$，$p<0.01$）、团队外部学习（$r=0.43$，$p<0.01$）之间都有着显著的相关关系。同时，团队内部学习与团队外部学习（$r=0.55$，$p<0.01$）之间也有着显著的相关关系。并且，和以往研究的结果一致，心理安全也能够积极影响内部学习（$r=0.55$，$p<0.01$）和外部学习（$r=0.30$，$p<0.05$）。

表4-3 变量描述性统计与相关系数

| 变量 | Mean | S.D. | 1 | 2 | 3 | 4 | 5 | 6 | 7 | 8 |
|---|---|---|---|---|---|---|---|---|---|---|
| 1. 团队类型 | 3.20 | 1.47 | — | | | | | | | |
| 2. 团队规模 | 6.95 | 3.33 | 0.29* | — | | | | | | |
| 3. 平均个人任期 | 25.82 | 19.27 | 0.32* | 0.28* | — | | | | | |
| 4. 平均熟悉程度 | 4.17 | 0.48 | 0.08 | 0.01 | 0.47** | — | | | | |
| 5. 团队认同 | 5.75 | 0.68 | -0.04 | 0.10 | 0.18 | 0.02 | (0.86) | | | |
| 6. 团队心理安全 | 5.22 | 0.54 | -0.24 | -0.22 | -0.07 | 0.07 | 0.43** | (0.67) | | |
| 7. 团队内部学习 | 5.19 | 0.59 | -0.28* | -0.11 | 0.16 | 0.10 | 0.59** | 0.55** | (0.89) | |
| 8. 团队外部学习 | 5.06 | 0.77 | -0.29* | -0.04 | 0.03 | -0.02 | 0.43** | 0.30* | 0.55** | (0.92) |

注：$N=61$；*$p<0.05$，**$p<0.01$。

### 4.4.4 回归分析与假设检验

本研究中的主要变量都是来自被试基于问卷题项的主观评价，我们为预防同源偏差进行了积极的事前控制，例如：在问卷设计中尽量让题项表述清晰有效，减少模糊性；有效地调整题项的顺序，控制项目启动效应；采用了一系列方法来保证问卷填写的匿名性等（Podsakoff et al., 2003）。同时，我们都是将个体数据聚合到团队水平来分析，所以同方法的偏差相对较小（Gibson & Vermeulen, 2003）。尽管如此，我们还是根据波扎克夫等（Podsakoff, Mackengie, Lee & Podsakoff, 2003）介绍的哈门斯单因子测验方法，用因子分析旋转前和旋转后的结果来侦测是否存在同方法偏差，结果显示，并不存在一个解释力特别大且混入不同变量来源题项的因子，所以说本研究中同方法偏差不显著。

首先对所有预测变量进行了去中心化（Mean Centered）的处理。接下来，运用层级回归模型来分析团队认同对团队内部学习和团队外部学习的作用。当以团队内部学习为回归方程的因变量时，模型一（M1）中，将所有控制变量加入方程；模型二（M2）中，将团队认同和团队心理安全等主要预测变量加入方程，用以检验H1a；模型三（M3）中，将团队认同和心理安全的交互项加入方程，检验H2a。在此基础上，在模型四（M4）中，最后将团队认同的平方项以及团队认同的平方项与心理安全的交互项加入方程。

当以外部学习为结果变量时，M1中仍加入了控制变量，M2加入了团队认同及团队认同的平方项、心理安全，以检验H1b；M3在此基础上，加入了团队认同和心理安全的交互项、团队认同的平方项和心理安全的交互项，以检验假设H2b。

最终分析结果总结如表4-4所示。

表4-4　　　　　团队认同对团队内/外部学习作用的回归系数

| | 变量 | DV=团队内部学习 ||||  DV=团队外部学习 |||
|---|---|---|---|---|---|---|---|---|
| | | M1 | M2 | M3 | M4 | M1 | M2 | M3 |
| 控制变量 | 1. 团队类型 | -0.14* | -0.09* | -0.09* | -0.09* | -0.18* | -0.14* | -0.12+ |
| | 2. 团队规模 | -0.02 | -0.01 | -0.01 | -0.01 | 0.00 | 0.00 | 0.00 |
| | 3. 平均个人任期 | 0.01+ | 0.01+ | 0.01 | 0.01 | 0.01 | 0.00 | 0.00 |
| | 4. 平均熟悉程度 | -0.01 | -0.00 | -0.00 | -0.02 | -0.10 | -0.06 | -0.08 |
| 自变量 | 5. 团队认同 | | 0.36** | 0.36** | 0.33* | | 0.37+ | 0.16 |
| | 6. 团队认同$^2$ | | | | -0.02 | | -0.06 | -0.30 |
| 调节变量 | 7. 团队心理安全 | | 0.35** | 0.35** | 0.17 | | 0.15 | -0.08 |

续表

| 变量 | | DV = 团队内部学习 | | | | DV = 团队外部学习 | | |
|---|---|---|---|---|---|---|---|---|
| | | M1 | M2 | M3 | M4 | M1 | M2 | M3 |
| 交互项 | 8. 团队认同 × 团队心理安全 | | | −0.04 | 0.15 | | | 0.29 |
| | 9. 团队认同² × 团队心理安全 | | | | 0.34 + | | | 0.64 * |
| | F | 2.59 * | 9.78 ** | 8.25 ** | 7.40 ** | 1.65 | 2.78 * | 2.79 ** |
| | $R^2$ | 0.16 | 0.52 | 0.52 | 0.57 | 0.11 | 0.27 | 0.33 |
| | $\Delta R^2$ | | 0.36 ** | 0.00 | 0.05 + | | 0.16 * | 0.06 |

注：$N=61$。回归系数均为非标准化系数；$+p<0.1$，$*p<0.05$，$**p<0.01$。

H1a 假设了团队认同会积极影响内部学习。由表4-4我们可以看出，团队认同对团队内部学习有显著的主效应（$b=0.36$，$p<0.01$），即团队认同积极作用于团队内部学习，H1a 得到支持。H1b 提出，团队认同和外部学习之间存在倒"U"形关系。令人遗憾的是，团队认同的平方项对团队外部学习的主效应并不显著（$b=-0.06$，$ns.$），H1b 未得到支持。

H2a 假设了团队心理安全对"团队认同和内部学习"关系的调节作用。但从模型三的结果来看，团队认同和心理安全的交互项对内部学习的作用并不显著（$b=-0.04$，$ns.$）；与此同时，我们发现，团队认同的平方项和心理安全的交互项对内部学习表现出边缘显著的效应（$b=0.34$，$p<0.1$）。上述结果表明，H2a 并没有获得支持，心理安全未能如假设预期的那样，调节团队认同和内部学习之间的线性关系。

H2b 提出了心理安全对"团队认同和外部学习"的曲线关系的调节作用。为了检验这一假设，我们在模型三中加入了团队认同的平方项以及团队认同的平方项和心理安全的交互项。回归结果表明，团队认同平方项与团队心理安全的交互项对团队外部学习有显著的影响（$b=0.64$，$p<0.05$），H2b 得到数据结果的初步支持。

虽然本研究采用的是同源数据，但是根据回归分析所得出的结论可以看出，同源方法偏差并没有对本研究造成显著影响。因为赛门等（Siemsen, Roth & Oliveira, 2010）的研究结论表明，同方法偏差不会造成人为的或"虚假的"交互效应，即当研究中交互效应显著时，可认为同源数据并没有对数据结果造成显著威胁。另外，同方法偏差也不会带来人为的或"虚假的"平方效应,所以当研究中平方效应成立时,结论也不会受到同源偏差的显著影响。故同源数据可能产生的偏差并不会影响到本研究的结论。

我们进一步遵循艾肯和韦斯特(Aiken & West,1991)的方法,分解调节效应来展示团队认同与团队学习之间的关系,对 H2b 中所提到的假设关系进行进一步验证。图 4-3 反映了团队心理安全对团队认同和团队外部学习的关系调节效应的具体趋势。正如我们假设的那样,当团队心理安全较高的时候,团队认同和团队外部学习之间表现出了正相关的趋势,但在简单效应检验中,这种积极关系并没有得到分析结果的支持($b = 0.32$,$p = 0.12$)。同时,当团队心理安全较低的时候,团队认同和外部学习之间的关系就变成了倒"U"形趋势:开始时,随着团队认同升高,团队外部学习也会增多;但当团队认同达到适中水平之后,团队认同水平越高,团队外部学习行为会越少。简单效应分析的结果支持了在心理安全水平较低时,团队认同和外部学习之间的曲线关系($b = -0.64$,$p < 0.05$)。因此,H2b 得到了充分支持。

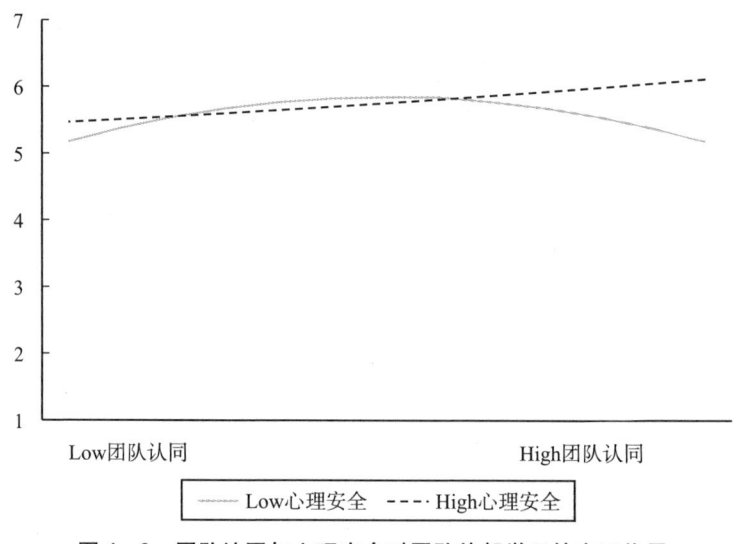

图 4-3　团队认同与心理安全对团队外部学习的交互作用

### 4.4.5　团队认同对内、外部学习权衡的补充分析:认知资源的视角

考虑到团队认同对团队内部学习和团队外部学习有着不同的作用,而在

## 第4章 团队认同对内部学习、外部学习影响的探索研究（研究一）

现实工作团队中，根据认知资源有限理论，对一种类型学习行为投入较多势必会带来另一种类型的学习行为减少，因此注意力资源和认知负荷有限的团队很可能会需要在内部学习与外部学习之间进行权衡和选择（De Dreu，2006；Kanfer & Ackerman，1989）。为此，基于认知资源有限视角，我们进一步补充分析了团队认同对团队内、外部学习权衡的影响。

我们尝试将团队外部学习与内部学习的比值作为因变量，团队心理安全对团队认同和团队外部—内部学习权衡之间关系的调节作用如图4-4所示。

由图4-4我们可以看出，当团队心理安全较高的时候，外部学习与内部学习的比值基本上没有太大的变化，且比值一直在"1"之下，说明趋势没有太大变化，但是团队的内部学习还是比外部学习卷入更多。但当团队心理安全较低的时候，团队认同越高，外部学习与内部学习的比值越大，即外部学习明显增多，比值接近甚至超过"1"的水平，说明外部学习行为几乎与内部学习行为相当；而当团队认同高过一定阈值时，团队认同越高，外部学习与内部学习的比值越小（<1），即外部学习明显减少，且内部学习行为有些许增加。

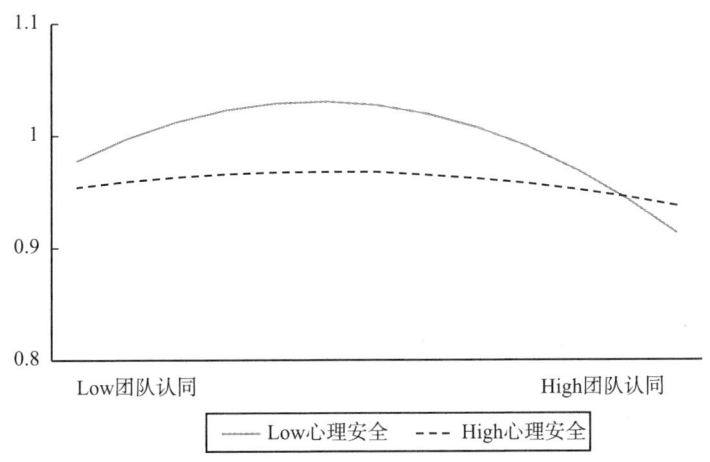

图4-4 团队认同与心理安全对团队外部/内部学习比例的交互作用

虽然图4-4只是反映了团队外部学习和内部学习的比值（相对量）的变化趋势，但是对比图4-3我们可以发现：当团队心理安全较高时，根据社会身份理论，随着团队认同的提高，团队内部学习和外部学习行为都有所增加，故二者之间的比值变化不显著。而当团队心理安全较低，基于社会身份理论,起初,随着团队认同的提升,团队内部学习和外部学习都在增加,而当团队认同高出一定阈值(根据横坐标的阈值变化点来判断)后,随着团队认同的提高,团队外部学习明显减少,而内部学习则是先增多(原有的一些外部学习转为内部学习),然后变化不明显。这与我们上文分析的过程完全吻合。

从上述分析中可以看出,团队认同不仅会单独影响团队内部学习、团队外部学习,并且团队认同在团队学习策略的选择上也有着突出的作用。具体来说,基于社会身份视角,团队认同不仅会影响成员对内群体成员的评价、在团队内的行为表现,同样重要的,还会影响成员对外群体成员的评价以及他们在不同团队边界上的权衡和选择。正如本研究所发现的,团队认同会激励成员开展更多的团队学习,但团队成员身份也确实在团队内部与团队外部之间画下了明显的"楚河汉界",使得团队成员在进行信息获取、试错、寻求反馈等行为时对内、外部有着不同的倾向,因而在对总体学习行为的需求增长的情况下,可能由一种学习模式转为另一种学习模式(例如,心理安全低的情况下的外部学习转为内部学习)。

## 4.5 讨　　论

在上述研究中,我们将焦点放在团队认同与不同团队学习行为选择之间的关系上,放在表征团队学习氛围的团队心理安全框架下,检验人与情境交互的作用。团队认同概念在以社会身份理论为支撑起作用的同时,也因为内群体偏好的存在而在团队内与团队外之间画下了一条明显的界线。因而,团队认同对内部学习和外部学习将存在不同的作用机理。

首先,我们检验了团队认同对内部学习的影响。数据结果表明,团队认同会显著的积极影响团队外部学习,但是令人遗憾的是,假设的调节作用模型(不论是假设中提到的团队认同和心理安全的交互项,还是数据检验时包括的团队认同的平方项和心理安全的交互项)未得到数据的支持,最终结果只支持了团队认同显著地作用于团队内部学习。

虽然团队认同对外部学习的非线性影响并没有得到数据结果的支持,但数据结果支持了心理安全对上述关系的调节作用。具体来说,与 H2b 的预期一致,当心理安全水平较低时,团队认同和团队外部学习之间出现了倒

"U"形关系,其中过高水平的团队认同被发现会负面影响团队的外部学习。另外,当心理安全水平较高时,团队认同和团队外部学习之间表现出正相关关系。

研究表明,内部学习和外部学习在团队中都是普遍存在的,并对团队效能的实现有着重要的意义(Kessler et al.,2000)。考虑到团队认知资源和注意力资源有限这一关键特征,在具体情境中,团队可能需要在内、外部学习之间作出权衡。基于这种思路,我们在延伸分析部分进一步检验了团队认同和心理安全的交互,以及团队认同的平方项和心理安全的交互对内、外部学习权衡的影响。最终结果发现:当团队心理安全水平较低时,随着团队认同水平的持续升高,团队外部学习会下降,内部学习会上升,进而导致外部学习、内部学习的比例不断降低;但当团队心理安全水平较高时,团队认同水平的升高并不会显著影响外部学习、内部学习这两种学习行为之间的比例关系。从此种角度,我们可以看出,当团队不具备"安全"学习的氛围时,高水平的团队认同会迫使团队成员在外部学习和内部学习之间做出选择,通过更多地卷入内部学习、更少地从事外部学习的方式来"保全"他们的团队身份,以及其他内群体成员对他们的评价和态度。

## 4.5.1 本研究的理论贡献

本研究的理论贡献主要体现在以下几个方面。

首先,探讨团队集体认同对团队内部学习与团队外部学习的选择策略的影响,以社会身份理论和内群体偏好为主要解释机制,发现了团队认同对内部学习和外部学习行为选择的重要作用,同时纳入团队心理安全这一情境性因素综合考虑,得出了重要的结论:团队集体认同会积极地作用于团队内部学习;当团队心理安全较高时,团队集体认同带来较高的团队外部学习行为,但当团队心理安全较低时,团队认同与团队外部学习呈现倒"U"形的关系。同时,进一步关注团队的学习策略选择与权衡,发现当团队心理安全较低时,团队认同与团队内、外部学习权衡(团队外部学习与团队内部学习的比值)之间的关系为倒"U"形。这些将团队学习区分为内部学习与外部学习的尝试和研究结论在很大程度上丰富了团队学习的理论模型和框架。

虽然以往研究关注了团队认同对团队学习过程的影响(Van Der Vegt & Bunderson,2005),却甚少纳入团队认同对内部学习和外部学习可能的差异影响来考虑。本研究通过将内、外部学习过程加以区分，更细致地描绘了团队认同对团队学习过程的影响，更重要的是，发现了团队认同尤其是过度认同可能导致的负面影响。具体来说，当心理安全条件不具备时，过度认同被发现会限制成员的外部学习行为。从这种角度来看，虽然以往研究都反复表明了团队认同（或组织认同）的积极效应，但在企业中大力推行团队认同建设之前，我们还需要对团队认同可能产生的潜在负面效应投入更多的关注。

考虑到以往研究大多关注团队认同对团队内部过程的影响，我们的研究以外部学习为结果变量，讨论了团队认同和外部学习之间的复杂关系。进一步地，我们也鼓励未来研究能够将关注点从团队内转向团队间，或者是团队外，例如，讨论团队认同对成员边界跨越行为的影响，进而更加全面地描绘出团队认同可能带来的影响作用。

### 4.5.2 本研究的实践意义

根据以上研究结果，我们为企业的管理实践提出以下建议。

第一，团队集体认同对团队效能的确有显著的贡献，因此管理者需要通过一些实际措施来增强团队成员的认同感。正如前文所述，对照认同形成的多种动机，团队管理者可以通过树立远景和目标来提高团队的社会身份地位或团队身份的独特性（Dutton et al., 1994; Fuller, Marler, Hester, Frey & Relyea, 2006），以吸引团队成员认同该团队身份。另外，团队可以通过社会化、创造公平的组织氛围等措施来帮助成员强化其团队成员身份（Olkkonen & Lipponen, 2006）。

第二，需要注意的是，由团队认同形成的内群体偏好会对团队的一些对外过程带来不良的影响，例如会带来"小集团主义"，将部门利益凌驾于组织利益之上，而与其他部门恶性争夺资源，或故步自封而不与组织内其他团队进行沟通交流，或更严重地与其他部门产生冲突等。组织虽然是依靠团队来进行作业，团队的绩效对组织的绩效而言至关重要，但是同一个组织内团队与团队之间、部门与部门之间的合作和交流也是非常必要的，毕竟最终组织的目标达成才是真正的胜利。因此如何克服团队认同所带来的团队间的对抗显得尤为重要。很多社会身份的研究发现，更高一级的社会身份（Superordinate Social Identity）可以为不同团队之间的成员塑造一个更高的组织的认同，将原先外群体的成员也纳入新的"内群体"（即组织）之中，从而让整个组织内的各个团队趋向于彼此合作。从此种角度分析，虽然团队身份对成员来说是更为显著的社会身份（O'Leary & Mortensen，2010），但企业不应忽略组织身份的建设以及对组织认同感的塑造。

第三，在团队认同对学习过程的显著影响之外，我们还发现，较高的团队心理安全可以帮助团队弥合过高的团队认同所带来的负面影响（如外部学习的降低），因而可以通过优化团队学习氛围、提升团队学习卷入，为团队创造更高的心理安全环境，帮助团队更好地发挥团队集体认同对团队绩效的积极促进作用。而团队心理安全的塑造可以通过团队领导者指导型的领导行为和支持型组织氛围等来实现（Edmondson，1999）。

### 4.5.3 本研究的局限性

本研究的局限性主要体现在以下两个方面。

第一，由于取样条件的限制，本研究获得的都是横截面数据，从一定程度上而言，横截面研究并不能真正地说明理论上的因果关系，因此需要进一步地纵向研究来做进一步地验证。

第二，本研究当前选择的团队样本大多围绕新产品开发团队或研发型团队。之所以选择这两种类型的团队，主要是因为，团队学习活动对上述团队的绩效完成来说非常关键，因此我们更容易在他们的日常工作中观察到团队学习活动，也适合用来探索团队认同对团队学习的影响。但本研究中所发现的团队认同对内部学习和外部学习的影响是否可以延伸到其他类型的团队当中，仍需要未来研究的检验。

## 4.6 结　　论

本研究通过问卷调查的方法，将认同构建在集体水平上，讨论了团队认同对内部学习以及外部学习的影响，在此基础上，进一步讨论了心理安全对上述关系的调节作用。研究结果表明，团队认同作为一种集体动机因素，确实会对团队外部学习产生促进作用。但与此同时，不应忽略的是，团队认同还可能对外部学习表现出负面影响。具体来说，当团队缺乏心理安全氛围时，过高的团队认同很容易会削弱团队外部学习。本研究所取得的结论一定程度上表明了团队认同可能具有的潜在负面影响，同时也提示未来研究和企业管理者在得出团队认同"百利而无一害"的结论之前，应该对其如何影响成员的边界跨越活动，或如何影响其向外部求助、学习等过程展开更多讨论。①

---

① 该研究部分内容已发表在 SSCI 期刊 Small Group Research, 2016, 47 (4): 384-405.

# 第 5 章

# 团队认同与团队创造力的关系：基于行为整合的信息聚合过程研究（研究二）

## 5.1 问题提出

随着外部环境的变化速度越来越快、消费者需求的愈加多样，如何提高企业的适应和创新能力已经成为研究者们关注的重要问题（Zhou & Hoever, 2014）。通过在团队汇聚多样的观点和问题解决的视角，研究者和管理者都认为，团队形式能够较好地完成组织所需的创新任务。而随着团队形式在组织内的普及，对团队创造力的研究也逐渐增多。并且，当下的很多组织都表现出了组织层级愈加扁平、团队边界越来越模糊的趋势。这一方面使得团队在组织中的重要性进一步提升，另一方面也为团队开展创新任务提出了更高的要求：和传统的只需管理好内部事务的团队不一样，频繁和外部环境进行互动的团队还需要有效利用并整合外部资源为团队完成创新任务、提高适应能力服务。从这种角度来说，整合能力对团队创造力的作用已经变得愈加重要（Gardner, Gino & Staats, 2012）。

虽然团队的整合能力或者是整合过程对团队创造力来说非常重要，但是要实现这样的过程并不容易（Salazar et al., 2012），尤其是在团队成员间存在知识背景差异的情况下（Lau & Murnighan, 1998; Simsek, Veiga, Lubatkin & Dino, 2005）。要对不同的知识和观点进行聚合，团队成员首先需要对他人的观点投入关注（Paulus, 2008）；团队成员还需要保持高度的开放性，愿意去接纳别人的观点、态度和行为；为了完成观点或行为的整合，团队在这个过程中还需要付出持续的认知层面或者是行为层面的努力（Harvey，2014）。以上种种要求，显然和团队成员的工作动机水平，以及他们与其他成员或者是和团队的关系密不可分（Amabile，1997；Hirst et al.，2009）。我们认为团队认同的水平能够较好地刻画上述所需的动机要素以及团队成员如何看待团队内的其他伙伴，进而能够通过影响团队行为整合的方式来影响团队创造力。

团队认同一方面描述了团队工作动机水平（Ashforth et al.，2008；Ellemers et al.，2004），另一方面，它也刻画了成员对其他成员的评价或和其他成员的关系（Dukerich，Golden & Shortell，2002；Dutton et al.，1994）。团队认同不仅激励团队持续地投入行为整合这个对团队创造力来说相当重要的过程当中，而且也有助于减少团队成员之间的偏见，增进他们之间的沟通和对彼此的关注和理解，进一步提高团队内的行为整合水平，从而积极影响团队的创造力。

## 5.2 理论基础和假设提出

### 5.2.1 团队认同对团队创造力的影响作用

本书所关注的团队认同指的是团队成员间共享的，对团队身份和个人身份的同一性（an unified entity）的感知以及他们对团队成员身份的眷恋或投入程度（Van der Vegt & Bunderson，2005）。该集体水平的团队认同对团队创造力的影响主要体现在两方面。第一，随着团队认同水平的升高，成员会不断将团队目标内化，团队目标对于个人而言也会变得愈加重要（Dukerich et al.，2002）。对于需要完成创新任务的技术研发团队或者是新产品开发团队来说，持续创新是这些团队需要完成的一个重要任务。而团队认同会激励团队成员将这样的目标内化成为个人目标体系中的重要部分；并且，随着认同水平的不断升高，创新目标对团队成员会变得越来越重要（Ashforth et al.，2008）。为了实现团队的创新目标，团队成员会更愿意投入对团队有利的创新过程当中，例如，积极参与到团队成员间的合作和协调、行为整合过程等，进而帮助团队提升创造力。

第5章 团队认同与团队创造力的关系：基于行为整合的信息聚合过程研究（研究二）

第二，团队创造力的实现需要个体成员对其他成员的观点、看法和行为投入恰当的关注（Paulus，2008），这是团队有效利用内部信息资源的基础（Luan et al.，2015）。但是团队成员之间知识背景的差异很容易让彼此之间产生沟通障碍甚至是对其他成员的偏见和误解（Lau & Murnighan，1998；Williams & O'Reilly，1998），因此长期以来如何整合利用团队多样性以提升团队创造力一直是研究者关注的重点（Gardner et al.，2012；Shin & Zhou，2007）。由于共享的认同能够提高成员对其他同事的评价和信任水平，因此集体水平的团队认同被认为能够减少团队成员之间的偏见和误解，进而有效促进团队对差异观点的利用和消化，提升团队的工作表现和创造力（Bezrukova et al.，2009；Kearney，Gebert & Voelpel，2009；Van der Vegt & Bunderson，2005）。从这种角度来看，充当了团队"黏合剂"的共享认同对于团队内的聚合过程、团队创造力的实现来说都是意义重大的（栾琨，谢小云，2014；汤超颖，等，2013）。

总结来看，我们认为，作为一种动机因素，团队认同能够激励团队内化团队目标，并且通过减少成员间偏见和误解的方式来促进团队内对于差异观点的利用和聚合，继而积极作用于团队的创造力。

H1：团队认同能够积极影响团队创造力。

## 5.2.2 行为整合在团队认同和团队创造力关系中的中介作用

汉布瑞克（Hambrick，1994）最初在企业高管团队（TMT）中对行为整合进行了定义。他认为，行为整合主要包括三个主要过程：合作行为（collaborative behavior）、信息交互（information exchange）和联合决策（joint decision making；Hambrick，1994）。由于高管团队中的成员在职能背景、教育经历、过往的工作经历甚至是利益诉求上都存在较多的差异，要恰当使用并管理这些方面的多样性需要 TMT 团队具有高水平的整合能力；行为整合这一构思恰是对团队整合能力的一种综合表征（Simsek，2009）。汉布瑞克认为，透过行为整合的过程，团队成员再不是散落的个体，而是能够被聚合成一个整体来发挥作用（Boone & Hendriks，2009；Hambrick，2007）。

自行为整合概念被提出后，研究者针对行为整合的影响作用进行了大量的论述和探索。通过行为整合过程，TMT 团队能够有效利用内部已知的（available）知识和观点，因而行为整合被发现对组织二元性和 TMT 战略决策的质量有积极意义（Carmeli & Schaubroeck，2006；Lubatkin，Simsek，Ling & Veiga，

2006)。并且,行为整合能够帮助组织尽快地适应外部市场的变化,有助于提高组织绩效和创造产出(Carmeli, 2008; Li & Zhang, 2002; Simsek, 2009;刘宁,张正堂,张子源,2012)。同时,由于能够提高团队成员间的合作水平,发挥团队协作,有效地聚合信息,因而行为整合也被认为能够提高团队成员的即兴能力(improvisation)和团队创造力(Magni, Proserpio, Hoegl & Provera, 2009)。

虽然行为整合对于团队创造力的积极意义较为明显,但是对于如何提升团队的行为整合过程,现有研究的探索还略显不足。已有研究指出,由于专业背景的差异会破坏团队成员之间的相互理解,造成整合的成本大幅增加,因此团队多样性会负面影响行为整合(Li & Hambrick, 2005; Simsek, 2009)。领导特征也被认为是影响团队行为整合的重要因素。举例来说,凌燕等人的研究(Ling, Simsek, Lubatkin & Veiga, 2008)就发现,具有变革型领导风格的CEO能激励成员认同团队身份,导致他们进行更多的合作行为,并且还会鼓励他们共同参与到决策过程当中,因此变革型领导风格对行为整合有积极作用。

虽然现有实证证据并不充分,但是从已有研究中,我们大致可以总结出团队开展行为整合所需的两个条件。第一,团队成员要具有合作的动机。团队要进行合作或联合决策,成员必须要有和其他成员进行合作的动机和意愿。这种合作的动机一方面可能来自团队对目标达成的渴望(Millward, Haslam & Postmes, 2007),另一方面也要有个体对其他成员的积极态度和看法作为保障。第二,行为整合还需要成员之间存在适度的一致性。如果团队内的一致性水平太低,成员间会失去相互理解的基础(Cohen & Levinthal, 1990),此时,即使团队成员愿意交换观点,他们也可能无法理解别人提供的信息,更难实现有效的利用和聚合。从这种角度来看,成员之间实际存在的一致性程度或者是团队成员感知到的一致性程度都可能成为团队实现行为整合的有利条件。而团队认同恰恰能够通过增强团队成员的合作动机,并且让团队成员感知到一致性的方式来积极影响行为整合过程。

首先,基于社会身份视角,团队认同促使成员内化团队目标和利益追求(Ashforth et al., 2008)。为了实现团队目标,团队成员会愿意去从事更多对团队有利的活动,包括更积极地与团队中的其他伙伴进行协调,更多地帮助其他成员等(Lembke & Wilson, 1998; Van Knippenberg & Van Schie, 2000)。这些行为会显著地促进团队成员之间的合作,进而促进团队的行为整合过程(Ling

## 第5章 团队认同与团队创造力的关系：基于行为整合的信息聚合过程研究（研究二）

et al.，2008）。其次，团队成员对团队身份产生认同感的一个重要原因是为了降低感知到的不确定性（Hogg & Terry，2000）。他们希望借助于团队这一身份来为他们的日常工作行为、他们如何和其他工作群体进行互动提供参照（Turner，Oakes，Haslam & McGarty，1994）。当他们对团队身份产生了认同，他们也会倾向于认为成员之间受到团队身份的影响，在态度和行为方面也是相对一致的（Doosje，Ellermers & Spears，1995）。基于此，共享认同的团队成员之间感知到的相似性水平也是较高的——这就为他们愿意交换并聚合信息提供了基础。最后，由于团队认同促使成员以更积极的眼光去看待他们的伙伴（Hogg & Hains，1996），因此他们就不会用偏颇的态度去理解别人分享的信息。此时，即使他们无法理解对方，在沟通过程中产生产的偏见也会较少。同时，对其他成员的积极看法也会使他们愿意和别的成员进行交流（Riordan & Weatherly，1999），增进对彼此的了解，继而有助于行为整合的实现。从这些角度来看，团队认同能够积极促进团队的行为整合。

总结来看，团队认同可以通过增强团队工作动机、减少成员间的偏见、促进团队合作等方式积极作用于团队的行为整合过程。而透过行为整合，团队能够对内部的信息、观点和不同资源进行有效的利用和聚合，真正发挥"1+1>2"合力作用，显著地提升团队的创造力水平。因此，我们假设行为整合能够中介团队认同对团队创造力的影响。

H2：行为整合能中介团队认同对团队创造力的影响。

虽然行为整合在战略领域的研究中被认为是促进组织二元性实现的重要因素，但是当把这一过程延伸到团队水平，上述关系可能就变得不那么明显了。具体来说，高管团队成员之间的差异比较明显，负责财务管理的领导与负责技术开发的领导之间的立场和观点差异是显而易见的。但根据有偏的信息分享模型（biased information sampling）所指出的，团队成员总是更愿意重复共享的或者是已经被证实了的信息，而往往很难将自己掌握的独特信息表达出来（Stasser & Titus，2003）。此时，虽然团队的行为整合过程可能顺畅开展，但是，由于缺乏观点的多样性或者是整合的"素材投入"，行为整合对团队创造力的作用可能并不像在 TMT 团队中那样显著。或者说，对于那些特别需要利用多样观点才能完成的创新任务来说，行为整合的积极作用就会表现得不那么明显。

基于这种考虑，我们进一步指出，对于在组织中完成创新任务的工作团队来说，团队任务要求的创新卷入程度（creative engagement），即团队面临的创新任务是开放的还是封闭的，可能会对行为整合和团队创造力之间的关系产生调节作用，进而调节行为整合在团队认同和团队创造力的关系中所起到的中介作用。

### 5.2.3 团队任务要求的创新卷入程度对上述中介关系的调节作用

恩斯沃什（Unsworth，2001）用问题来源和团队任务要求的创新卷入程度这两个任务特征来对团队所从事的创新活动进行分类。问题来源主要是指创新活动的启动因素是来自外部压力还是内部自发展开的探索。团队任务要求的创新卷入程度描述的是在开始创新任务之前，团队成员对任务解决方案的了解和确信程度。问题的解决方案越明确，创新任务的封闭性程度越高。而当团队不了解应该如何解决一个问题时，此时的创新任务是相对开放的。基于恩斯沃什（2001）所提出的，当任务要求的创新卷入程度较低时，团队面临的往往是解决方案已知、仅需要稍加完善的任务。此时的创新任务往往是相对封闭的。由于团队成员需要做的仅仅是对目前的工作实践或问题解决方案进行精细化加工或者是"微调"，因此他们在这个过程中需要调动的认知资源或需要产生的额外观点变异都是比较少的。当具有高认同的团队积极卷入行为整合过程中时，团队不仅可以利用好现有的信息资源，而且能够做到积极响应、快速解决问题并且达成一致，最终有效地完成创新任务。因此，当任务要求的创新卷入程度较低时，团队认同仍然可以经由行为整合对团队创造力产生积极影响。

但是，当任务要求的创新卷入程度较高时，团队面临的创新任务是相对开放的：创新任务的解决方案不再确定。团队成员需要通过不断地扫描外部环境、充分调动他们所掌握的信息和知识来定义问题并不断拼凑问题的解决方案（Getzels，1975；Unsworth，2001）。在完成这种"从无到有"的创新任务时，团队成员需要尽可能地将他们对这个问题的个人见解分享给团队，以供团队整合利用。此种情况下，尽管团队认同仍然会促进行为整合过程的展开，但是当团队成员把注意力高度集中在"聚合"上时，达成一致的诉求反而有可能导致他们隐藏或者是保留自己的独特观点（Janis，1982），造成团队内观点的变异和交锋并不充分。此时的行为整合可能因为"原料缺乏"而无法显著有利于团队创造力。因此，我们假设，当团队任务要求的创新卷入程度较高时，团队认同虽然还会积极作用于团队的行为整合过程，但行为整合对团队创造力的

## 第5章 团队认同与团队创造力的关系：基于行为整合的信息聚合过程研究（研究二）

积极作用可能会被削弱，进而导致行为整合在团队认同和团队创造力的关系中的中介作用被削弱。

总结这两种情况下的分析，我们进一步提出如下假设。

H3：团队任务要求的创新卷入程度会调节行为整合在团队认同和团队创造力的关系中所起到的中介作用。当任务要求的创新卷入程度较低时，团队认同可以通过积极影响行为整合过程的方式来提高团队创造力；当任务要求的创新卷入程度较高时，行为整合在团队认同和团队创造力的关系中的中介作用可能不显著。

总结 H1、H2、H3，我们将团队认同与团队创造力关系的理论模型整理如图 5-1 所示。

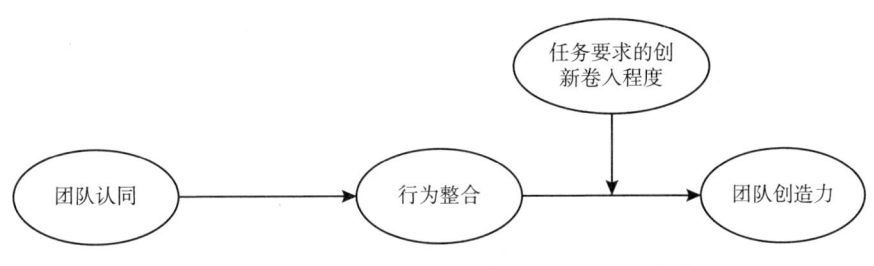

图 5-1　团队认同与团队创造力的关系研究模型

## 5.3 研究方法

### 5.3.1 调研过程

我们选择在杭州市下属的一个经济发达市辖区开展调研。在该区提供的百强企业名单中，我们首先选择了规模排名靠前、需要进行创新的企业作为样本。初步选定了 30 家企业之后，我们和企业的人力资源部门或者是技术部门取得联系。在说明了调研意图后，我们询问对方是否愿意配合调研。绝大部分企业愿意配合我们进行调研，但是也有部分企业因为调研的时间问题而无法参加。我们又按照企业名录重新挑选了部分企业，保证最后的企业样本有 30 家左右。

在确定了调研的企业名单之后，我们要求对方企业提供给我们的团队样本要来自研发部门；团队开展的任务可以是技术研发或产品设计等多种和团队创造力紧密相关的任务。企业根据我们的需要，一般会在研发部门选择一两个团队来配合我们进行调研。

在商定好的调研时间内，我们邀请被调研团队到达指定会议室。一般情况下，同一时间段，我们只调研一个团队。不过，由于时间限制，如果有两个团队必须同时参与调研，我们会要求两个团队尽可能坐在会议室的两端以有效区分不同的团队，也保证他们之间互不干扰。

此次调研中的大部分问卷都是在现场发放的。在现场发放问卷时，我们首先会向被试简单介绍调研目的，强调问卷填写没有对错之分，所有答案完全匿名，不会被领导知晓，和他们的绩效评价也没有任何关系。在问卷填写过程中，如果被试对于题项理解有任何问题，我们都会积极作答。问卷填写完成后，研究者请被试直接将填写好的问卷放入事先准备好的信封中，然后封口以保证答案的匿名性。问卷填写完成后，每个被试会获得30元的手机话费。

除了现场发放的问卷，此次调研中还有部分问卷是通过网络平台发放的。我们预先在问卷发放网站"问卷星"上上传了一份电子问卷。在该份电子问卷中，我们简单说明了研究目的和问卷填写的匿名性问题。然后，在和这部分团队反复确认之后，我们将问卷的网页链接直接发送给这部分被试，并给在线上填写问卷的团队提供了一个专门的团队编号，以方便我们在后期整理数据时可以有效区分不同的团队。被试在填写完成后也会获得30元的手机话费。

整个问卷调研过程大概持续了两周的时间。

### 5.3.2 调研样本的整体特征

此次调研我们一共获得来自63个团队的267个成员的数据。由于其中一个团队填写的问卷不够完整，因此最终的数据样本是来自62个团队的264位成员。团队规模从3人到14人不等（均值=6.35，标准差=2.05）。团队水平的平均应答率[①]为67.5%，团队应答率超过50%的团队有51个。

在264位参加调研的团队成员中，30.7%的样本为女性，69.3%的样本为

---

① 团队水平应答率=参与调研的团队成员人数/团队的实际规模。

男性；平均年龄为 31.14 岁（标准差 = 6.10）；加入当前组织的平均时间为 62.21 个月（标准差 = 60.48）；加入当前团队的平均时间为 44 个月（标准差 = 47.13）；拥有高中及以下学历水平的员工占比为 6.5%，拥有大专学历的员工占比为 19.5%，拥有本科学历的员工占比为 48.9%，拥有研究生及以上学历的员工占比为 25.1%。关于被试的专业背景：专业背景为理学的员工占比为 17.5%，专业背景为工学的员工占比为 68.9%，专业背景为经济学、管理学或法学背景的员工占比为 9.2%，专业背景为教育学、文学、农学等的员工占比为 4.4%。

### 5.3.3 测量量表

调研中所使用的量表都是国外研究中所使用的成熟量表；我们基于反向翻译（back-translation）的过程对问卷进行了翻译（Brislin, 1980）。首先，我们请熟悉该理论构思、英语水平较高的同事将英文量表翻译成中文；然后，邀请英语水平较高、对组织行为领域研究有一定了解的同学将中文量表回翻成英文。两位翻译者会比较两个版本英文量表的差异，对其中的分歧进行讨论。在所有的分歧都得到解决之后，我们将修订完成的量表发放给企业中的员工，请他们仔细阅读并评价是否存在意思模糊、无法理解的地方。在综合了他们的意见之后，我们会对问卷再进行一轮修订以得到问卷的最终版本。最终得到的具体的测量量表包括以下方面。

团队认同。我们选择范德维特和邦德森（2005）提出的 4 题项量表对团队认同进行测量。该量表也被其他研究引用，用来测量团队认同（Kearney et al., 2009）。具体的测量题项包括"我对所在团队有强烈的归属感""我感觉自己是团队这个家庭中的一员"等。团队成员需要自评上述描述是否符合他们的实际情况，并从 1~5 分的评价中选择合适的分数（1 = "完全不符合"，5 = "完全符合"）。该量表的信度系数为 0.90，超过了 0.70 的可接受标准（James, Demaree & Wolf, 1984）。

行为整合。测量行为整合时，我们采用的是李家涛和汉布瑞克（Li & Hambrick, 2005）所采用的 4 题项量表。该量表主要捕捉了团队在信息交换、合作行为和联合决策方面的表现，并且被以往研究引用用来测量团队水平的行为整合过程（Magni et al., 2009）。具体的测量题项包括"每位团队成员都能对团队决策发表观点""团队成员经常分享各自的经验与专长"等。成员需要根据团队开展此项行为的实际情况,从1~7分的评价中选择合适的分数(1 = "完全不符合",7 = "完全符合")。该量表的测量信度为0.86。

团队任务要求的创新卷入程度。对于团队任务要求的创新卷入程度的测量,我们使用的是米龙-史派克特等人(Miron-Spektor, Erey & Naveh, 2011)所使用的突破性创新(radical innovation)指数。具体的测量问项是请员工以百分比形式分别描述团队在完成任务时开展以下4种活动的比例:(1)重复已有技术;(2)改进已有技术;(3)开发在其他企业中已有,但对本企业而言新的技术;(4)基于全新的概念或原则,开创突破性的技术。参照米龙-史派克特等人(2011)在文章中的做法,对(3)和(4)两种活动的得分进行加总以得到团队任务要求的创新卷入程度。该值的得分越高,表示团队面对的创新任务的开放性越高,需要更多地依靠不同成员的观点和投入来完成"从无到有"的突破性创造过程。

团队创造力。我们使用了顺治信和周京(Shin & Zhou, 2007)所开发的4题项量表来测量团队创造力的水平。两位研究者基于研发团队的工作特点开发了这个量表。该量表专注于捕捉研发过程中,团队所产生的观点的新颖性和实用性。具体的测量题项包括"我们团队总会提出很好的新想法""我们团队提出的新想法总是很有用"等。团队成员被要求根据团队创造力的实际情况在1~7分的评价分数之间进行选择(1 = "完全不符合",7 = "完全符合")。该测量量表的信度系数为0.88,测量信度良好。

控制变量。首先,以往研究显示,团队规模和成员间的熟悉程度会影响团队内的互动和沟通情况(Chen, 2006; Lewis, 2004),从而对团队过程和创造力产生影响(Leenders et al., 2003)。因此我们请团队填写了团队规模。测量团队成员间的熟悉程度采用的是路易斯(Lewis, 2004)的单题项量表,"请您评价一下团队内成员间的熟悉程度",要求团队成员在1~5分的评价分数中进行选择(1 = "完全不熟悉",5 = "彼此非常熟悉")。

其次,团队成员的平均受教育水平也被认为会影响成员对他人观点的理解和采纳,进而影响团队创造力(Shin, Kim, Lee & Bian, 2012)。因此,我们对团队成员的平均受教育水平也进行了控制。

再次,我们还控制了两个可能和团队创造力有关的属性的多样性,分别是团队成员年龄的多样性和职能背景的多样性。年龄多样性可能会影响团队成员感知到的和其他成员的相似性水平,进而影响到他们对其他成员的评价以及团队互动(Bell et al., 2011)。与此同时,我们调研的团队大多从事新产品开发和技术研发工作,在被调研的样本中,跨职能团队的比例很高。职能背景的差异也被认为会影响团队创造力(Vissers & Dankbaar, 2002),因此我们进一步控制了成员职能背景的多样性。我们采用成员年龄的标准差来作为年龄多样性变量;采用 Blau 指数①计算获得职能背景多样性数据。

最后,由于所有数据都是从团队成员处获得的,因此为了在一定程度上控制同方法偏差,我们还在测量时加入了 Marker(标签变量)。以往研究表明,通过在数据分析的过程中对 Marker 进行控制,可以在一定程度上削弱同方法偏差对数据结果的影响(Podsakoff, MacKenzie, Lee & Podsakoff, 2003)。我们采用的 Marker 是"我对单位的各项规章制度非常熟悉"。

### 5.3.4 测量量表的区分效度和聚合效度检验

在对数据进行恰当的整理之后,我们需要对测量数据的效度,尤其是测量变量间的区分效度和聚合效度进行检验。其中,团队任务要求的创新程度采用的是指数型测量,这个构思没有被纳入构思效度的检验中。

我们对团队认同、行为整合和团队创造力三个变量进行了验证性因素分析。分析工具采用 Mplus 7.0 软件。验证性因素分析的结果显示,测量数据能较好地拟合三因子模型($\chi^2 = 73.34$, $df = 51$, $p < 0.05$, $CFI = 0.99$, $RMSEA = 0.04$, $SRMR = 0.03$),三因子拟合模型如图 5-2 所示。

三因子模型的拟合指数要明显优于其他可能的两因子模型或单因子模型的拟合指数。该结果说明此次测量中主要变量之间的区分效度和聚合效度良好,可以进行进一步地分析。具体的模型拟合指数比较如表 5-1 所示。

其中,我们特别对单因子模型进行了验证性因素分析以检验同方法偏差是否威胁到了本次测量的效度。表 5-1 的结果显示,单因子测量模型的拟合指数($\chi^2 = 719.54$, $df = 54$, $p < 0.00$, $CFI = 0.66$, $RMSEA = 0.22$, $SRMR = 0.12$)和三因子模型的拟合指数之间存在明显的差距。因此,尽管此次调研的主要变量都是由团队成员提供的,但是同方法偏差并没有严重地威胁到此次问卷测量的质量。综合以上分析,我们认为此次测量中主要变量的构思效度较好,可以进行进一步地分析。

---

① Blau's index = $1 - \sum p_i^2$,$p_i$ 为各种类别占总体的具体比例。

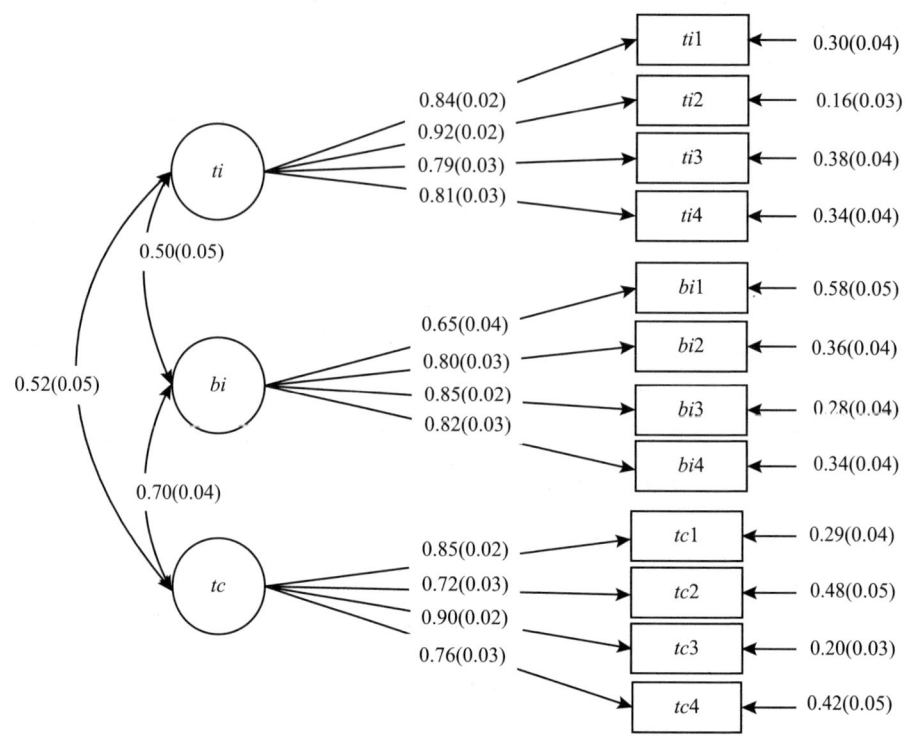

**图 5 - 2　三因子模型的验证性因素分析结果**

注：ti 为团队认同；bi 为行为整合；tc 为团队创造力。

**表 5 - 1　不同因子模型的验证性因素分析结果比较**

| 因子模型 | $\chi^2$ | df | p | CFI | RMSEA | SRMR |
|---|---|---|---|---|---|---|
| 三因子模型 | 73.34 | 51 | 0.05 | 0.99 | 0.04 | 0.03 |
| 两因子模型 1[a] | 475.99 | 53 | 0.00 | 0.78 | 0.17 | 0.13 |
| 两因子模型 2[b] | 529.93 | 53 | 0.00 | 0.76 | 0.19 | 0.12 |
| 两因子模型 3[c] | 274.33 | 53 | 0.00 | 0.89 | 0.13 | 0.06 |
| 单因子模型 | 719.54 | 54 | 0.00 | 0.66 | 0.22 | 0.12 |

注：验证性因素分析都是基于个体水平数据，采用 Mplus 7.0 进行的。
a. 将团队认同和行为整合合并成一个新的因子；
b. 将团队认同和团队创造力合并成一个新的因子；
c. 将行为整合和团队创造力合并成一个新的因子。

### 5.3.5 将测量数据从个体水平向团队水平进行聚合

我们计算了每个团队在三个主要变量上的 $R_{wg}$ 得分。其中，团队认同 $R_{wg}$ 的平均值为 0.89（>0.7），$R_{wg}$ 超过 0.7 的团队有 58 个，占比 94%；行为整合 $R_{wg}$ 的平均值为 0.86，$R_{wg}$ 超过 0.7 的团队有 54 个，占比 87%；团队创造力 $R_{wg}$ 的平均值为 0.87，$R_{wg}$ 超过 0.7 的团队有 57 个，占比 92%。基于这样的结果，我们认为可以将数据从个体水平聚合到团队水平来进行下一步的分析。进一步地，我们对主要变量的 ICC 值进行了计算。其中，团队认同的 ICC（1）为 0.12，ICC（2）为 0.37；行为整合变量的 ICC（1）为 0.12，ICC（2）为 0.37；团队创造力的 ICC（1）为 0.23，ICC（2）是 0.56。虽然上述结果存在部分 ICC（2）较低的情况，但整体来说仍表明个体数据可以向团队水平进行聚合。

## 5.4 研究结果

### 5.4.1 变量之间的相关关系

表 5-2 给出了变量之间的相关关系和三个主要变量的信度系数。主要变量之间的相关系数基本符合预期。其中，行为整合与团队创造力之间存在显著的正相关关系（$r = 0.69$，$p < 0.01$）；团队认同和行为整合（$r = 0.53$，$p < 0.01$）、团队创造力（$r = 0.62$，$p < 0.01$）之间都存在着显著的正相关关系。

### 5.4.2 研究假设检验结果

由于团队任务要求的创新卷入程度和其他变量在数据类型上存在差异，为了方便后续分析，我们对进入方程的所有变量（除因变量外）都进行了标准化处理。

表 5-2　变量间的相关系数

| 变量 | 均值 | 标准差 | 1 | 2 | 3 | 4 | 5 | 6 | 7 | 8 | 9 | 10 |
|---|---|---|---|---|---|---|---|---|---|---|---|---|
| 1. 团队规模 | 6.35 | 2.05 | — | | | | | | | | | |
| 2. 教育水平 | 2.92 | 0.71 | -0.05 | — | | | | | | | | |
| 3. 熟悉程度 | 4.29 | 0.41 | 0.04 | -0.04 | — | | | | | | | |
| 4. 年龄多样性 | 4.04 | 2.31 | 0.19 | -0.14 | -0.06 | — | | | | | | |
| 5. 职能背景多样性 | 0.23 | 0.26 | 0.16 | -0.11 | 0.02 | 0.09 | — | | | | | |
| 6. Marker | 3.80 | 0.50 | -0.02 | -0.22 | 0.38** | 0.12 | 0.12 | — | | | | |
| 7. 团队认同 | 4.22 | 0.42 | 0.06 | 0.03 | 0.22 | 0.13 | -0.07 | 0.46** | (0.90) | | | |
| 8. 创新卷入程度 | 35.42 | 11.37 | 0.10 | 0.08 | 0.10 | 0.21 | 0.14 | 0.34** | 0.45** | — | | |
| 9. 行为整合 | 5.65 | 0.65 | -0.02 | 0.03 | 0.39** | 0.17 | 0.11 | 0.52** | 0.53** | 0.46** | (0.86) | |
| 10. 团队创造力 | 5.30 | 0.73 | -0.03 | -0.01 | 0.36** | -0.02 | 0.09 | 0.48** | 0.62** | 0.49** | 0.69** | (0.88) |

注：$N=62$。$*p<0.05$；$**p<0.01$。

第5章 团队认同与团队创造力的关系：基于行为整合的信息聚合过程研究（研究二）

表5-3给出了初步回归分析的结果。M1和M2的回归结果是以行为整合为结果变量。首先，我们在M1中加入了所有的控制变量。Marker和行为整合之间存在显著关系。M2在控制变量的基础上加入了团队认同，团队认同能够显著促进行为整合（$b=0.22$，$p<0.01$）。

M3~M6以团队创造力为因变量。M3中加入了所有控制变量。M4在控制变量的基础上加入了自变量团队认同，M5在此基础上，进一步加入了中介变量行为整合。

H1假设了团队认同对团队创造力的积极影响。M4的结果表明，团队认同对团队创造力的积极作用显著（$b=0.38$，$p<0.001$），H1得到支持。H2进一步提出，行为整合会在团队认同和团队创造力的关系中起到中介作用。M5的结果首先表明，行为整合和团队创造力之间也存在显著关系（$b=0.34$，$p<0.001$）。并且，在M5中加入了行为整合之后，团队认同对团队创造力的影响显著下降（$b=0.27$，$p<0.01$）。综合M2、M4和M5的回归分析结果，行为整合的中介作用成立，H2得到支持。

H3假设了团队任务要求的创新卷入程度对上述中介关系产生调节作用。为检验这一假设，我们首先在M6中加入了调节变量——团队任务要求的创新卷入程度和交互项（行为整合×创新卷入程度）。M6的结果显示，交互项对团队创造力的影响作用显著（$b=-0.15$，$p<0.05$）。这为我们进一步检验第二阶段被调节的中介模型提供了支持。

表5-3 团队认同、行为整合和创新卷入程度对结果变量的回归系数

| | 变量 | 结果变量=行为整合 | | 结果变量=团队创造力 | | | |
|---|---|---|---|---|---|---|---|
| | | M1 | M2 | M3 | M4 | M5 | M6 |
| 控制变量 | 1. 团队规模 | -0.04 | -0.05 | -0.02 | -0.05 | -0.02 | -0.06 |
| | 2. 教育水平 | 0.11 | 0.08 | 0.06 | 0.01 | -0.03 | -0.04 |
| | 3. 熟悉程度 | 0.15 | 0.14 | 0.15 | 0.13 | 0.06 | 0.07 |
| | 4. 年龄多样性 | 0.11 | 0.09 | -0.04 | -0.07 | -0.12 | -0.16* |
| | 5. 职能背景多样性 | 0.04 | 0.07 | 0.04 | 0.09 | 0.05 | 0.04 |
| | 6. Marker | 0.29** | 0.18* | 0.31** | 0.12 | 0.03 | 0.03 |

续表

| 变量 | | 结果变量＝行为整合 | | | 结果变量＝团队创造力 | | | |
|---|---|---|---|---|---|---|---|---|
| | | M1 | M2 | M3 | M4 | M5 | M6 |
| 自变量 | 7. 团队认同 | | 0.22** | | 0.38** | 0.27** | 0.24** |
| 中介变量 | 8. 行为整合 | | | | | 0.34** | 0.24** |
| 调节变量 | 9. 创新卷入程度 | | | | | | 0.16* |
| 交互项 | 10. 行为整合×创新卷入程度 | | | | | | -0.15* |
| | F | 5.16** | 6.28** | 3.57** | 7.30** | 10.26** | 10.35** |
| | $R^2$ | 0.36 | 0.45 | 0.28 | 0.49 | 0.61 | 0.67 |
| | $\Delta R^2$ | | 0.09** | | 0.21** | 0.12** | 0.06* |

注：$N = 62$。 $*p < 0.05$； $**p < 0.01$。

基于爱德华和朗伯（Edwards & Lambert，2007）提出的方法，我们利用软件 Mplus7.0 对 H3 中所提到的第二阶段被调节的中介模型进行了检验。检验的结果如表 5-4 所示。在表 5-4 中，我们首先给出了行为整合在团队认同和团队创造力的关系中的间接效应结果。检验结果显示，团队认同确实可以通过行为整合间接影响团队创造力（间接效应值＝0.12，$p < 0.05$）。该结果进一步支持了 H2。

表 5-4　团队认同经由行为整合对团队创造力的间接作用

| | 效应值（标准误） | 95%的置信区间 | 被检验的假设 |
|---|---|---|---|
| 中介效应检验 | | | |
| 行为整合的间接作用 | 0.12（0.06） | | 1 |
| 被调节的中介作用 | | | 2 |
| 创新卷入程度低时 | 0.14（0.07） | [0.04, 0.33] | |
| 创新卷入程度高时 | 0.03（0.05） | [-0.05, 0.14] | |
| 中介作用的差异 | 0.11（0.07） | [0.01, 0.28] | |

注：该表格的结果是基于 Mplus7.0 的处理结果。
所有的效应值都是基于 bootstrap 抽样 20 000 次得到的。

## 第5章 团队认同与团队创造力的关系：基于行为整合的信息聚合过程研究（研究二）

在检验 H3 时我们发现，当团队任务要求的创新卷入程度低时，行为整合在团队认同和团队创造力之间的中介作用显著（间接效应值 = 0.14，$p < 0.05$）。但当任务要求的创新卷入程度高时，行为整合在团队认同和团队创造力之间的作用不再显著（间接效应值 = 0.03，$ns.$）。

基于 bootstrap 的抽样方法，我们进一步对调节变量高、低情况下行为整合所起的间接效应是否存在差异进行了检验。基于 20 000 次随机抽样结果，行为整合的间接效应值差异的 95% 置信区间为 [0.01, 0.28]，不包含零，说明在调节变量高、低两种情况下，行为整合的中介效应存在明显的差异。H3 得到支持。

为了进一步说明创新卷入程度对行为整合和团队创造力之间的关系的调节作用，根据艾肯等人提出的方法（Aiken, West & Reno, 1991），我们具体绘制了行为整合和团队任务要求的创新卷入程度对团队创造力的交互作用图，如图 5-3 所示。

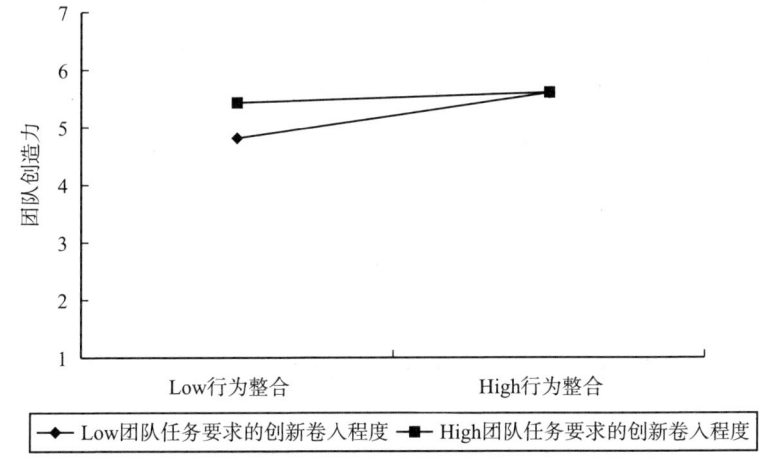

**图 5-3　行为整合和团队任务要求的创新卷入程度对团队创造力的交互作用**

注：图中变量的高、低水平是基于自变量和调节变量再加、减一个标准差获得的。

从图 5-3 中我们可以看出，当团队任务要求的创新卷入程度低时，行为整合可以积极地促进团队创造力；但当任务要求的创新卷入程度较高时，行为整合和团队创造力之间的关系明显变弱了。简单效应分析的结果进一步支持了我们的假设。简单效应的结果显示，当任务要求的创新卷入程度低时，行为整合对团队创造力的积极作用显著（$b = 0.40$，$p < 0.001$）；而当创新卷入程度高

时，行为整合对团队创造力的影响不显著（$b=0.09$，$ns.$）。

## 5.5 讨　　论

本研究探讨了团队认同如何通过影响行为整合进而对团队创造力产生作用。由于团队认同能够增强团队成员的工作动机、提升他们对其他同事的评价和信任水平，增进他们与同事合作的意愿和行为，因此我们认为团队认同能够积极影响行为整合。由于行为整合过程有助于团队有效利用内部已知的信息资源，因而它也被认为能对团队创造力产生积极作用。基于以上论述，我们又提出，团队认同可以通过促进行为整合的方式来提升团队创造力。

但是，由于成员在分享独特信息时比较困难，因此过于强调行为整合的团队可能会造成团队内的信息分享和建设性冲突不充分。因缺乏"有效素材"的输入，对于那些特别强调创新投入的团队任务来说，行为整合对团队创造力的积极作用可能会被削弱。因此，我们认为，团队任务要求的创新卷入程度能够调节对行为整合的中介作用。具体来说，当团队任务要求的创新卷入程度较低时，通过激发团队行为整合，团队认同有助于激励团队成员利用好团队内的已有资源，快速响应、达成一致地完成创新任务。与之相反，当团队任务要求的创新卷入程度较高时，团队认同虽然能够促进行为整合，但行为整合过程可能会由于缺乏必要的多样性信息资源投入而无法对团队创造力产生明显的积极影响。行为整合在这种情况下的中介作用会被削弱。

基于62个研发团队的样本，我们对本研究中的三个假设进行了检验，结果基本支持了我们所提出的假设。团队认同能够积极影响团队创造力，行为整合能够中介团队认同对团队创造力的影响。任务要求的创新卷入程度能够调节行为整合的中介作用，当团队任务要求的创新卷入程度低时，行为整合的中介作用显著。

### 5.5.1 本研究的理论贡献

本研究对以往研究的理论贡献主要体现在以下三个方面。

第一，尽管团队创造力对团队和组织的重要性日益突显（George，2007），但是长期以来，学者们对于如何提升团队创造力的研究探索还较为有限，研究

## 第5章 团队认同与团队创造力的关系:基于行为整合的信息聚合过程研究(研究二)

思路大多仍局限在探索团队多样性、团队结构属性或领导特征对团队创造力的影响。除了上述几种因素,阿玛贝尔(1997)还强调了团队成员的任务动机水平对团队创造力具有显著作用;迪德鲁等人(De Dreu, Nijstad, Bechtoldt & Baas, 2011)也在团队被激发的信息加工模型(motivated information processing in groups)中论证了求知动机(epistemic motivation)和亲社会动机(prosocial motivation)对团队信息加工过程、团队创造力的重要意义。尽管研究者已经反复强调动机因素对团队创造力的重要作用,但是现有的关注集体水平动机要素的实证研究还相对比较缺乏。本研究就是基于这种研究现状,试图去检验团队认同对团队创造力的激励作用。在研究中,我们也确实发现,由于团队认同能够增强团队成员的工作动机、提升他们对团队内其他成员的评价和信任程度,改进团队成员之间的合作和信息交换情况,因此团队创造力可以通过积极作用于团队内行为整合的方式对团队创造力产生积极作用。

更进一步地,虽然团队多样性作为资源基础,对团队创造力十分重要,但是过往研究却始终缺乏对团队如何使用多样资源的刻画和检验(Xie et al., 2014)。换句话说,能否用好、怎样激励团队去聚合好这些凌乱的信息资源对于团队创造力来说才是更为关键的议题。也正是基于这种思路,我们认为集体动机(或本研究所关注的团队动机)视角应当作为团队创造力前因变量研究框架的一个重要补充。另外,与决定了加工信息深度的求知动机不同,本研究所关注的"团队认同",作为一种典型的亲社会动机,不仅决定了团队成员加工信息的来源,同时还会决定团队加工信息、开展创新活动的方向和最终目的。团队认同可以激励团队成员内化团队追求和利益,让他们在进行行为整合、开展创新活动时始终紧密围绕在团队目标附近,这样的团队创造力才更有可能服务于团队或组织的长期利益。从这种角度来看,团队认同对于团队创造力的积极作用是不容忽略的。

第二,以往研究在讨论如何促进团队创造力时始终围绕任务冲突和信息分享这种能够增加团队内观点变异和交锋的过程展开。不过,团队如何聚合信息、共同决策对于完成创新任务也是同等重要的(Harvey, 2014)。基于这样的认识,本研究在研发团队中讨论并检验了行为整合对团队创造力的影响作用,以及行为整合在团队认同和团队创造力的关系中所起到的中介作用。

另外,我们还进一步讨论了行为整合对团队创造力发挥作用的权变机制,由于TMT团队和一般工作团队具有差异,因此行为整合在一般团队中对团队创造力的影响更可能是情境性的。在一般的研发团队内,团队内的信息共享尤其是对特异性信息的分享可能并不充分,过早或过度强调"聚合"过程可能会导致团队内的观点交锋不够。为了达成一致,团队有可能忽略甚至隐藏特异性信息。此时,团队创造力可能会由于缺乏足量的信息资源投入而受损。我们在研究中也确实发现,团队任务要求的创新卷入程度这一特征会显著地调节行为整合对团队创造力的影响以及行为整合在团队认同和团队创造力的关系中所扮演的中介角色;当团队在完成需要投入大量差异性信息资源的创新任务时,行为整合对团队创造力的影响明显变弱了。这样的结果提示未来研究在分析行为整合诸如此类的信息聚合过程的具体作用时要"有的放矢",结合任务特征以及团队特征有区别性地讨论这些过程的影响作用。

第三,以往研究主要关注 CEO 的特点和 TMT 团队构成如何影响行为整合。这些探索已经取得了一定的进展。但是受困于实地测量的难度,现有研究对于如何促进行为整合的探索仍然不充分。我们在当前研究中还检验了团队认同对行为整合的影响作用,更为直接地表明了团队认同这种典型的亲社会动机,能够显著地促进团队的行为整合。在此基础上,我们鼓励未来研究以一般团队为样本,采用不同的测量手段和方法,从更多的角度(例如,动机角度、团队成员以往的工作经验、团队成员的预期等)来研究如何促进或改善团队的行为整合过程。

## 5.5.2 本研究的局限性

尽管本研究的研究发现在一定程度上推进了我们对团队认同和团队创造力间关系的认识,但是本研究还存在一些局限性,值得未来研究注意。

第一,由于本研究的所有变量均是从团队成员处获得的,因此同方法偏差可能会对本研究的结论产生威胁。不过,基于验证性因素分析的结果,三因子模型的拟合指数要显著优于单因子模型,说明同方法偏差并没有对测量数据的效度产生显著的影响。同时,为了在一定程度上控制同方法偏差对假设检验的威胁,我们在进行假设检验时加入了 *Marker*(Podsakoff, MacKenzie & Podsakoff, 2012)。更重要的,研究者发现,同方法偏差的存在并不会让原本不显著的交互作用变得显著,反而有可能使原本显著的效应变得不显著(Siemsen, Roth & Oliveira, 2010)。因此,我们在 H3 中所提到的交互效应会因为同方法偏差的存在而被削弱;我们在研究中发现的行为整合和任务要求的创新卷入程度的交互对团队创造力的显著作用仍然有意义。

尽管如此，我们仍然鼓励未来研究能够使调研过程更严谨。例如，研究者可以试图团队领导处获得团队创造力的评价数据，并且，将团队认同和行为整合分两次进行测量等。

第二，对于创新卷入程度存在显著差别的团队任务来说，由于最终产出的创新成果的差别，对团队创造力的评价可能也应该使用不同的标准。举例来说，当团队任务要求的创新卷入程度低时，团队创造力的体现可能只是对某个团队过程的完善；而当团队任务要求的创新卷入程度高时，团队产出的可能是一个全新的产品。虽然在当前研究中，我们采用了顺治信和周京（2007）的成熟量表对团队创造力的水平进行测量，以实现不同团队间创造力水平的比较和分析，但是我们鼓励未来研究能够采用分类的方法，基于任务特征的差异，将团队从事的创新任务分成不同类别，然后采取不同的测量手段来测量团队创造力。

## 5.6 结　　论

本研究验证了团队认同对团队创造力的促进作用，并且表明这种积极作用可以被行为整合过程所解释。研究结果还进一步显示，行为整合的中介作用会受到团队任务特征的调节。当团队任务要求的创新卷入程度低时，团队在创新过程中更强调快速响应、解决问题，此时团队认同更有可能通过积极影响行为整合的方式来提升团队创造力。而当团队任务要求的创新卷入程度较高时，团队在完成创新任务时会需要更多的观点和信息资源投入，但是受到团队认同激励的成员可能会过多地关注行为整合而忽略了成员所持的独特观点。因此在完成此类型的任务时，行为整合对团队创造力的积极作用可能被削弱；团队行为整合无法继续充当团队认同和团队创造力的关系中的中介机制。该研究发现也提示管理者，在建立团队认同、鼓励行为整合过程之前，应当结合团队的任务特征进行综合分析。同时，考虑到团队内存在的信息分享的难题，过早或过度强调行为整合对团队创造力可能并没有好处。

# 第 6 章

# 团队认同与团队创造力的关系：基于外部学习等信息发散过程研究（研究三）

## 6.1 问题提出

研究者用新颖性和实用性两个方面来衡量团队创造力，要求团队在创新过程中所产生的产品既要能够满足一定的市场需求，同时又具有原创性（Shalley & Zhou, 2008）。对结果原创性和新颖性的需求要求团队能够在一定程度上脱离主流看法或通行规则。为了实现这一目的，团队需要不同的观点，尤其是那些和现存产品不同的观点和看法。因此，团队内知识和观点的多样性或差异性往往被视作团队创造力产生的基础（Guilford, 1967; Wang et al., 2016）。

实际上，由于缺乏多样观点而造成企业无法适应市场环境变化、错失机会、不能有效创新的例子不胜枚举。例如，以 Windows 操作系统站稳脚跟的微软公司，在发家之后却错过了网络浏览器开发的黄金时期。按道理来说，微软曾经拥有最好的技术人员和资源优势，却比不上当时还处于创业阶段的谷歌。造成这种局面的一个重要原因，就是在当时的微软企业内部，开发操作系统的团队一家"独大"，让公司内部从事其他软件开发的团队没法发声。公司内缺乏多样的声音，导致他们没能形成对市场的正确认识，错过了最佳的开发时机。这种忽视不同观点的问题在当前瞬息万变的市场环境中会变得更加严重，对团队适应外部环境、开展创新活动提出更大的挑战。

虽然团队认同对于行为整合有明显的积极意义，但是当我们的关注点转移到那些给团队带来观点发散的过程时，团队认同的作用就不那么乐观了。我们认为，团队认同在让团队身份内化成为个人身份的重要组成部分时，基于个人独特性而形成的个人身份在团队成员自我概念中所占的比例和地位却有可能都在下降。团队成员会更认同团队这个"大我"的观点和看法，遵从团队内部的决定和各项规范制度。而他们基于个人独特性所形成的个人身份会被压制，成员自身的特异观点或独立判断也会因此而受损；这同样会负面影响需要适度背离现存实践，保有个体区别性才能完成的团队创造力。因此，我们认为，团队认同很有可能会因为损害了成员个人的独特性而抑制团队内的信息发散过程，进而负面作用于团队创造力。

和团队认同对行为整合较为直接的影响不同，团队认同对成员个人独特性的压制、对团队信息发散过程和对团队创造力的削弱作用会更加复杂。具有认同的团队成员有动机去实现团队的创新目标，这种动机会让他们付出工作努力，即使要承担不确定性或个人利益的损失也在所不惜（Ashforth et al., 2008；Lembke & Wilson, 1998）。因此，团队认同会激励团队成员付出工作努力，承担信息分享过程中可能出现的风险，这对于团队内信息发散过程的展开非常关键。然而，随着认同水平的升高，维持住现有的团队身份、不做其他成员尤其是团队领导不认可的事情对于他们而言就会变得愈加重要。如果团队领导无法接受他们在团队内开展的、旨在增加信息观点变异的活动，那么受到高水平认同约束的团队反而会因为顺从领导而减少信息发散的行为或过程，从而使团队创造力受损。反之，如果领导者表现出对这样的过程的包容，团队认同才有可能持续地对团队内的信息发散过程产生促进作用，进而积极影响团队创造力。因此当前研究除了考虑团队认同对团队信息发散过程和团队创造力的影响外，还将领导特征的因素考虑进来，以检验领导包容性对团队认同的影响作用的调节。

## 6.2 理论基础和假设提出

团队创造力的实现需要团队对目前所面对的问题，如何解决问题具备多样的见解和看法（Drazin et al., 1999；Skilton & Dooley, 2010）。若缺乏多样的观点，团队就无法形成对外界变化环境的清晰认识，对行动方案和产品设计方案的讨论会过早地达成一致，缺乏必要的批判性思维，等等。这些方面的问题和局限会导致团队高水平的创造力无法实现。

### 6.2.1 引发差异观点的三种过程：外部学习，团队反思，成员信息分享和进谏

团队内产生观点变异和分歧的方式，简单来看可以区分为外部引入和内部产生两种。其中，团队成员可以通过外部学习的过程将和外部环境有关的信息、其他团队如何解决问题的新思路等引入团队中（Ancona & Caldwell，1992；Bresman，2010；袁庆宏，张华磊，王震，黄勇，2015），成为团队开展创新工作的重要信息资源输入通道。

团队内部产生观点变异的过程又可以分为两种。第一种过程是指团队成员通过对工作进展情况、绩效反馈或者是环境变化情况进行审视反思而形成的对于完成任务的看法。团队反思是典型的此类过程。团队需要根据任务的实际开展情况不断进行调整。在这个过程中，团队成员要结合自己的专业背景，形成他们对于团队目标、任务进展情况的理解和认识，继而对这个过程中出现的问题或者是团队能否适应当前环境进行反思（West，2002；Tjosvold，Tang & West，2004；张文勤，刘云，2011）。显然，通过这样的反思过程，团队形成的新想法很可能会和现存实践有分歧甚至发生矛盾。这种分歧进而可能引发团队的革新和创新（De Dreu，2002；Tjosvold et al.，2004）。

第二种过程是基于教育经历、职业背景方面的差别，团队成员会掌握不同的知识，形成对于问题和任务不同的看法（Cannella Jr.，Park & Lee，2008；Webber & Donahue，2001）。通过信息分享，团队可以增加内部观点的变异。任务冲突和信息交换是此类过程的典型表征（Chen，2006；Hoever et al.，2012）。除了在团队内分享信息，成员还可以把自己的不同意见和独特观点进谏给领导。进谏行为也被发现和团队创造力正相关（Zhou & George，2001）。

表6-1对以上提到的三种过程进行了简单总结。这三种过程都能为团队创造力贡献多样的信息资源，因此也都被以往研究认为会对团队创造力产生显著的积极影响（Gino et al.，2010；Hülsheger，Anderson & Salgado，2009）。由于以往研究对于知识分享的作用已经有较多的关注，因此本研究将聚焦外部学习，和成员信息分享和进谏，团队反思这三种过程来解释团队认同对团队创造力的作用。

表6-1　　　　　　　团队内典型的能够增加差异信息的过程或行为

| 变异信息的来源 | 变异信息的产生方式 | 信息交流的对象 | 典型的团队过程或行为 |
| --- | --- | --- | --- |
| 团队外部 | 引入外部信息或方案 | 面向团队成员 | 外部学习 |
| 团队内部 | 基于成员的背景差异以及团队目前面临的现状 | 面向团队成员 | 团队反思 |
|  | 基于成员的背景差异 | 面向团队成员 | 信息分享 |
|  |  | 面向领导者 | 进谏 |

注：本表格是由作者本人整理得到的。

尽管这三类过程对团队创造力都非常重要，但是往往很难自发开展。外部学习的发生不仅需要团队主动地向外搜索和求助，还要求团队具有或能够构建恰当的外部网络（Harvey, Peterson & Anand, 2014）。团队反思也需要团队成员具有主动性，要对团队的目标和任务实现具有一些承诺，认真思考能够提升或者是改进绩效的方案；同时还要求成员能将自己所在的团队看成一个紧密联系的实体，主动了解不同工作的具体内涵并认真思考不同工作之间的联系（Tjosvold et al., 2004）。成员进谏通常也是一个充满挑战和风险的行为。首先，进谏是一种角色外行为，只有团队成员真心关心团队利益，他们才有可能进谏（张政晓，2013）。其次，进谏的员工有可能被领导和其他成员看成"捣蛋鬼"，因此进谏的员工要愿意承担由此而产生的成本（Detert & Edmondson, 2011; Nembhard & Edmondson, 2006）。考虑到这些困难和挑战，以往研究在关注这些过程对团队创造力的作用的同时，也在积极寻找能够推进这些过程的因素。团队认同描述了团队成员和团队身份，尤其是团队成员对团队共享目标关系的态度，能够对上述过程产生影响。

## 6.2.2　团队认同对外部学习、团队反思和团队成员进谏的积极影响

团队认同使成员认同、接纳团队身份，并且和团队目标之间建立了情感承诺（Ashforth et al., 2008）。受到团队认同的激励，团队成员有动力去实现团队目标。因为此时团队目标已经成为个人目标体系的重要组成部分，并且随着认同水平的升高，团队目标对于个人来说会变得愈加重要（De Cremer & Van

Vugt, 1999; Ellemers et al., 2004）。为了实现这些对他们来说至关重要的目标，团队成员不仅愿意付出工作努力，甚至还会愿意牺牲个人利益（Brewer, 1991; Lembke & Wilson, 1998）。因此，团队认同对于消弭团队成员的"动机损失"意义重大（栾琨，谢小云，2014）。过往研究也反复提及团队认同对开展角色外的利他行为的激励作用（De Cremer & Van Vugt, 1999; Van Dick, Wagner, Stellmacher, Christ & Tissington, 2005）。基于此，我们认为团队认同能够有效促进团队的外部学习、团队反思和团队成员进谏。

外部学习指的是将外部成员或者是外部成员的经验引入团队内部中来（Wong, 2004）。外部学习需要团队成员和恰当的外部对象建立联系，从他们那里了解最新的技术进展和市场变化信息，或者是直接将外部成员引入团队来帮助团队解决问题（Bresman, 2010; Wong, 2004）。在开展外部学习时，团队成员需要付出工作角色外的努力，同时还要承担因为向外群体求助而可能遭到内群体的负面评价甚至抵制（Lee, 2002）。此时，如果团队成员不是真心地在意团队绩效目标的实现或者是团队的成败，那么他们是缺乏开展外部学习的动机的。

而团队认同恰能扮演这样的动机角色。受团队认同的激励，团队成员内化了团队目标，集体的成败而不是个人的得失成为他们关注的核心内容（Haslam et al., 2000）。为了更好地帮助团队完成创新任务，受到认同激励的团队会更愿意卷入外部学习的过程当中去把握市场的脉搏、引入外部先进的经验等，以服务于团队创造力。

团队反思指的是公开地对团队目标、完成目标的策略和过程等内容进行反思和沟通（West, 2000）；团队通过对以往工作进行反思和讨论，制定未来工作的方针和路线（De Jong & Elfring, 2010）。团队反思对团队绩效和团队创造力都十分重要（Carter & West, 1998; Hoegl & Parboteeah, 2006; Schippers, Homan & Van Knippenberg, 2013）。尽管以往研究认为团队反思能够显著促进团队产出，但团队要进行反思同样困难重重。首先，团队需要通过反思指出现存实践或产品中的问题，这就需要团队内形成安全的心理氛围；成员要确信他们不会因为指出团队的错误而受到惩罚（De Jong & Elfring, 2010）。其次，经由反思，团队需要提出后续任务如何继续推进或改善的方案；该过程需要成员对团队目标有较为一致的理解并且愿意努力实现这样的目标（De Dreu, 2007; Pearsall, Christian & Ellis, 2008）。最后，团队反思要求成员对于团队整体的工作进展，尤其是其他同事的工作有一定的了解，这需要团队具有良好的沟通

## 第6章 团队认同与团队创造力的关系：基于外部学习等信息发散过程研究（研究三）

氛围和人际关系。

团队认同除了能促使团队成员内化团队共享目标之外，还能促使团队成员用更积极的态度和眼光来评价团队内的其他成员，进而提升他们对内群体成员的信任和依赖程度（Brewer，1999）。团队成员的积极态度不仅有利于他们交换信息和彼此工作的进展情况，同时也有助于确保他们在指出问题和错误、进行反思和沟通过程中的安全。因而，团队认同能够在一定程度上促进团队反思。

团队成员进谏指的是为了完成任务，团队成员主动搜索新的任务完成方法和策略并主动向领导提出这些新观点和方案的行为（De Dreu & Van Vianen，2001）。[1] 进谏被发现对帮助团队改正错误，提升创造力有积极作用（Detert & Burris，2007；Morrison & Milliken，2000）。

尽管进谏行为的益处较为明显，但进谏本身作为一种典型的角色外行为，是很难自发发生的（LePine & Van Dyne，1998；Morrison，Wheeler‐Smith & Kamdar，2011）。首先，进谏行为需要团队成员具有主人翁意识，从如何提高团队绩效、改善团队运行过程的角度去不断观察和思考（Liang，Farh & Farh，2012）。其次，进谏行为本身还存在风险（Detert & Edmondson，2011；张政晓，2013），只有对团队产出具有高度的责任感，团队成员才会愿意承担进谏结果的不确定性。因此，研究者认为安全的团队氛围对于促进员工进谏来说意义重大（Kahn，1990；May，Gilson & Harter，2010）。

尽管进谏行为本身面临上述挑战，但我们认为，由于团队认同能够建立团队成员对团队目标的承诺，促使团队身份成为个人身份的重要组成部分，使得团队成员产生对团队的"主人翁"意识（Lock，Taylor，Funk & Darcy，2012），因此团队认同会促使团队成员有动机去表达那些对团队有益的观点（Morrison et al.，2011）。并且，集体水平团队认同有助于形成成员间的积极态度，塑造团队内部的安全氛围，从而降低团队成员在进谏过程中感知到的风险（Xie，Ling，Mo & Luan，2015）。基于此，我们认为团队认同能够有效促进团队成员的进谏。

---

[1] 本书所关注的团队成员进谏是一个团队水平的概念，指的是团队成员总体向团队领导进谏的情况。

### 6.2.3 过度认同对外部学习、团队反思和团队成员进谏的潜在负面影响

尽管团队认同能够激励外部学习、团队反思和团队成员进谏，但是随着认同水平的不断升高，上述积极关系可能不再显著，甚至被逆转。

具体来说，当团队成员认同了自己所在的团队身份之后，团队身份和个体身份之间的边界会逐渐变得模糊（Brewer & Gardner, 1996）；团队成员认同的团队身份以及和这个身份有关的属性、特征、规范和信念等都会对团队成员的态度和行为起到规范作用（Haslam et al., 2000）。共享认同团队内的成员在行为和态度方面会表现出较高的一致性。并且，随着认同水平的逐渐升高，团队身份很有可能会取代个人身份，成为指导成员态度、观点和行为的重要依据。此时，团队特征（而不是个人独有的特点）会延伸到每个具有高水平认同的成员身上（Abrams & Hogg, 1990；Ellemers et al., 2004）。团队认同的这种作用使得成员按照团队的希望和要求开展活动（Cialdini & Goldstein, 2004），但过度的认同反而会导致成员因为忠实于"团队代言人"的角色而使个体独特性、成员间的差异性逐渐消失（Janssen & Huang, 2008）；团队成员无法基于独特的角度去思考和判断问题。

与此同时，已有研究表明，随着团队成员认同水平的提高，其他成员是否接纳他们、是否对他们有积极的印象对成员个人来说会变得愈加重要（Hogg, 2001）。为了维护在内群体成员面前的积极形象，团队内共享的高水平认同更容易促使成员分享那些能够被其他成员普遍接受和认可的信息。换句话说，在具有高认同的团队内，团队成员共享的信息（而不是成员所拥有的独特信息）可能会被更多地提及和讨论（Haslam, 2004）。

显然，团队认同尤其是过度认同所引发的这种效应很有可能会对外部学习、团队反思和团队成员进谏三种过程产生负面作用。首先，团队认同会引发群际偏见（intergroup bias）：一方面，团队成员会更加积极地看待内群体成员；另一方面，却会逐渐降低他们对外群体的评价。高水平的团队认同反而会限制他们向外的探索和学习（Luan et al., 2016）。其次，团队反思需要成员从不同角度去考虑和讨论问题，因此成员差异以及他们的独立思考对于开展反思过程来说非常重要（Schippers, Den Hartog, Koopman & Wienk, 2003）。由于过高的团队认同会促使成员表现出和其他成员一致的观点和态度，因此高水平的

团队认同也有可能负面影响团队反思。最后，团队进谏需要团队成员脱离主流观点、提出不一样的看法和见解（Liang et al.，2012），过高水平的团队认同会对团队成员进谏产生负面影响。

上述分析表明，过度的团队认同对于外部学习、团队反思和团队成员进谏存在潜在的负面作用；不过，团队认同对于这些过程的负面作用往往被认为是情境性的（Ashforth et al.，2008；Haslam et al.，2013）。和一般的亲社会性动机不同，团队认同对成员行为的塑造作用需要结合团队身份来进行思考；团队认同，尤其是过度认同会要求团队成员遵守团队身份对他们的要求，满足团队中的其他成员尤其是团队领导对他们的期望（Abrams et al.，1990）。此时，如果团队领导能够包容团队成员的特异性或个体差异，团队成员就有可能在认同集体身份的同时，仍然可以保有自己个体的独特价值（Gaertner, Dovidio & Bachman, 1996），进而也有可能在外部学习、团队反思和进谏时保持自己的独立判断、分享自己的独特观点。与之相反，如果领导者不能包容成员的独立个性，不赏识甚至贬低成员的独特价值，团队认同就会引导团队成员去遵守这样的行为规则以保住他们珍视的团队身份；此时，过度认同更有可能表现出对外部学习、团队反思和进谏的压制作用。因此，领导者的风格尤其是领导者对于成员差异或成员独特贡献的态度，很大程度上会影响团队认同和上述三种过程的关系。因此，我们将领导包容性（leader inclusiveness）作为调节变量引入进来。

### 6.2.4 领导包容性的调节作用

领导包容性指的是领导者表现出的对他人贡献的积极态度和赏识行为（words and deeds by a leader or leaders that indicate an invitation and appreciation for others' contributions）（Nembhard & Edmondson，2006）。包容性高的领导者，不仅能够谅解团队成员所提出的不同观点，更重要的是，他们会主动邀请或鼓励团队成员积极发言，并且认可成员个人独特见解的重要意义（Carmeli, Reiter-Palmon & Ziv，2010；王端旭和李溪，2015）。以往研究表明了领导包容性对塑造团队心理安全氛围的重要意义（Hirak, Peng, Carmeli & Schaubroeck，2012；唐宁玉，张凯丽，2015）。不过，在当代劳动力变得日渐多样的情况下，领导包容性有比塑造安全氛围更重要的作用。领导包容性有助于塑造团队包容性（inclusion）：领导包容性不仅强调要将团队成员融入整个团队之中，满足个体的归属性需求，同时还重视成员个人作为一个独立个体的重要价值，满足成员的差异性需求（Shore, Randel, Chung, Dean & Ehrhart, 2011）。基于此，领导包容性也有助于团队成员在认同团队身份的基础上，保有个人的差异观点和独立判断。进一步地，领导包容性能够有效消除过度认同对外部学习、团队反思和团队成员进谏造成的负面影响。

具体来说，当领导包容性较低时，领导对成员个人的独特价值并不包容，成员表达个人见解会受到领导的批评甚至惩罚（Nembhard & Edmondson, 2006）。此时，团队成员想要在认同团队身份的同时保持个体的独特性就会变得非常困难。因此，当领导包容性较低时，团队认同虽然能够激励成员为了团队目标的实现而努力奋斗、承担风险，但同时也会削弱个体区别性，进而负面影响团队的外部学习、团队反思和进谏。

对于领导包容性低的团队来说，当团队的认同水平比较低时，这些团队在开展外部学习、团队反思和进谏行为时会缺乏必要的工作动机或者是对团队目标实现的承诺。当团队认同水平较高时，虽然团队有更强的动机去追求团队目标的实现，但是过度认同会导致他们彼此所持的观点趋向一致，成员个人的独特性逐渐消失。他们很有可能会缺乏个人的独立判断，仅从团队立场出发去评价其他外群体、去思考和判断问题（Oakes, 1996）。因而，团队难以形成对外群体的客观评价，会为了追求内、外群体之间的区分和隔离而减少和外群体的互动，此时，过度认同会削弱外部学习。同时，过度认同的团队缺少挑战现状的勇气，缺乏看待问题的不同视角，因此团队反思过程也很难在这样的团队内开展。由于过度认同导致成员个人独特性逐渐丧失，团队成员没有能够向领导进谏的"素材"，因此过度认同对于团队成员进谏也是不利的。

与之不同，具有适中水平认同的团队比低水平认同团队的动机水平更高，因而他们愿意付出更多的工作努力去开展外部学习、团队反思并进行进谏；和共享高水平认同的团队相比，团队身份、团队规范或者是领导态度对他们的观点形成和观点表达的影响相对较小；相比于过度认同的团队，认同水平适中的团队可以较好地将成员个人的区别性保留下来，从而使团队成员更有可能在团队内表达自己的独特观点。因此，相比于具有高水平认同的团队来说，适中水平的团队认同也能够带来更多的外部学习、团队反思和进谏行为。

而当领导包容性较高时，领导者能够包容并且欣赏成员在团队互动和讨论过程中表现出的独特价值；此时，即使团队形成了高水平认同，他们个人的独特价值也更容易被团队接纳和保留下来。在这种情况下，高水平的团队认同不仅没有导致个体区别性的消失，而且还会激励团队更加积极地投入对团队有利

第6章　团队认同与团队创造力的关系：基于外部学习等信息发散过程研究（研究三）

的外部学习、团队反思和进谏行为当中。

综合以上分析，我们认为领导包容性可以调节团队认同和外部学习、团队反思、团队成员进谏之间的关系。当领导包容性较低时，团队认同会对上述三种过程表现出倒"U"形的曲线作用；当领导包容性较高时，团队认同能够始终积极促进外部学习、团队反思和团队成员进谏。

基于这种分析，我们提出以下三个假设。

H1：领导包容性调节团队认同和外部学习的关系。在领导包容性低的条件下，团队认同和外部学习之间呈倒"U"形关系。在领导包容性高的条件下，团队认同可以积极促进团队的外部学习。

H2：领导包容性调节团队认同和团队反思的关系。在领导包容性低的条件下，团队认同和团队反思之间呈倒"U"形关系。在领导包容性高的条件下，团队认同可以积极促进团队的团队反思。

H3：领导包容性调节团队认同和团队成员进谏之间的关系。在领导包容性低的条件下，团队认同和团队成员进谏之间呈倒"U"形关系。在领导包容性高的条件下，团队认同可以积极促进团队成员进谏。

## 6.2.5　团队认同和团队创造力的关系：一个调节中介模型

外部学习有助于团队引入外部最新的技术趋势和市场变化信息，增加团队内的信息差异。外部学习还有助于团队引入其他团队的工作经验来解决问题或者是对现有的工作过程做出调整和革新（Bresman，2010）。因而被认为能够积极影响团队创造力。借助团队反思，团队能够及时发现运行过程中存在的问题，打破团队内现存的固定思维和模式，为团队提供观点的变异；并且，反思过程中的沟通和交流还有助于团队成员改进或完善日后的工作实践或产品，因而也被认为能够对团队创造力产生积极影响（Hoegl & Parboteeah，2006）。成员进谏本身意味着指出现状存在的问题，并给出改善的方案（De Dreu & Van Vianen，2001；Liang et al.，2012），因此也能够通过增加团队内观点变异的方式来促进团队创造力。

H1~H3探讨了团队认同和领导包容性对外部学习、团队反思和成员进谏的曲线交互作用，尤其是探讨了当领导包容性较低时，过度认同对上述三类信息发散过程可能产生的负面影响。综合外部学习、团队反思和团队成员进谏三种过程对团队创造力的积极意义，我们认为借由外部学习、团队反思和团队成员进谏三种过程,团队认同和领导包容性的交互能够对团队创造力产生影响。具体来说,当领导包容性高时,团队认同能够积极促进团队的外部学习、团队反思和成员的进谏行为,进而提高团队的创造力;而当领导包容性较低时,团队认同会对外部学习、团队反思和成员进谏产生非线性的影响作用,进而影响团队创造力。

H4:团队认同和领导包容性的交互经由外部学习的中介作用影响团队创造力。

H5:团队认同和领导包容性的交互经由团队反思的中介作用影响团队创造力。

H6:团队认同和领导包容性的交互经由团队成员进谏的中介作用影响团队创造力。

总结 H1~H6,我们描绘了研究三的假设模型图,如图 6-1 所示。

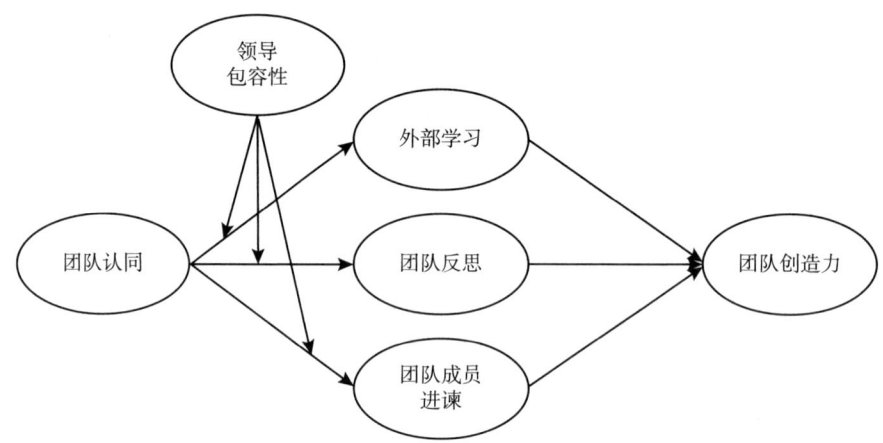

图 6-1 基于外部学习等信息发散过程研究模型

## 6.3 研究方法

### 6.3.1 问卷调研过程

我们在江苏省的一个著名的高新技术工业园内进行了此次调研。在与园区

## 第6章 团队认同与团队创造力的关系：基于外部学习等信息发散过程研究（研究三）

组委会取得联系并获得调研许可之后，园区组委会根据我们对样本的要求，为我们筛选出了部分符合要求的企业，并帮助我们与这些企业取得了联系。在简单介绍了此次调研的目的后，我们会询问对方企业内部是否有符合我们要求的团队（团队要以从事和创新有关的任务为主）。在得到肯定的答复后，企业会列出可供我们选择的团队名单。研究者在这份团队名单中随机选择团队进行调研。

在约定的调研时间内，我们会邀请被调研团队进入指定会议室。如果团队成员无法离开自己的工位，我们的同事也会到该员工的工位上去发放问卷，并等待他填写完成。本次调研还需要团队领导填写部分内容，因此我们还有另外一位同事专门负责给团队领导发放问卷并及时回收问卷。但在整个过程中，领导者并不会和成员一起填写问卷，这也在一定程度上保护了成员在填写问卷时不会受到社会称许性或其他无关因素的干扰。

问卷发放之前，研究者会简单介绍此次调研的主要目的，并告知被试：问卷填写不分对错，要根据他们团队的实际情况进行填写；问卷填写的内容和他们的绩效评价不会有任何关系，仅用于学术研究。然后给成员发放问卷。被试在问卷填写过程中对于问卷的理解有任何问题，我们都会积极作答。成员填写完成后，我们会让被试直接将问卷放到准备好的信封当中，并且现场对信封进行封口。问卷填写完成后，每位被试会获得50元的现金奖励。领导者问卷的填写过程与上述过程基本相同。本轮调研大概持续了一周的时间。

### 6.3.2 样本特征描述

此次调研共收到了来自86个团队的413份成员数据和86份领导者的配对数据。被调研团队大多从事技术研发或产品开发等和团队创造力密切相关的工作。

在对数据进行整理的过程中，我们首先删掉了3个只有一位成员的团队。基于问卷填写的完整程度和异常值问题，我们又删除了6个团队。最终的样本规模是来自77个团队的387份成员和77份领导者的配对数据。77个团队来自19家企业。团队的平均规模为6.64（标准差=7.05）。团队水平的平均应答率为90.2%（标准差=0.28）。团队应答率超过50%的团队有71个，占比92.2%。

参与此次调研的387位团队成员中，男性员工占比43.4%，女性员工占比

56.6%；平均年龄为 29.90 岁（标准差 = 5.69）；加入当前组织的平均时间为 30.15 个月（标准差 = 33.60）；加入当前团队的平均时间为 25.66 个月（标准差 = 31.29）。

关于员工的受教育水平：在 387 位员工中，1.9% 的员工拥有高中及以下学历；17.3% 的员工拥有大专学历；66.8% 的员工拥有大学本科学历；14.0% 的员工拥有研究生及以上学历。关于员工的教育背景：理科相关专业毕业的员工占比 23.3%，工科相关专业毕业的员工占比 27.4%，人文社科相关专业毕业的员工占比 34.4%，医学相关专业毕业的员工占比 1.4%，农学相关专业毕业的员工占比 1.0%，专业不详的员工占比 12.5%。

参与此次调研的 77 位团队领导的平均年龄为 36.55 岁（标准差 = 6.80）。男性领导占比 48.1%，女性领导占比 51.9%。领导者加入当前组织的平均时间为 54.25 个月（标准差 = 37.31），担任当前团队领导的平均时间为 24.52 个月（标准差 = 21.00）。关于领导者的学历水平：拥有高中及以下学历的占比仅为 1.3%，拥有大专学历的占比 6.5%，拥有大学本科学历的占比 57.1%，拥有研究生及以上学历的占比 31.2%，缺失数据占比 3.9%。关于领导的教育专业背景：理科相关专业毕业的占比 9.1%，工科相关专业毕业的占比 28.6%，人文社科相关专业毕业的占比 31.2%，农学相关专业毕业的占比 2.6%，其他专业毕业的占比 24.7%，[1] 缺失数据占比 3.8%。

### 6.3.3 测量量表

此次调研时的测量均来自国外成熟量表。反向翻译的过程与前述研究类似，此处不再赘述。本轮测量的主要变量包括团队认同，领导包容性，团队外部学习，团队反思，团队进谏和团队创造力 6 个变量。其中，团队认同、领导包容性、外部学习和团队反思的测量由团队成员填写；领导者对团队进谏和团队创造力进行评价。具体的测量量表包括以下几方面。

团队认同。我们采用的是亨利等人开发的 4 题项量表（Henry, Arrow & Carini, 1999）。原量表包括团队认同的认知、情绪情感和行为三个维度，共计

---

[1] 由于大部分选择这个类别的领导者并没有在问卷提供的空白处指明自己的教育背景，因此我们很难判断领导者在填写问卷时是否对这个选项存在误解，也很难对选择这个选项的领导者进行进一步地归类。

## 第6章 团队认同与团队创造力的关系：基于外部学习等信息发散过程研究（研究三）

12个题项；曾被很多研究采纳用于测量团队认同（Kane et al., 2005; Somech, Desivilya & Lidogoster, 2009）。基于以往研究的发现，认同的情绪情感维度被认为能够对团队成员的态度和行为产生关键且显著的影响（Van der Vegt & Bunderson, 2005; Riketta, 2005）。因此受制于问卷长度的限制，我们最终只选择了该量表情绪情感维度的4个题项来测量团队认同。具体的测量题项包括"我很享受和团队内的其他成员合作""团队中的许多同事我都不太喜欢"（反向测量）等。我们要求被试根据团队的实际情况在1~7分的评分中进行选择（1＝"完全不符合"，7＝"完全符合"）。由于该4题项量表中包括两个反向问项，因此在数据整理过程中，我们还对这两个题项的答案进行了翻转以方便我们分析。量表信度系数为0.82。

领导包容性。我们采用了尼姆伯哈德和爱德蒙森（Nembhard & Edmondson, 2006）开发的3题项量表来对领导包容性水平进行测量。该量表还曾被其他研究采纳用于测量领导包容性（Mitchell, Boyle, Parker, Giles, Chiang & Joyce, 2015），被验证有较好的测量信度和效度。具体的测量题项包括"团队领导经常鼓励我们充分发挥主观能动性"等。团队成员被要求根据领导者日常工作中表现出的行为在1~7分的评分中做出选择（1＝"完全不符合"，7＝"完全符合"）。量表信度系数为0.89。

外部学习。我们采用了黄思思（2004）开发的4题项量表来对团队的外部学习情况进行测量。黄思思的量表较好地捕捉到了团队成员和外群体成员进行信息交流和互动的过程，并且也曾被其他研究引用用来测量外部学习行为（张倩，2012）。具体的测量题项包括"我们会在工作中征求团队外人员的专业意见""我们会向团队外人员寻求工作上的帮助和建议"等。团队成员需要根据团队的实际情况，在1~5分的评分中选择合适的分数来评价团队的外部学习（1＝"完全不符合"，5＝"完全符合"）。该量表的测量信度系数为0.87。

团队反思。我们采用了德容和埃尔夫林（De Jong & Elfring, 2010）采用的5题项量表来对团队反思的情况进行测量。该5题项量表是由卡特和威斯特（Carter & West, 1998）开发的量表演变而来的。该量表的具体题项包括"我们经常会花时间讨论怎样完成任务""我们团队还会经常评估任务目标的可行性"等，团队成员需要根据团队日常运行中的实际情况从1~5分选择合适的分数（1＝"完全不符合"，5＝"完全符合"）来进行描述。该量表的信度系数为0.87。

团队成员进谏。关于个体进谏的量表较多，但是直接测量团队整体向领导者进谏情况的量表还比较少。通过仔细的检索，我们最终采用了迪德鲁和范维亚宁（De Dreu & Van Vianen，2001）开发的3题项量表。具体的测量题项包括"当涉及团队内的重大问题时，团队成员会主动献计献策""团队成员经常提出新的工作流程或工作方法建议"等。团队领导需要根据团队成员整体的进谏表现来对这3个题项进行评价，评分在1分（完全不符合）到5分（完全符合）之间进行选择。该量表的测量信度系数为0.77。

团队创造力。对团队创造力的评价，我们采用的是迪德鲁和威斯特（De Dreu & West，2001）研究中所用的4题项量表。具体的测量题项包括"团队成员总是能够提出新的想法或建议来改进产品和服务""团队成员经常提出新的工作流程或工作方法建议"等。我们要求领导者根据团队前段时间工作创新情况真实作答，并在1~7分的评分表中选择合适的分数（1="完全不符合"，7="完全符合"）。该量表信度系数为0.83。

控制变量。第一，团队规模会显著影响到团队成员的互动模式，进而影响团队的创新过程和结果（De Dreu & West，2001），因此我们对团队规模进行了控制。领导者提供了每个团队的规模数据。第二，团队成员的平均年龄被认为会影响团队内的合作模式（Barczak, Lassk & Mulki，2010），因此我们要求每个成员提供他们的实际年龄，并将计算得到的平均年龄作为控制变量。第三，团队成员的平均受教育水平与教育背景的差异和创新情况直接相关，因此我们也进行了控制。除此之外，我们还对团队领导指导当前团队的时间进行了控制。该数据由领导者个人直接提供。同时，由于团队认同和外部学习、团队反思的数据都是由团队成员提供的（不过，因变量团队创造力是由团队领导填写的），因此在进行假设检验时可能会受到同方法偏差的影响。为了更好地进行数据检验，我们在问卷搜集过程中仍然设置了一个 *Marker*（标签变量）。标签变量被设置成一个和此次调研关注的核心变量和变量关系都没有明显的相关，控制标签变量有助于我们在进行回归检验时适度控制同方法偏差（Podsakoff et al.，2003）。该标签变量具体为"我对单位的各项规章制度非常熟悉"。

### 6.3.4 测量量表的区分效度和聚合效度检验

我们对主要变量之间的区分效度和聚合效度情况进行检验。首先基于成员填写的数据对团队认同、领导包容性、外部学习和团队反思四个主要变量之间的区分效度和聚合效度进行验证性因素分析。分析结果显示，四因子模型能较好地拟合此次调研所获得的数据（$\chi^2 = 230.90$，$df = 98$，$p < 0.001$，$CFI = 0.97$，$RMSEA = 0.06$，$SRMR = 0.04$）。四因子模型的拟合结果如图6-2所示。

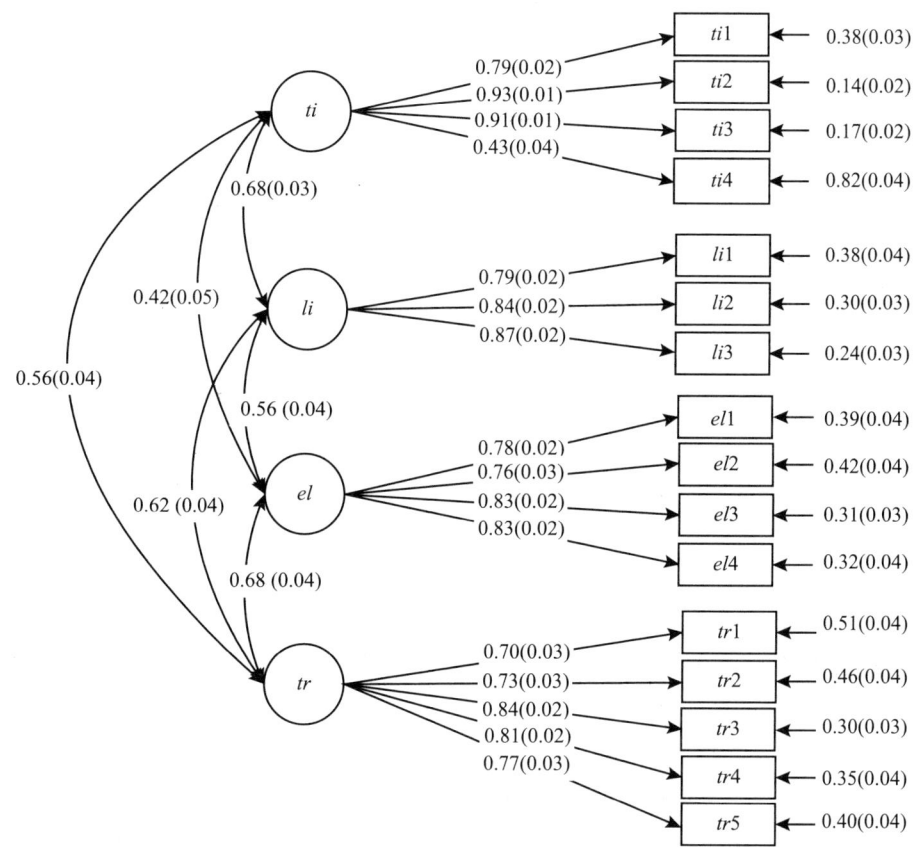

**图6-2 四因子模型的验证性因素分析结果**

注：ti是团队认同；li 为领导包容性；el 为外部学习；tr 是团队反思。

我们还分析了其他可能的因子模型的拟合指数（例如三因子模型、两因子模型等），并将不同因子模型的拟合指数和四因子模型的拟合结果进行比较。具体各个因子模型的拟合指数如表6-2所示。

表 6-2　　　　不同因子模型的验证性因素分析结果比较

| 因子模型 | $\chi^2$ | df | p | CFI | RMSEA | SRMR |
| --- | --- | --- | --- | --- | --- | --- |
| 四因子模型 | 230.90 | 98 | 0.00 | 0.97 | 0.06 | 0.04 |
| 三因子模型 1[a] | 565.72 | 101 | 0.00 | 0.88 | 0.11 | 0.07 |
| 三因子模型 2[a] | 927.83 | 101 | 0.00 | 0.78 | 0.15 | 0.12 |
| 三因子模型 3[a] | 839.64 | 101 | 0.00 | 0.80 | 0.14 | 0.08 |
| 三因子模型 4[a] | 664.49 | 101 | 0.00 | 0.85 | 0.12 | 0.08 |
| 三因子模型 5[a] | 587.79 | 101 | 0.00 | 0.87 | 0.11 | 0.07 |
| 三因子模型 6[a] | 558.71 | 101 | 0.00 | 0.88 | 0.11 | 0.06 |
| 两因子模型 1[b] | 1116.76 | 103 | 0.00 | 0.73 | 0.16 | 0.10 |
| 两因子模型 2[b] | 1043.18 | 103 | 0.00 | 0.75 | 0.15 | 0.09 |
| 两因子模型 3[b] | 1185.95 | 103 | 0.00 | 0.71 | 0.17 | 0.10 |
| 两因子模型 4[b] | 897.55 | 103 | 0.00 | 0.79 | 0.14 | 0.09 |
| 单因子模型[c] | 1411.26 | 104 | 0.00 | 0.65 | 0.18 | 0.10 |

注：验证性因素分析是采用 Mplus 7.0 软件进行的。

a. 三因子模型 1 将团队认同和领导包容性合并成一个因子；三因子模型 2 将团队认同和外部学习合并成一个因子；三因子模型 3 将团队认同和团队反思合并成一个因子；三因子模型 4 将领导包容性和外部学习合并成一个因子；三因子模型 5 将领导包容性和团队反思合并成一个因子；三因子模型 6 将外部学习和团队反思合并成一个因子。

b. 两因子模型 1 将团队认同、领导包容性和外部学习合并成一个因子；两因子模型 2 将团队认同、领导包容性和团队反思合并成一个因子；两因子模型 3 将团队认同、外部学习和团队反思合并成一个因子；两因子模型 4 将领导包容性、外部学习和团队反思合并成一个因子。

c. 单因子模型将团队认同、领导包容性、外部学习和团队反思合并成一个因子。

将四因子模型的拟合指数和其他因子模型的拟合指数进行比较（Bagozzi, 1996），四因子模型的拟合结果要明显优于其他因子模型。其中，我们主要比较了四因子模型和单因子模型的拟合系数。单因子模型的拟合指数（$\chi^2$ = 1411.26，$df$ = 104，$p < 0.001$，$CFI$ = 0.65，$RMSEA$ = 0.18，$SRMR$ = 0.10）要明显劣于四因子模型的拟合指数。基于这样的结果，我们认为，尽管团队认同、领导包容性、外部学习和团队反思四个主要变量都是由团队成员提供的，但是同方法偏差并没有十分显著地威胁到本次测量的效度。

我们还对领导者提供的团队进谏和团队创造力的区分效度和聚合效度进行检验。验证性因素分析的结果显示，两因子模型（$\chi^2$ = 20.34，$df$ = 13，$p <$

0.1，$CFI=0.96$，$RMSEA=0.09$，$SRMR=0.07$）能够较好地拟合我们所收集到的数据。具体的两因子模型拟合结果如图6-3所示。虽然RMSEA略高于标准（<0.08），但是该两因子模型的拟合结果还是明显优于单因子模型（$\chi^2=51.73$，$df=14$，$p<0.001$，$CFI=0.81$，$RMSEA=0.19$，$SRMR=0.12$），本次测量的构思效度还是比较好的。

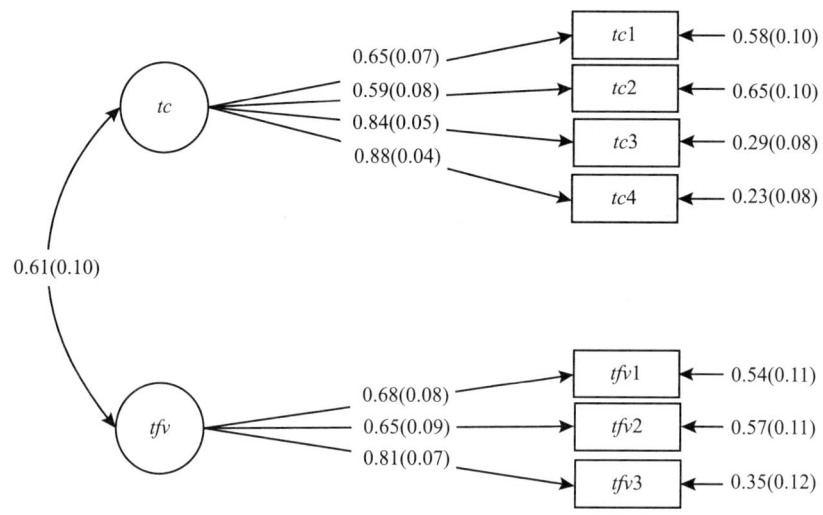

图6-3 两因子模型的验证性因素分析结果（领导者数据）

注：tc是团队创造力；tfv是领导者评价的团队成员进谏。

### 6.3.5 将测量数据从个体水平向团队水平进行聚合

我们计算了团队认同、领导包容性、外部学习和团队反思这四个主要变量的$R_{wg}$。结果显示，团队认同$R_{wg}$均值为0.81，$R_{wg}$值超过0.7的团队有64个，占比83%；领导包容性$R_{wg}$均值为0.73，$R_{wg}$值超过0.7的团队有56个，占比73%；外部学习$R_{wg}$均值为0.76，$R_{wg}$值超过0.7的团队有59个，占比77%；团队反思$R_{wg}$均值为0.82，$R_{wg}$值超过0.7的团队有67个，占比87%。上述结果都超过了以往研究提出的可接受标准（James et al.，1984）。

在此基础上，我们进一步计算了团队认同、领导包容性、外部学习和团队反思等主要变量的ICC得分。其中，团队认同的ICC（1）为0.20，ICC（2）为0.55；领导包容性的ICC（1）为0.13，ICC（2）为0.43；外部学习的ICC

(1) 为 0.09，ICC (2) 为 0.32；团队反思的 ICC (1) 为 0.13，ICC (2) 为 0.42。其中，虽然外部学习的 ICC 值略低于可接受标准，但这种情况很可能和样本中团队规模较小有很大关系。总体来看，主要变量的 ICC 值仍然在可接受范围内，因此可以将个体数据向团队水平聚合。

## 6.4 研究结果

### 6.4.1 变量之间的相关关系

变量之间的相关关系如表 6-3 所示。变量之间的相关关系基本符合我们的理论预期。其中，团队认同（均值 = 5.90，标准差 = 0.68）和团队的外部学习（$r = 0.36$，$p < 0.01$）、团队反思（$r = 0.47$，$p < 0.01$）之间存在显著相关关系。

### 6.4.2 研究假设检验结果：团队认同对中介过程的影响

我们首先检验了团队认同对外部学习、团队反思和团队进谏三个中介变量的影响作用，具体的结果如表 6-3 所示。

### 6.4.3 研究假设检验结果：团队认同对中介过程的影响

我们首先检验了团队认同对外部学习、团队反思和团队成员进谏三个中介变量的影响作用，具体的结果如表 6-4 所示。

以外部学习为结果变量。M1 中首先加入了所有的控制变量。其中，Marker 对外部学习的影响作用显著。在 M2 中，我们加入了团队认同和团队认同的平方项以及领导包容性以检验自变量对外部学习的影响。结果表明，团队认同会对团队外部学习产生边缘显著的倒"U"形曲线作用（$b = -0.18$，$p < 0.1$）。M3 中进一步加入了调节变量——领导包容性和两个交互项（团队认同 × 领导包容性、团队认同$^2$ × 领导包容性），以考察我们关注的团队认同的平方项和领导包容性的交互对团队外部学习的影响。结果显示，交互项团队认同$^2$ × 领导包容性能够对外部学习产生显著作用（$b = 0.28$，$p < 0.05$）。

第6章 团队认同与团队创造力的关系：基于外部学习等信息发散过程研究（研究三）

表6-3 变量间的相关系数

| 变量 | 均值 | 标准差 | 1 | 2 | 3 | 4 | 5 | 6 | 7 | 8 | 9 | 10 | 11 | 12 |
|---|---|---|---|---|---|---|---|---|---|---|---|---|---|---|
| 1. 团队规模 | 6.65 | 7.05 | — | | | | | | | | | | | |
| 2. 平均年龄 | 30.24 | 3.92 | 0.09 | — | | | | | | | | | | |
| 3. 受教育水平 | 2.94 | 0.45 | 0.05 | -0.06 | — | | | | | | | | | |
| 4. 教育背景多样性 | 0.44 | 0.26 | -0.15 | -0.07 | -0.21 | — | | | | | | | | |
| 5. 担任当前团队领导的时间 | 24.52 | 21.00 | -0.12 | 0.13 | 0.08 | -0.01 | — | | | | | | | |
| 6. Marker | 5.34 | 0.80 | 0.15 | 0.18 | -0.06 | 0.18 | -0.03 | — | | | | | | |
| 7. 团队认同 | 5.90 | 0.68 | -0.19 | 0.02 | -0.18 | 0.19 | 0.18 | 0.38** | (0.82) | | | | | |
| 8. 领导包容性 | 5.73 | 0.80 | -0.02 | 0.19 | -0.07 | 0.09 | 0.09 | 0.48** | 0.60** | (0.89) | | | | |
| 9. 外部学习 | 3.84 | 0.42 | -0.05 | 0.22 | -0.07 | 0.09 | -0.04 | 0.43** | 0.36** | 0.54** | (0.87) | | | |
| 10. 团队反思 | 3.78 | 0.43 | 0.13 | 0.02 | -0.09 | 0.15 | -0.10 | 0.45** | 0.47** | 0.48** | 0.56** | (0.87) | | |
| 11. 团队进谏 | 4.06 | 0.58 | -0.01 | -0.15 | 0.03 | -0.01 | 0.01 | 0.10 | 0.22 | 0.17 | 0.19 | 0.13 | (0.77) | |
| 12. 团队创造力 | 5.16 | 0.89 | 0.03 | 0.00 | -0.03 | -0.05 | -0.06 | 0.07 | 0.16 | 0.13 | 0.20 | 0.11 | 0.43** | (0.83) |

注：$N=77$。* $p<0.05$；** $p<0.01$。

为了更加直观地看出领导包容性对团队认同和外部学习间关系的调节作用，基于艾肯等人提供的方法（1991），我们绘制了交互作用图，结果如图 6-4 所示。从图 6-4 中我们可以看出，当领导包容性较低时，团队认同对外部学习的影响呈现倒"U"形趋势；当领导包容性较高时，团队认同和外部学习呈现正相关。为了进一步检验图中看到的趋势是否显著，我们根据道森（Dawson，2014）提供的方法分别检验了在领导包容性高、低水平下团队认同对外部学习影响的简单效应。结果显示，当领导包容性较低时，团队认同对外部学习的线性作用（$b = 0.42$，$p < 0.05$）和非线性作用（$b = -0.58$，$p < 0.01$）都显著；而当领导包容性高时，团队认同对外部学习的线性作用（$b = 0.10$，$ns.$）和非线性作用（$b = -0.13$，$ns.$）不显著。这样的结果表明，领导包容性确实如我们假设的那样，能够显著调节团队认同对外部学习的影响。并且，当领导包容性较低时，团队认同对外部学习的影响呈现出了预期的倒"U"形趋势，表明过度认同对外部学习存在明显的抑制作用。但与假设不一致的是，分析结果并没有支持当领导包容性较高时，团队认同对外部学习具有持续的积极影响。总结来看，H1 得到了部分支持。

表 6-4　　　　团队认同、领导包容性对结果变量的回归系数

| 变量 | | 结果变量 = 外部学习 | | | 结果变量 = 团队反思 | | | 结果变量 = 团队成员进谏 | | |
|---|---|---|---|---|---|---|---|---|---|---|
| | | M1 | M2 | M3 | M4 | M5 | M6 | M7 | M8 | M9 |
| 控制变量 | 1. 团队规模 | -0.01 | -0.01 | -0.01 | 0.01 | 0.01 | 0.01 | 0.00 | 0.00 | 0.01 |
| | 2. 平均年龄 | 0.02 | 0.01 | 0.00 | -0.01 | -0.01 | -0.02 | -0.03 | -0.03 | -0.05 * |
| | 3. 受教育水平 | -0.03 | -0.02 | -0.01 | -0.04 | 0.00 | 0.03 | 0.02 | 0.06 | 0.09 |
| | 4. 教育背景多样性 | -0.00 | -0.05 | -0.17 | 0.13 | 0.07 | -0.03 | -0.09 | -0.14 | -0.36 |
| | 5. 担任当前团队领导的时间 | -0.00 | -0.00 | -0.00 | -0.00 | -0.00 | -0.00 | 0.00 | -0.00 | -0.00 |
| | 6. Marker | 0.22 ** | 0.10 | 0.09 | 0.23 ** | 0.11 + | 0.11 + | 0.10 | 0.01 | -0.01 |
| 自变量 | 7. 团队认同 | | -0.02 | -0.16 + | | 0.15 + | 0.01 | | 0.13 | -0.11 |
| | 8. 团队认同$^2$ | | -0.18 + | -0.36 ** | | -0.15 | -0.27 * | | -0.14 | -0.47 * |
| 调节变量 | 9. 领导包容性 | | | 0.24 ** | 0.21 * | | 0.14 + | 0.07 | | 0.08 | 0.03 |

— 118 —

第6章 团队认同与团队创造力的关系：基于外部学习等信息发散过程研究（研究三）

续表

| 变量 | | 结果变量=外部学习 | | | 结果变量=团队反思 | | | 结果变量=团队成员进谏 | | |
|---|---|---|---|---|---|---|---|---|---|---|
| | | M1 | M2 | M3 | M4 | M5 | M6 | M7 | M8 | M9 |
| 交互项 | 10. 团队认同×领导包容性 | | | 0.33** | | | 0.27* | | | 0.58** |
| | 11. 团队认同² × 领导包容性 | | | 0.28* | | | 0.32* | | | 0.47* |
| | F | 3.44** | 4.81** | 5.11** | 3.46** | 4.96** | 5.11** | 0.53 | 0.81 | 1.59 |
| | R² | 0.23 | 0.39 | 0.46 | 0.23 | 0.40 | 0.46 | 0.04 | 0.10 | 0.21 |
| | ΔR² | | 0.16** | 0.07* | | 0.17** | 0.06* | | 0.06 | 0.11* |

注：$N=77$。$+p<0.1$；$*p<0.05$；$**p<0.01$。

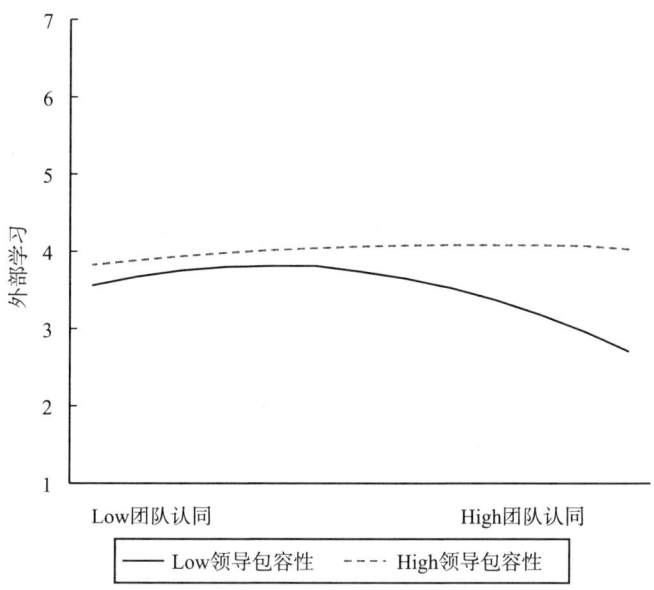

图6-4 团队认同和领导包容性对外部学习的交互作用

注：图中的高、低水平是基于自变量和调节变量再加、减一个标准差获得的。

以团队反思为结果变量。我们首先在 M4 中加入了所有的控制变量。其中，Marker 对团队反思的影响作用显著。M5 中加入了团队认同和团队认同的平方项。其中，团队认同对团队反思的线性作用边缘显著（$b=0.15$，$p<0.1$）。M6 中加入了领导包容性以及两个交互项（团队认同×领导包容性、团

队认同$^2$ ×领导包容性)。M6 的结果显示,交互项团队认同$^2$ ×领导包容性对团队反思的作用显著($b=0.32$,$p<0.05$)。

为了更清晰地显示领导包容性对团队认同和团队反思间关系的调节作用,基于回归结果,我们进一步绘制了团队认同和领导包容性对团队反思的交互作用图。具体的交互作用如图 6-5 所示。

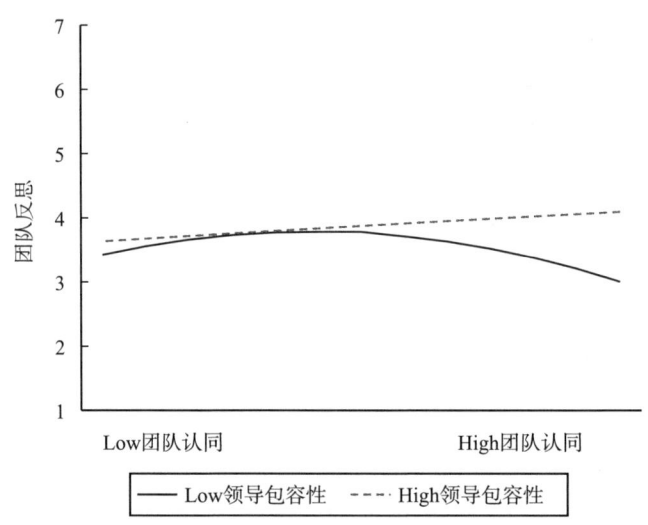

**图 6-5 团队认同和领导包容性对团队反思的交互作用**

注:图中的高、低水平是基于自变量和调节变量再加、减一个标准差获得的。

从图 6-5 中我们可以看到:当领导包容性较低时,团队认同对团队反思呈现倒"U"形的影响;而当领导包容性高时,团队认同和团队反思之间出现正相关的关系。为了进一步检验在领导包容性高、低水平下团队认同对团队反思影响的简单效应,我们进行了简单效应检验(Dawson,2014)。简单效应检验的结果显示,当领导包容性低时,团队认同对团队反思的线性作用($b=-0.21$,$ns.$)不显著,非线性作用($b=-0.53$,$p<0.01$)显著;而当领导包容性高时,团队认同对团队反思的线性作用($b=0.23$,$p<0.05$)显著,非线性作用($b=-0.01$,$ns.$)不显著。这样的结果进一步支持了领导包容性对团队认同和团队反思间关系的调节作用。当领导包容性较低时,团队认同和团队反思之间呈现出了显著的倒"U"形关系;过高的团队认同确实抑制了团队的反思过程。但当领导包容性较高时,团队认同能够积极促进团队反思。总结

来看,H2 得到支持。

以团队成员进谏为结果变量。在 M7 中,我们首先加入了控制变量。由于团队成员进谏的数据是由领导者填写的,因此当以团队成员进谏为结果变量时,我们并没有控制加入 Marker。在 M8 中,我们进一步加入团队认同和它的平方项;不论是团队认同还是它的平方项都没能对团队成员进谏产生显著影响。我们在 M9 中继续加入调节变量——领导包容性和两个交互项(团队认同×领导包容性、团队认同$^2$×领导包容性)。回归结果显示,团队认同$^2$×领导包容性的交互项对团队成员进谏的作用显著($b=0.47$,$p<0.05$)。

为了更清晰地显示领导包容性的调节作用,基于回归结果,我们绘制了交互作用图,如图 6-6 所示。从图 6-6 中可以看出:当领导包容性低时,团队认同对团队成员进谏呈现倒"U"形的影响;而当领导包容性高时,二者之间呈现出正相关的关系。

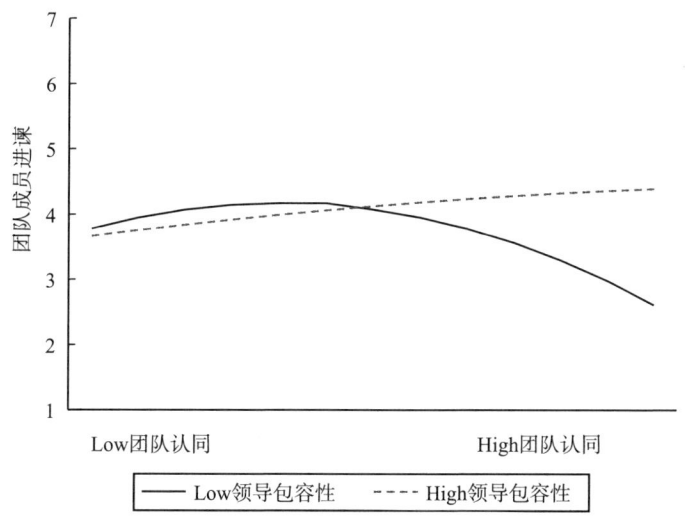

**图 6-6 团队认同和领导包容性对团队成员进谏的交互作用**

注:图中的高、低水平是基于自变量和调节变量再加、减一个标准差获得的。

为了进一步检验在领导包容性高、低水平下,团队认同对团队成员进谏的影响是否显著,我们进行了简单效应检验。最终的结果显示,当领导包容性低时,团队认同对团队成员进谏的线性作用($b=-0.57$,$p<0.05$)和非线性作用($b=-0.85$,$p<0.01$)均显著;当领导包容性高时,团队认同对团队成员进谏的线性作用($b=0.35$,$p<0.05$)显著,但非线性作用($b=-0.09$,

$ns.$)不显著。这样的结果支持了领导包容性对团队认同和团队成员进谏间关系的调节作用。其中，当领导包容性较低时，团队认同对团队成员进谏的影响呈现倒"U"形趋势，和我们假设中提到的一样，过度认同会抑制团队成员进谏；但当领导包容性水平较高时，团队认同可以积极促进团队成员进谏。总结来看，H3 得到支持。

### 6.4.4 研究假设全模型检验

在检验外部学习、团队反思和团队成员进谏在团队认同和团队创造力的关系中所起的中介作用时，由于研究模型中包括多个中介过程，为了检验这个多中介的模型，我们认为采用路径分析的方法更为合适。利用 Mplus7.0 软件，我们针对研究假设进行了全模型路径分析。路径分析的部分结果如图 6-7 所示。

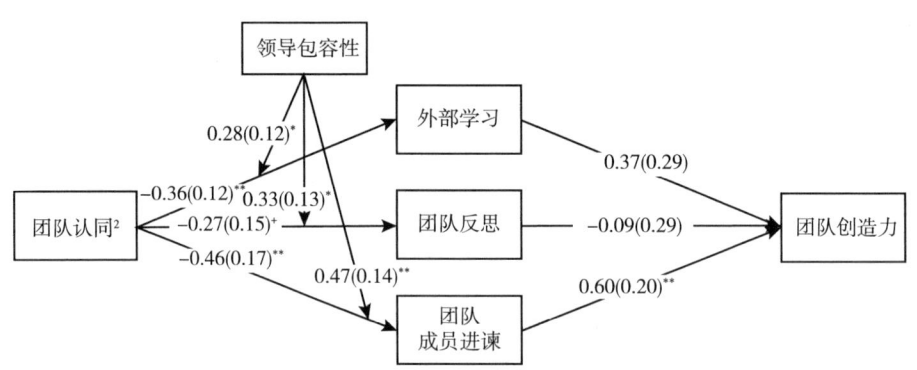

图 6-7　全模型检验中部分路径的路径系数

注：$+p<0.1$；$*p<0.05$；$**p<0.01$。

从图 6-7 中我们看到，外部学习和团队反思对团队创造力的直接作用并不显著；只有团队成员进谏对团队创造力的作用是显著的（$b=0.60$，$SE=0.20$，$p<0.01$）。基于这样的结果，我们只能采用团队成员进谏来进行下一步的调节中介检验。根据 bootstrap 抽样的方法，我们对团队成员进谏的中介作用进行了检验（Edwards & Lambert, 2007）。具体的检验结果如表 6-5 所示。

表 6-5 给出了四种情况下团队认同经由团队成员进谏影响团队创造力的间接作用，以及基于 20 000 次随机抽样得到的间接作用 95% 的置信区间。为

第6章 团队认同与团队创造力的关系：基于外部学习等信息发散过程研究（研究三）

了检验假设中提到的被中介的调节模型，我们需要对领导包容性高、低水平下间接作用是否存在显著差异进行了检验。结果显示，在领导包容性高、低水平下，团队认同经由团队成员进谏影响团队创造力的间接效应存在显著差异（95%的置信区间为[0.28, 2.90]，置信区间内不包含零），被中介的调节模型成立。总结来看，H6得到支持；但H4、H5并没有得到支持。

表6-5 团队认同经由团队成员进谏对团队创造力的间接作用

|  | 效应值（标准误） | 95%的置信区间 |
| --- | --- | --- |
| 当领导包容性高时： |  |  |
| 团队认同高时 | 0.15 (0.22) | [-0.22, 0.65] |
| 团队认同低时 | 0.29 (0.35) | [-0.19, 1.32] |
| 当领导包容性低时： |  |  |
| 团队认同高时 | -1.05 (0.46) | [-2.29, -0.35] |
| 团队认同低时 | 0.35 (0.19) | [0.09, 0.87] |
| 间接效应的差异 | 1.26 (0.65) | [0.28, 2.90] |

注：该表格的结果是基于Mplus7.0的处理结果。
所有的效应值都是基于bootstrap抽样20 000次得到的。

## 6.5 讨 论

本研究致力于探索团队认同怎样经由外部学习、团队反思和团队成员进谏而对团队创造力产生影响，同时关注领导包容性对上述关系所产生的调节作用，尤其是对过度认同的负面作用进行了探讨。

研究结果显示，领导包容性能够调节团队认同对外部学习、团队反思和团队成员进谏的影响。当领导包容性较低时，团队认同对外部学习、团队反思和团队成员进谏会呈现显著的倒"U"形影响作用，尤其是过度认同被发现会抑制团队的外部学习、团队反思和进谏。而较高水平的领导包容性有助于团队成员在认同团队身份的同时仍然保留个体的差异性。在此种情况下，我们的研究发现，团队认同能够持续促进团队反思和团队成员进谏。

与此同时，尽管外部学习和团队反思在团队认同和领导包容性的交互对团队创造力的影响中没有发挥显著的中介作用，但团队成员进谏被发现能够显著地中介上述交互项对团队创造力的作用。

## 6.5.1 研究的理论贡献

本研究的理论贡献主要针对以下三个方面。

第一，本研究致力于探索团队认同对团队创造力的影响作用。团队认同可以激励团队成员付出努力、完成团队任务，即便在过程中需要付出成本或者是承担风险。因此，对于团队创造力来说，团队认同是非常珍贵的促进因素（栾琨，谢小云，2014）。但是，当团队成员过度认同团队身份时，诸如外部学习、团队反思和进谏这样能够给团队带来多样观点和不同见解的团队过程可能会被抑制（Ashforth et al.，2008；Goncalo & Staw，2006；Janssen & Huang，2008），进而会负面影响团队创造力。通过77个从事创新任务的实际工作团队，我们检验了在特定情境中（领导包容性的高、低水平下）团队认同如何通过影响团队内的外部学习、团队反思和成员进谏来影响团队创造力。研究结论支持了成员进谏的中介作用；同时，本研究也表明，团队认同对团队创造力的作用并不总是积极的。和理论预期一致，当领导者不能够包容成员的独特观点或者是尊重成员的独特价值时，过度认同会通过抑制团队成员进谏的方式而对团队创造力产生负面作用。我们的检验只是开启了检验团队认同和团队创造力之间复杂关系的第一步。考虑到团队认同作为一种难能可贵的团队创造力驱动因素的重要意义，我们认为未来研究可以更加深入地去探讨二者之间的关系，尤其是探索团队认同对团队创造力潜在的负面作用，以及能够削弱这种负面作用的情境或者是管理手段。

第二，长久以来的实证研究都表明了团队认同对员工离职意愿和团队绩效的积极意义；研究者在肯定团队认同的益处的同时，却也在不断担忧着团队认同，尤其是团队内共享的高水平认同感可能引发的负面效应。阿什福恩等人（2008）就曾在文章中讨论过，过度认同可能会带来团队内过度的信任、减少群际之间的合作、促使团队成员"墨守成规"等负面作用。尽管研究者在理论上提出过担忧，但实证研究却并没有针对团队认同的负面作用及机制进行恰当的探索。由于缺乏对团队认同的负面作用的了解和检验，现有研究很有可能过于乐观地估计了团队认同的积极作用以及这种作用的普适性。我们为了响应以往研究的号召，通过引入外部学习、团队反思和团队成员进谏这三个旨在关注团队信息发散的过程机制，在特定情境下（领导包容性较低时）捕捉到了团队认同尤其是过度认同的负面作用。本研究的结果显示，在领导包容性较低时，团队认同和外部学习、团队成员反思和进谏之间都呈现出倒"U"形的关系；团队认同虽然在开始阶段能够激励上述三种过程，但是随着认同水平的持续增高，团队反而会因为过度的认同而无法有效开展外部学习、反思和进谏过程。

进一步地，我们认为，尽管团队认同对于行为整合这样的强调协调和一致的过程非常关键，但当结果变量指向信息发散过程或团队创造力这样的需要成员投入差异性信息资源的过程时，一味强调"一致"和"协力"的集体水平团队认同会变得"力所不能及"甚至"过犹不及"（Haslam，2004）。考虑到团队创造力作为团队产出的一种结果已经变得越来越重要，我们鼓励未来的研究以本书的思路为起点，针对团队认同对个体区别性的抑制作用进行更多的探索，尤其应关注在何种情境下或者是采用什么样的策略可以化解团队认同的这种负面作用。

第三，本研究还表明了团队成员向领导者的进谏行为能够对团队创造力产生的积极作用。作为一种典型的角色外行为，研究者对于员工进谏行为的关注可以说由来已久（LePine & Van Dyne，1998；Morrison，2011；周浩，龙立荣，2012）。这其中，对进谏行为前因变量的探索占据了绝大部分，而对于进谏行为对团队短期绩效表现、长期创新产出或者是团队适应能力等方面的影响作用却还较少被研究者关注。本研究借助于团队成员进谏行为来解释团队认同对团队创造力的作用，并发现了进谏行为在上述关系中的中介作用，一定程度上表明了团队成员进谏行为的积极意义。

## 6.5.2 研究的局限性

虽然本研究推进了对于"团队认同如何影响团队创造力"这一问题的理解，表明了领导包容性所起到的调节作用，但是研究中仍存在一定的局限性。

第一，本研究检验了在领导包容性较低的情况下，团队认同对外部学习等过程的倒"U"形作用，这样的关系得到了数据的支持，但是我们的研究发现却无法说明，这条倒"U"形曲线的转折点在哪里。正如我们在假设部分所提到的，团队认同一方面会作为亲社会动机激励成员为了团队目标的实现而付出努力、承担风险或成本，另一方面也有可能因为限制了他们个人差异性的表达而损害团队创造力；共享认同对团队创造力的影响实际上就是这两种动机的博弈过程，而探索这条曲线关系的转折点能够帮助我们更好地理解这一博弈过程。因此我们鼓励未来研究能够在本研究发现的基础上，通过合理的实验设计，去检测团队认同对外部学习以及团队创造力等的损害作用何时会超过它对团队创造力等的积极作用。

第二，由于本研究测量的所有变量都是在同一时间节点上获得的，因此数据结果无法用来说明变量之间的因果关系。我们希望未来研究能够设计跨时段的多次测量，以更好地检验研究模型中涉及到的因果关系。

### 6.5.3 未来研究方向

第一个值得未来研究关注的问题是："成员间的差异"和"团队内的聚合"中哪个因素对团队创造力更重要？

本研究的结论表明，当团队由于过度认同而对"一致"和"聚合"的过程投入了太多的关注，团队创造力反而下降了；但是仅仅关注信息多样性，而不考虑如何整合利用这些资源对于团队创造力来说也是不够的（Xie et al.，2014）。可以说，信息的聚合过程和信息的发散过程对于团队创造力来说是不可偏废的（Harrison & Rouse，2014；Skilton & Dooley，2010）。

不过，在对以往研究进行回顾的过程中，我们发现，虽然以往研究对于如何推进团队创造力，或者是对团队结构属性、成员构成特征等因素如何影响团队创造力已经积累了一些研究证据，但是这些研究大多只关注了团队创造力产生的一个方面：以团队多样性为输入端的研究更多的是在强调个体差异对团队创造力的重要意义；而基于信息的精细化加工或聚合过程开展的研究则更多地强调团队协力过程对信息利用和团队创造力的积极作用。我们鼓励未来的研究综合这两种过程来描述团队创造力产生的过程，并且讨论不同种类的前因变量对这两种过程可能产生的不同影响。例如，成员多样性虽然可以给团队带来更多的信息和解决问题的视角，却也有可能破坏了团队内成员相互理解和沟通的基础（Cohen & Levinthal，1990）。明确了这一点，才有可能帮助我们更加全面地去了解不同类型的前因变量可能对团队创造力产生的影响。

第二个和本研究有关的有趣的研究方向是：团队能够在共享高水平团队认同的同时仍然保有对成员区别性或个人独特性的欣赏吗？

因为以往的认同研究表明，个体在形成群体认同的过程中会通过一个"自上而下"的去人格化（depersonalization）的过程来拉近个人和集体之间的距

## 第6章 团队认同与团队创造力的关系：基于外部学习等信息发散过程研究（研究三）

离。不过，随着对认同过程研究关注的增多，已有研究者表明，团队成员还可能通过"自下而上"的过程来形成团队认同（Jans, Postmes & Van der Zee, 2011）。此时，在共享目标明确的情况下，团队会通过汇聚团队成员个人特征的方式来组织团队身份特征。这种情况下，团队成员也能在兼顾个人身份的同时形成团队认同。考虑到兼顾个人独特性和团队内共享身份对团队创新和创造力的重要意义，我们鼓励未来研究对于如何塑造团队内的共享认同或者是共享认同的形成过程能够进行更多角度的思考和探索，从而寻找到更多的管理手段和措施帮助团队兼顾团队认同和成员个人的独特性，以服务于最终的创新目的。

第三个值得未来研究关注的问题是：尽管外部学习和团队反思对于增加团队内的观点变异、挑战团队现状有较为直接的作用，但是我们并没有发现外部学习和团队反思显著影响团队创造力。

关于这一问题，已有研究表明，外部学习要想真正作用于团队产出，恰当的内部学习或沟通过程必不可少（Wong, 2004）。只有团队对间接经验进行消化和吸收，从团队外部获得的信息和经验最终才会积极作用于团队创造力或者是其他团队结果（Gino et al., 2010）。而对于团队反思的影响作用，以往研究也没能得到一致结论（Moreland & McMinn, 2010）。研究者认为，团队反思会占据成员的认知资源，此时如果团队运行的情况非常好，没有需要调整或革新的地方，团队反思反而会因为浪费了团队成员的认知资源或者是因为分散了团队注意力等问题而降低团队产出或者是创造力（Schippers et al., 2013）。这样的结论也提示我们在研究外部学习和团队反思对团队创造力的影响时，需要结合问题情境来进行考察。不论是获得外部学习间接经验或者是对现状进行反思和审视，都需要结合团队当前面临的问题来考虑。如果没有明确问题情境，外部学习和团队反思这样的过程不仅会为团队引入不必要的观点变异，干扰成员正常的信息处理甚至造成其信息过载，同时还有可能因为占据了团队的工作时间而使团队无法按时完成任务。因此，虽然外部学习、团队反思和进谏过程对团队而言都是非常关键且珍贵的，但是为了更好地利用这些过程，我们鼓励未来研究能够结合问题情境，更加有的放矢地探讨这些过程对于团队创造力和团队产出的影响作用。

第四个值得未来研究关注的问题是：尽管我们认为，当领导包容性较高时，团队认同能够促进团队外部学习，但是这个假设却并未获得支持。

和团队反思、成员进谏等主要和团队内互动有关的团队过程不同，外部学习不仅需要团队成员具有相应的工作动机,并且,恰当的外部网络对于团队学习的开展也是十分重要的(Hansen,1999)。团队需要知道从哪里获得他们需要的并且有价值的信息和经验,如此团队的外部学习才能得以顺畅开展(Levin & Cross,2004)。考虑到外部学习开展的复杂性,我们建议未来研究在探索如何推进团队的外部学习过程时,能够综合外部学习的不同要求,例如,团队是否具有恰当的动机,团队与其他团队是否具有良好的关系或者是团队的外部网络等。

## 6.6 结 论

本研究发现,领导包容性能够调节团队认同对团队外部学习、团队反思和成员进谏行为的曲线作用;并且,经由团队成员的主动进谏行为,团队认同和领导包容性的交互能够对团队创造力产生影响。其中,过度认同在领导包容性较低时对上述过程和团队创造力的负面作用尤其值得研究者和管理者注意。研究发现丰富了我们关于团队认同和团队创造力之间关系的认识,并且进一步表明了兼顾个体差异和团队认同对诸如外部学习、团队成员反思和进谏等能够给团队带来不同观点和多样信息的过程以及团队创造力的重要意义。

# 第 7 章

# 团队认同与团队创造力的关系：双重路径的整合研究（研究四）

## 7.1 问题提出

在研究一中，我们检验了团队认同对团队内部学习、外部学习的情境性的差异化影响。以此为起点，在研究二中，我们检验了团队认同能够通过行为整合对团队创造力产生积极作用；研究三以外部学习、团队反思和进谏为机制，讨论了团队认同尤其是过度认同对团队创造力的负面作用。这两个研究表明，团队认同能够通过行为整合这样的信息聚合过程和进谏这样能够给团队带来发散观点的过程影响团队创造力。

与此同时，不论是信息聚合还是信息发散过程都被发现对团队创造力有明显的积极意义（Harrison & Rouse，2014；Skilton & Dooley，2010）：团队内的多样性信息和观点被看成团队创造力产生的基础；而有效的信息聚合过程可以帮助团队更好地利用这些多样性。基于这种认识，为了系统解释团队认同对团队创造力的影响，在前述基础上，我们进一步提出团队认同影响团队创造力的双路径模型。该双重路径强调，团队认同可以通过影响团队的信息聚合路径和信息发散路径的方式对团队创造力产生影响。

其中，行为整合可以看成信息聚合路径的典型例子。通过信息聚合过程，团队可以对内部已有的多样知识进行加工、整理和聚合，最终形成（或找到）一个创新方案。除了研究二关注的行为整合过程，我们认为，以往研究中提到的创新性聚合（Harvey，2014）、反思性重构（Hargadon & Bechky，2006）、利用式学习都代表着不同类型的信息聚合过程。由于团队认同能够激励团队成员工作努力，提高成员对其他同事的观点和看法的关注、采纳和加工程度，促进团队内的合作过程，因此团队认同能够显著地促进团队的信息聚合路径。

与信息聚合路径不同，信息发散路径主要关注的是如何增加团队内知识和观点的变异；通过信息发散过程，团队内的观点变异会经历一个显著增多的阶段。研究三中关注的外部学习、团队反思和团队成员进谏在我们看来都是典型的能够增加团队内观点变异的过程。除此之外，近些年来在团队水平获得关注的探索式学习过程也是一个典型的信息发散过程。适中的团队认同能够激励团队主动开展这些对团队有利的过程；但是过度认同极有可能会导致团队"墨守成规"，使成员个人的区别性和独特价值逐渐消失，从而有可能负面影响团队内产生观点变异的信息发散过程。

为了初步检验本研究提出的团队认同影响团队创造力的双路径模型，我们在当前研究中同时考虑了团队的利用式学习和探索式学习过程，探讨团队认同如何通过同时影响上述两个过程来作用于团队创造力。并且，我们并没有选择前述研究中已经使用过的信息加工过程，而是重新选择利用式学习和探索式学习两个过程作为两条路径的具体表征，除了这两个过程能够较好地描述团队学习的二元性特征（Kostopoulos & Bozionelos, 2011）之外，也希望通过检验团队认同对不同类型的信息聚合和发散路径的影响，来提高本书关注的双路径模型的外部解释力，扩大其应用范围。

在此基础上，我们还关注了团队规范对具有认同的团队成员的学习行为的塑造作用。社会身份视角认为，团队认同如何影响团队成员的态度和行为很大程度上取决于团队规范（Jetten, Postmes & McAuliffe, 2002; Terry & Hogg, 1996）。基于这种认识，哈斯拉姆等人（Haslam Adarves-Yorno, Postmes & Jans, 2013）提出，当团队需要改变现存的团队身份或管理惯例来进行创新时，这种行为是否能够发生很大程度上会受到团队规范的影响。团队成员不仅会评估团队规范是否允许他们创新，并且还会按照团队规范指出的方向进行活动。这种团队规范对团队行为的指导作用在高水平认同的团队中尤为明显。因为对于这些团队来说，高水平认同导致团队身份取代个人身份成为他们自我概念中重要的组成部分。基于这种认识，哈斯拉姆等人（2013）强调，在考察团队认同对团队创新过程或创造力的影响作用时，应当结合团队规范。因此，在当前研究中，我们将团队的开放性思维规范作为调节变量引入进来，具体讨论在不同水平的开放性思维规范要求下，团队认同如何经由探索式学习和利用式学习的过程来影响团队创造力。

具体的研究模型图如图7-1所示。

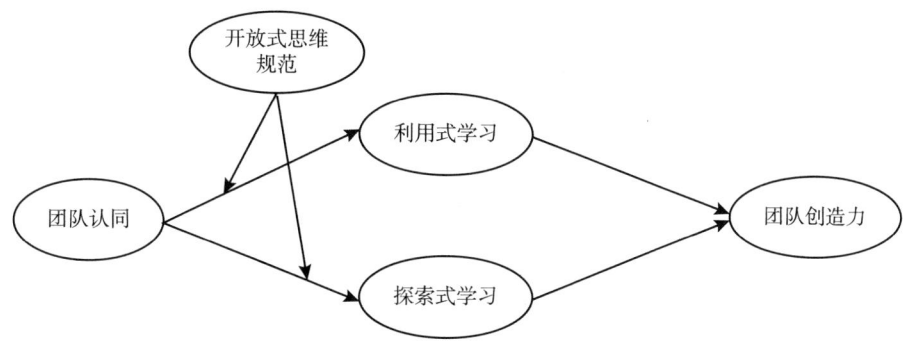

图7-1 双重路径的整合研究模型

## 7.2 理论基础和假设提出

探索过程（exploration）和利用过程（exploitation）最初由马奇（March，1991）提出来描述组织学习的过程。在马奇给出的描述中，探索过程包括搜索、变异、风险承担、试错、演练、柔性、不断地发现和创新；利用过程则强调了精细化定义、选择、生产、效率、选拔、实施和执行。在马奇给出的定义中，探索过程和利用过程包含了很多不同种类的组织过程，这给研究者基于探索过程和利用过程来进行实证研究造成了困难。因此在后续的研究过程中，利文索尔和马奇（Levinthal & March，1993）进一步将探索过程定义为"对新知识的追寻"，而把利用过程定义为"利用和发展已知的知识"。基于这样的理解，组织在探索过程中会产生比较多的变异；与之不同的，组织在利用式学习过程中，反而会经历一个变异减少的过程（Lavie, Stettner & Tushman，2010）。

自探索和利用过程被提出以后，研究者针对这一主题开展了大量的研究。探索过程致力于去追寻和发掘新的知识，因此探索过程被认为能够提高组织的创新产出（Wu & Shanley，2009）。同时，组织在利用过程中会对现存的过程和产品进行精细化定义，以修正错误并提升效率；组织经由利用过程在一定程度上改善了现存的管理实践或产品，因此利用过程被发现对组织的创新结果也有积极意义（Li, Lee, Li & Liu, 2010）。

近些年的研究也指出，探索和利用过程不仅会在组织水平发生，团队也会卷入这两种学习过程当中以提升工作产出和创造力（Beckman, 2006; Kostopoulos & Bozionelos, 2011）。考虑到这两种过程的对称性和对于团队创造力的重要意义，我们将在当前研究中同时考虑团队认同如何通过影响探索式学习这种信息发散路径和利用式学习这种信息聚合路径来影响团队创造力。

### 7.2.1 团队认同对利用式学习的影响：开放式思维规范的调节

利用式学习强调团队成员对现存管理实践的更新，以提升团队的运行效率。第一，要开展利用式学习过程，团队需要在日常工作中主动去思考和发现现存实践或产品中的问题（Kostopoulos & Bozionelos, 2011），针对这些问题给出更精细化的定义或者是操作方案。这就要求成员对团队想要达成的目标存在承诺，他们愿意帮助团队去处理问题，解决团队运行过程中存在的隐患。团队认同被认为能够促使团队成员对团队目标产生承诺（Millward et al., 2007），进而激励他们愿意为了团队目标的实现或者是团队绩效的提升而付出工作努力（Van Knippenberg, 2000）。

第二，要想对团队实践、产品或者是知识进行更新，给出更加精细化的定义，利用式学习要求成员不仅需要了解自己职责范围内的工作信息，还需要对其他成员所从事的工作、所掌握的信息以及他们的工作进展情况有所了解——这就要求团队内具有顺畅的沟通和知识分享的过程（Li & Huang, 2013）。团队认同会激励团队成员为了实现团队目标和利益诉求而做出更多的亲社会行为，提升团队内的合作过程和信息分享过程（Van der Vegt et al., 2003）。

基于以上两点，我们认为，由于团队认同能够激励团队成员去努力实现团队目标、解决阻碍目标实现过程中的问题，并且还能够促进有效的团队内协调和沟通，使得成员了解团队整体的工作进展情况，因此，团队认同能够积极推进团队的利用式学习。

H1：团队认同能够积极影响利用式学习。

尽管团队认同对利用式学习的开展有重要意义，但这种积极作用并不总是成立的。尤其是当团队规范鼓励团队成员不断地去搜索新的知识和问题解决方案，并要求团队对这些方案抱持开放的态度时，团队认同会驱使团队成员接纳这样的团队规范作为自我行动准则。对于这些团队来说，当他们面临需要解决

## 第 7 章　团队认同与团队创造力的关系：双重路径的整合研究（研究四）

的问题时，团队规范会指导他们尽可能去追寻和发掘新的替代方案而不是在现存方案的基础上"添砖加瓦"。换言之，对于开放式规范高的团队来说，团队认同会促使他们投入探索式学习而不是利用式学习的过程当中。

因此，为了更加全面地解决团队认同对利用式学习的影响，我们将团队的开放式思维规范（open-mindedness norms）引入进来。开放式思维规范是一种共享的团队信念。该共享信念主要描述了团队要求个体成员应当如何看待或利用其他成员所持的信息和观点（Herman & Mitchell，2010；Tjosvold & Poon，1998）。当开放式思维规范水平高时，团队不仅会给予成员表达差异观点、寻找替代方案的自由，同时会要求团队认可提供这些差异观点的行为的重要价值。因而在这样的团队中，团队成员会表现出对主动搜索新知识的认可，并对不同的观点表现出求知欲（Mitchell & Nicholas，2006）。如果团队的开放式思维规范较低，则意味着团队并不鼓励成员表达或者挖掘不同的观点或替代性方案；而这种举动也无法得到团队的赏识甚至是谅解（Tjosvold & Sun，2003）。显然，团队内开放式思维规范的程度能够为团队认同对利用式学习的影响作用指明方向。

具体来说，当团队的开放式思维规范低时，团队并不鼓励成员去探索不同的知识或问题解决方案；团队认同使得这样的团队规范对团队的学习行为产生指导作用。因此，在此种情况下，团队认同一方面为利用式学习的开展提供了动机和有利条件；另一方面，也要求团队成员遵守团队规范的要求而远离探索式学习，直接对现存知识进行延伸和利用来完成任务。但当团队的开放式思维规范高时，团队规范会要求团队成员更多地去开展探索式学习行为和活动，高水平的团队认同使得团队成员内化这样的团队规范并且按照团队规范的要求行动，从而更为积极地开展更多的探索式学习而远离利用式学习过程。换句话说，此时，随着认同水平的升高，团队的利用式学习反而会逐渐变少。基于以上分析，我们认为团队的开放式思维规范能够调节团队认同和利用式学习之间的关系。

H2：团队的开放式思维规范会调节团队认同和利用式学习之间的关系。当团队的开放式思维规范低时，团队认同能够积极影响利用式学习；当团队的开放式思维规范高时，团队认同会负面影响团队的利用式学习。

## 7.2.2 团队认同对团队创造力的影响：以利用式学习为过程机制

虽然研究者认可探索式学习对团队创造力存在积极作用，但是在讨论利用式学习和团队创造力之间的关系时，研究者的观点却存在一些分歧。有研究者认为，由于利用式学习是指向变异减少和效率提升的，因此利用式学习和团队创造力之间的关系并不密切。但大部分研究者并不认可这种观点，而是认为利用式学习不只是遵从或"照搬"现存的生产流程和管理惯例，相反，为了提高生产效率，利用式学习需要解决存在的问题或者是对于不同的问题情境进行更精细的定义和改变，减少运行过程中的不确定性和可能出现的偏差，以此来提高团队工作的效率（Gilson, Mathieu, Shalley & Ruddy, 2005）。显然，在利用式学习开展的过程中，团队内并不是不存在多样的观点和观点的变异，团队在进行讨论和精细化定义的过程中，会更多地从团队内现存的知识、认知和管理实践出发，基于团队内已经存在的知识和资源储备来进行运行过程的更新和升级。从这种角度来说，利用式学习也能够对团队创造力产生积极作用。

综合 H1、H2 的内容，我们认为，团队认同和团队开放式思维规范的交互能够经由利用式学习而对团队创造力产生影响。尽管团队认同能为信息的有效利用、创新过程的开展提供动机保障，但团队认同对团队创造力的最终影响很大程度上还要取决于团队规范对高认同团队行为的塑造作用。更为具体的，当团队的开放式思维规范水平较低时，团队认同更有可能通过促进利用式学习的方式来提高团队创造力；而当团队内的开放式思维规范较高时，认同团队身份的成员会由于遵守这样的规范而更少地开展利用式学习（取而代之的是转向探索式学习），此时，利用式学习在团队认同和团队创造力关系中的中介作用会被削弱。

H3：团队认同和团队的开放式思维规范的交互能够经由利用式学习对团队创造力产生作用。

## 7.2.3 团队认同对探索式学习的影响：开放式思维规范的调节

与团队认同对利用式学习的线性影响作用不同，团队认同和团队探索式学习之间的关系更加复杂。探索式学习过程要求团队成员去挖掘、搜索新的知识、观点和问题解决的方案，这样的过程无疑会在团队内引入较多的变异或者

## 第7章 团队认同与团队创造力的关系：双重路径的整合研究（研究四）

是和原先不同的观点（Huang & Li, 2012）。因此，与团队认同对信息发散过程的影响类似，我们认为，团队认同对探索式学习的影响更有可能也是非线性的。

不论对于组织还是团队来说，探索式学习都不是一个简单的过程。不论是试错还是产生新观点，团队成员都需要付出大量的认知和工作努力（Andriopoulos & Lewis, 2009）；并且，团队成员在日常工作中还需要具备适当的工作自主性，以便给成员留出进行探索式学习的空间（McGrath, 2001）。从这种角度来说，探索式学习的开展也需要团队成员具有以"团队利益"而不是"个人得失"为关注点的工作动机；团队认同恰恰可以扮演这样的动机角色。

首先，认同了团队身份的团队成员会将团队目标视作自己的个人目标；如此，为了实现团队目标，他们会愿意去付出工作努力。这种工作努力在开展探索式学习的过程中会显得尤其重要。受到团队认同激励的团队成员愿意为了团队目标的实现去不断地探索和挖掘新的知识和观点，不断地开展试错和探索的过程，以带给团队尽可能多的具有差异性的新想法和新方案。并且，由于成员的行为和态度是受到团队目标而不是个人目标的激励，因此他们更有可能愿意承担在探索式学习过程中所需要承担的风险和不确定性，即便他们个人的利益在这个过程中可能会受到威胁或损害（Van Knippenberg, 2000）。

与此同时，共享认同的团队内成员对彼此的看法和评价也更为积极（Van der Vegt & Bunderson, 2005；Kearney et al., 2009）。他们更有可能以积极正面的态度去看待其他同事的探索式学习行为，哪怕这样的试错行为会产生负面的结果。

而团队认同尤其是过度认同对探索式学习也可能存在负面影响。研究三表明过高水平的团队认同在领导包容性较低的情况下，会对团队的外部学习、团队反思和团队成员的进谏行为产生负面影响。其中，向团队外的其他成员或团队进行学习和请教是开展探索式学习、获得新经验的一个重要途径（Beckman, 2006；Bresman, 2010）。但是，由于向其他团队求助会降低外部社会对团队的地位和专业性的评价（Lee, 2002），这种行为可能会损害具有高认同水平的成员的自尊，此时，为了维护团队的积极形象，过度认同会显著抑制团队成员向外的探索和求助。

更关键的，团队认同会使得团队身份、团队规范等对团队成员的认知、态度和行为产生规范和指导作用（Smith & Louis, 2008；Terry, Hogg & McKimmie, 2000）。在团队规范的影响下，团队成员不仅会形成一致的情绪情感、态度和行为（Tanghe, Wisse, Van der Flier, 2010），而且他们对于"什么是恰当的行为""什么是正确的问题解决方案"也可能会形成统一的认识和评价标准。这种情况下，团队要脱离既定的行动路线去探索、引入新知识不仅会变得非常困难，并且被团队规范约束的成员想要进行自主探索的意愿、提出新想法的可能性都会被削弱。从这种角度来看，尽管团队认同尤其是高水平的认同感仍然对探索式学习产生激励，却有可能因为限制了成员的独立思考、限制了团队的向外搜索或试错探索而破坏了探索式学习开展的基础，进而负面影响团队的探索式学习。

基于此，我们认为，团队认同更有可能对探索式学习产生倒"U"形的曲线影响。当团队认同较低时，由于缺乏对团队目标的承诺和实现目标的动力，团队会不愿意承担探索式学习过程中的成本和风险，不愿意为了开展探索式学习而付出努力，此时团队要开展探索式学习是较为困难的；当团队认同的水平过高时，虽然团队有动力去开展对团队有益的探索式学习，但是，由于团队认同限制了他们个人独特性和区别性的表达，过度认同反而有可能使团队无法引入或产生差异性观点而破坏探索式学习所需要的信息资源基础，此时的探索式学习也是较差的。只有当团队具有适中水平的团队认同时，团队才有可能因为受到认同激发，在保有一定程度的个人区别性的基础上产生最佳的团队探索式学习。

H4：团队认同和团队的探索式学习之间存在倒"U"形关系。

不过，正如前文所讨论的，团队认同对探索式学习的负面影响和团队默认的行动规范或者是团队内共享的信念要求密切相关。如果团队能够鼓励团队成员的探索式学习行为，对团队内差异性的观点持开放甚至是激赏的态度，那么具有高水平认同的团队会因为积极遵守这样的规范要求而努力开展探索式学习。从这种角度来看，在理解团队认同对探索式学习的影响时，我们仍然需要结合团队开放式思维规范来进行预测和解释。

具体来说，当团队的开放式思维规范水平低时，团队本身不赏识甚至很难包容成员经过探索和试错而得到的新知识，而团队成员也很难被赋予进行探索式学习行为的自主权。具有高水平认同的团队会倾向于去遵守这样的行为规范，不仅确保自己远离探索式学习，可以预见的是，在这样的团队中，团队成员的认知和行为也会逐渐变得相似。与具有高水平认同的团队不同，认同水平较低的团队缺乏开展探索式学习过程所必需的"以团队利益为重"的工作动机。此时，他们既不愿意卷入费时费力的探索式学习过程当中，也会因为这个过程有可能威胁到他们的个人利益而对其敬而远之。与之相反的，具有适中认同水平的团队比低水平认同的团队具有更高的动机，从这个角度来看，比之低认同团队，他们会开展更多的探索式学习。另外，和高水平认同的团队相比，他们受团队开放式思维规范的影响和限制也会相对较低，在选择是否要开展探索式学习时可能更加"自由"，可以引发更多的探索式学习过程。总结来看，我们认为，当团队的开放式思维规范较低时，团队认同和探索式学习之间可能会存在倒"U"形的曲线关系。

但是，一旦团队愿意赏识甚至鼓励团队成员为团队带来的新知识和新观点，给予团队成员进行探索的自由并加以认可，那么受到认同影响的团队会因为遵守这样的团队规范而开展更多的探索式学习。换句话说，当团队的开放式思维规范水平较高时，团队认同会促使团队遵守这样的行为规范，进而开展更多的探索式学习。

总结以上分析，我们认为，团队的开放式思维规范能够调节团队认同对探索式学习的影响作用，尤其是能够指导具有高水平认同的团队对新知识和观点的态度与工作行为。基于这种观点，我们提出如下假设。

H5：团队的开放式思维规范能够调节团队认同对探索式学习的影响。当开放式思维规范低时，团队认同和探索式学习之间存在倒"U"形关系；当开放式思维规范高时，团队认同能够积极影响探索式学习。

## 7.2.4 团队认同对团队创造力的影响：以探索式学习为过程机制

探索式学习能够为团队带来多样性思维和看待问题的柔性思路，促使团队从多个角度去思考和解决问题（Blazevic & Lievens，2004）。并且，探索式学习还能为团队提供新的想法，在团队内引入观点的变异和交锋，而这些对团队创造力都有非常直接的积极影响（Huang & Li，2012）。探索式学习对团队创造力的积极影响在以往研究中已经被反复提及并得到了论证（McGrath，2001；Smith & Tushman，2005）。

前文首先论述了团队认同和开放式思维规范的交互对探索式学习的影响，然后总结了探索式学习对团队创造力的积极影响。基于这些证据，我们认为，团队认同和团队的开放式思维规范的交互能够借由影响探索式学习而对团队创造力产生曲线交互作用。具体来说，当团队的开放式思维规范较高时，团队认同会促进团队的探索式学习过程，继而对团队创造力产生积极作用。与之相反的，当团队的开放式思维规范较低时，团队认同更有可能通过曲线作用于探索式学习的方式来影响团队创造力。基于这样的推断，我们提出了如下假设。

H6：团队认同和开放式思维规范的曲线交互能够经由探索式学习对团队创造力产生作用。

## 7.3 研 究 方 法

### 7.3.1 调研过程

本次调研的样本主要集中于浙江省杭州市的一个经济发达的市辖区的工业企业。本次调研共分为两轮。在第一轮取样时，我们主要希望获得团队认同、利用式学习、探索式学习和开放式思维规范的数据；第二轮调研主要是用来收集团队的创造力数据。并且，根据研究目的，我们希望调研的团队在日常工作中需要完成和团队创造力相关的任务。因此，和前述研究一样，我们要求团队成员主要从事的是技术开发或者是新产品研发之类的工作。

在确定了调研的对象和具体的样本要求之后，我们首先联系了对应的企业并获得这部分企业的支持。在此基础上，由企业根据我们的要求为我们提供合适的样本，一个企业大概可以提供两个符合我们要求的样本。在确定了调研的团队名单之后，我们会和企业或者是对应的团队约定调研时间。

在事先约定的调研时间内，我们会到达相关企业并邀请团队进入会议室集中填写问卷。第一轮调研主要是针对团队成员开展的。一般情况下，一个时间段内只有一个团队参与调研。如果受时间限制，必须要有两个团队同时参与调研，此时我们会尽量为其安排不同的会议室或者将团队安排在同一个会议室的不同位置，以减少他们彼此之间的相互干扰。

在调研开始之前，我们会先向团队成员介绍本研究的目的，希望了解团队目前创新活动的开展和团队的创新潜力。然后，说明本次调研完全匿名，所获得的全部数据都将用于学术研究，和他们的个人绩效评价并无任何关系，让他们可以放心作答。同时，由于本次调研会进行两轮，因此研究者在调研开始之前，会给每个团队分配一个团队编号，基于该团队编号完成二轮数据的配对工作。填写问卷过程中,如果团队成员对于题项的理解有任何问题,都可以直接向研究者示意,由研究者进行解释。问卷填写完成后,研究者会请被试直接将填写好的问卷放入事先发放给他们的信封中并直接封口,以确保问卷的匿名性。问卷填写完成后,每个被试将获得30元的手机话费作为感谢。

第一轮调研大概持续了三周的时间。

第一轮调研完成后间隔一周,我们展开了第二轮调研。由于条件限制,第二轮调研时,我们并没有再到现场发放问卷,而是在国内知名的问卷调查网站"问卷星"上上传了一份电子问卷,并根据我们在第一轮时获得的团队成员的电子邮箱向他们发送了问卷的网络链接地址以及对应的团队编号,并请他们将团队编号填入问卷的指定位置。在邮件中,我们还简单介绍了本研究的目的和问卷填写的匿名性问题,并感谢团队成员在整个数据收集过程中的大力配合。被试在问卷填写过程中有任何问题都可以直接给研究者发送邮件或打电话询问。第二轮问卷填写完成后,每位成员还能获得30元的手机话费作为感谢。

第二轮问卷的收集过程大概持续了两周时间。

## 7.3.2 样本的基本特征

第一轮数据收集结束后,我们共获得了63个团队的成员数据。但是在接下来的第二轮数据收集过程中,经过再三的催促,我们只获得其中55个团队对团队创造力的评价数据。因此,经过两轮的数据收集,我们一共收集到了来自55个团队的数据。

在对数据进行整理的过程中,我们剔除了部分填写不完整或不认真填写的团队的数据。进入后续分析过程的最终样本是来自50个团队的数据。在这50个团队中,第一轮参与调研的团队成员有220个,第二轮参与问卷调研的团队成员有186个。根据我们事先的要求,这50个团队主要从事的是技术开发和新产品研发的工作。团队规模的均值为6.52(标准差=2.09)。第一轮团队水平的平均应答率为67.7%(标准差=0.17),团队应答率超过50%的团队有43个,占比86%。第二轮团队水平的平均应答率为57.8%(标准差=0.18),团队应答率超过50%的团队有31个,占比62%。

第一轮参与调研的220个团队成员中,男性成员占比70.3%,女性成员占比29.7%。平均年龄为31.86岁(标准差=6.35)。关于团队成员的受教育水平：具有高中及以下学历的员工占比 4.6%，具有大专学历的员工占比 20.2%，具有大学本科学历的员工占比 49.1%，具有研究生及以上学历的员工占比 26.1%。在团队成员的教育背景方面：具有经济学、管理学和法学背景的员工占比 9.3%，拥有工科教育背景的团队成员占比 67.8%，拥有理科教育背景的员工占比 18.7%，拥有文科教育背景的员工占比 4.2%。另外，这 220 个团队成员加入当前组织的平均时间为 60.46 个月（$SD=59.35$），加入当前团队的平均时间为 42.29 个月（$SD=49.47$）。

### 7.3.3 测量量表

本研究采用的都是国外研究中的英文成熟量表，我们严格遵循反向翻译的过程将量表翻译成中文。具体的测量量表包括以下几方面。

团队认同。我们采用的是范德维特和邦德森（2005）采用的 4 题项量表来测量团队认同。量表中的具体题项包括"我对所在团队有强烈的归属感""我常常会觉得团队的困难就是我自己的困难"等。团队成员被要求根据实际情况在 1~5 分之间进行选择（1 = "完全不符合"，5 = "完全符合"）。量表的信度系数为 0.91。

开放式思维规范。我们采用的是米歇尔等人在研究中采用的 3 题项量表来测量团队的开放式思维规范水平（Michell, Boyle & Nicholas, 2009）。该 3 题项量表是基于乔斯佛德等人（Tjosvold, Morishima & Belsheim, 1999）的研究成果经过了进一步地加工而得到的。具体的测量题项包括"每个人都应该努力去理解其他团队成员提出的建议""每个人都应该尽可能去吸纳其他团队成员的观点"等。研究者要求团队成员要根据团队规范要求的实际水平从 1~5 分的评分中选择合适的分数（1 = "完全不符合"，5 = "完全符合"）。量表的测量信度系数为 0.86。

探索式学习和利用式学习。我们采用科斯托普洛斯和博兹耐鲁（Kostopoulos & Bozionelos, 2011）开发的 10 题项量表来测量团队的探索式学习和利用式学习情况，其中 5 个题项用于测量团队的探索式学习，5 个题项用于测量利用式学习。该量表还曾被其他研究用来测量团队的探索式学习和利用式学习情况（Kostopoulos, Bozionelos & Syrigos, 2015），量表的信度和效度得到了多个研究的检验。该量表包括的具体题项有"团队成员在工作中系统化地寻找新的可能性"（探索式学习）、"团队成员对有关工作方向的多样化观点进行评估"（探索式学习)、"团队成员在工作中主要进行常规活动"(利用式学习)、"团队成员在工作中使已有知识和专长得到提高"(利用式学习)等。团队成员要根据上述活动在团队内的实际开展情况,从1~7分的评分中选择合适的分数(1 = "完全不符合",7 = "完全符合")。探索式学习的信度系数为 0.89,利用式学习的信度系数为 0.78。

团队创造力。我们采用的是顺治信和周京(2007)所采用的4题项量表来测量团队的创造力水平。该量表包括的具体题项有"我们团队提出的新想法总是很有用""我们团队富有创造力"等。团队成员要根据团队创造力的实际水平从1~7分的评分中做出选择(1 = "完全不符合",7 = "完全符合")。该量表的信度系数是 0.86。

控制变量。我们首先对团队规模、成员在团队内的平均任职时间和团队成员之间的熟悉程度进行了控制。其中,团队成员的熟悉程度是通过路易斯(2004)的单题项量表进行测量的。其次,我们对团队成员的性别多样性、教育水平多样性和教育背景多样性进行了控制,以控制和任务相关的属性多样性对团队创造力的影响。最后,由于团队认同、开放式思维规范、利用式学习和探索式学习都是由团队成员填写的,为了在一定程度上控制同方法偏差的影响,我们在调研问卷中添加了 *Marker*(标签变量)。*Marker* 往往被设置成一个和研究中主要变量无关的变量;通过设置 *Marker* 并在后续的回归分析中控制 *Marker*,我们可以在一定程度上对本研究可能出现的同方法偏差问题进行控制(Podsakoff et al.,2012)。控制变量所涉及的团队成员数据都是在第一轮调研时获得的。

## 7.3.4 测量量表的区分效度和聚合效度检验

为了检验本次测量主要变量的信度和效度情况,基于第一轮成员个人水平的数据,我们进行了验证性因素分析。验证性分析的结果显示,四因子模型(团队认同、开放式思维规范、探索式学习和利用式学习)能较好地拟合本次的调研数据($\chi^2$ = 282.35,$df$ = 113,$p$ < 0.001,$CFI$ = 0.92,$RMSEA$ = 0.08,$SRMR$ = 0.06)。具体的四因子模型拟合情况如图 7-2 所示。

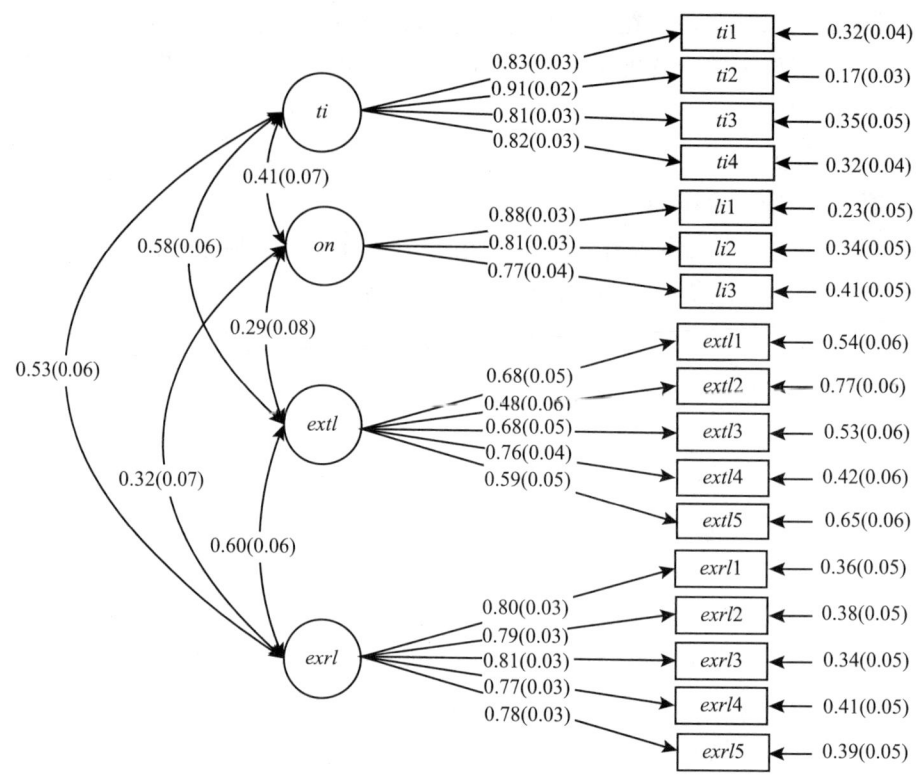

**图 7-2　四因子模型的验证性因素分析结果**

注：ti 是团队认同；on 是团队的开放式思维规范；extl 是利用式学习；exrl 是探索式学习。

与此同时，为了对四因子模型和其他可能的因子模型之间的拟合系数的差异做出进一步比较分析，尤其是比较四因子模型和单因子模型之间是否存在显著的拟合差异，我们对可能的三因子模型、两因子模型和单因子模型都进行了验证性因素分析。具体的各个因子模型的拟合指数如表 7-1 所示。

表 7-1　不同因子模型的验证性因素分析结果比较

| 因子模型 | $\chi^2$ | df | p | CFI | RMSEA | SRMR |
| --- | --- | --- | --- | --- | --- | --- |
| 四因子模型 | 282.35 | 113 | 0.00 | 0.92 | 0.08 | 0.06 |
| 三因子模型 1[a] | 543.70 | 116 | 0.00 | 0.79 | 0.13 | 0.09 |
| 三因子模型 2[a] | 671.10 | 116 | 0.00 | 0.73 | 0.15 | 0.10 |
| 三因子模型 3[a] | 452.28 | 116 | 0.00 | 0.84 | 0.12 | 0.09 |

## 第7章 团队认同与团队创造力的关系：双重路径的整合研究（研究四）

续表

| 因子模型 | $\chi^2$ | df | p | CFI | RMSEA | SRMR |
|---|---|---|---|---|---|---|
| 三因子模型 4[a] | 565.62 | 116 | 0.00 | 0.78 | 0.13 | 0.10 |
| 三因子模型 5[a] | 570.45 | 116 | 0.00 | 0.78 | 0.13 | 0.14 |
| 三因子模型 6[a] | 426.15 | 116 | 0.00 | 0.85 | 0.11 | 0.08 |
| 两因子模型 1[b] | 687.21 | 118 | 0.00 | 0.72 | 0.15 | 0.11 |
| 两因子模型 2[b] | 957.04 | 118 | 0.00 | 0.59 | 0.18 | 0.16 |
| 两因子模型 3[b] | 734.97 | 118 | 0.00 | 0.70 | 0.15 | 0.12 |
| 两因子模型 4[b] | 921.61 | 118 | 0.00 | 0.61 | 0.18 | 0.12 |
| 两因子模型 5[b] | 709.78 | 118 | 0.00 | 0.71 | 0.15 | 0.11 |
| 两因子模型 6[b] | 772.46 | 118 | 0.00 | 0.68 | 0.16 | 0.10 |
| 两因子模型 7[b] | 704.19 | 118 | 0.00 | 0.72 | 0.15 | 0.11 |
| 单因子模型[c] | 1025.86 | 119 | 0.00 | 0.56 | 0.19 | 0.12 |

注：验证性因素分析是采用 Mplus 7.0 软件进行的。

a. 三因子模型 1 将团队认同和开放式思维规范合并成一个因子；三因子模型 2 将团队认同和探索式学习合并成一个因子；三因子模型 3 将团队认同和利用式学习合并成一个因子；三因子模型 4 将开放式思维规范和探索式学习合并成一个因子；三因子模型 5 将开放式思维规范和利用式学习合并成一个因子；三因子模型 6 将探索式学习和利用式学习合并成一个因子；

b. 两因子模型 1 将团队认同和开放式思维规范合并成一个因子，探索式学习和利用式学习合并成一个因子；两因子模型 2 将团队认同和探索式学习合并成一个因子，开放式思维规范和利用式学习合并成另外一个因子；两因子模型 3 将团队认同和利用式学习合并成一个因子，将开放式思维规范和探索式学习合并成另一个因子；两因子模型 4 将团队认同、开放式思维规范和探索式学习合并成一个因子；两因子模型 5 将团队认同、开放式思维规范和利用式学习合并成一个因子；两因子模型 6 将团队认同、探索式学习和利用式学习合并成一个因子；两因子模型 7 将开放式思维规范、探索式学习和利用式学习合并成一个因子；

c. 单因子模型将团队认同、开放式思维规范、探索式学习和利用式学习合并成一个因子。

从表 7-1 中的拟合指数可以看出，四因子模型的拟合指数要显著优于其他可能的因子模型的拟合指数；并且，单因子模型的拟合指数要显著地差于四因子模型（$\chi^2 = 1025.86$，$df = 119$，$p < 0.001$，$CFI = 0.56$，$RMSEA = 0.19$，$SRMR = 0.12$）。这说明虽然团队认同、开放式思维规范、探索式学习和利用式学习四个主要变量都是由团队成员填写的，但是同方法偏差并没有显著地影响四个主要变量之间的区分效度。综合以上的验证性因素分析结果，我们认为此次调研数据的信度和效度还是可以接受的。

### 7.3.5 将测量数据从个体水平向团队水平进行聚合

我们还计算了每个团队在五个主要变量上的 $R_{wg}$ 值。其中,团队认同的 $R_{wg}$ 平均值是 0.90, $R_{wg}$ 结果超过 0.7 的团队有 47 个,占比 94%;开放式思维规范的 $R_{wg}$ 平均值是 0.87, $R_{wg}$ 结果超过 0.7 的团队有 45 个,占比 90%;探索式学习的 $R_{wg}$ 平均值是 0.89, $R_{wg}$ 结果超过 0.7 的团队有 47 个,占比 94%;利用式学习的 $R_{wg}$ 平均值是 0.91, $R_{wg}$ 结果超过 0.7 的团队有 47 个,占比 94%;团队创造力的 $R_{wg}$ 平均值是 0.84, $R_{wg}$ 结果超过 0.7 的团队有 44 个,占比 88%。进一步计算了五个主要变量的 ICC(1)和 ICC(2)数值。具体来说,团队认同的 ICC(1)为 0.07,ICC(2)得分为 0.25;团队开放性思维规范的 ICC(1)为 0.20,ICC(2)为 0.52;利用式学习的 ICC(1)为 0.10,ICC(2)为 0.36;探索式学习的 ICC(1)为 0.19,ICC(2)为 0.50;团队创新的 ICC(1)为 0.09,ICC(2)为 0.27。以上分析结果中,虽然有部分变量的 ICC(1)或 ICC(2)得分略低,但仍在可接受范围之内,以往类似研究也显示,在个体数据向团队数据聚合过程中,也出现了类似的情况(Fisher, Bell, Dierdorff, & Belohlav, 2012; Greer & van Kleef, 2010),这在很大程度上源于我们较小的团队规模。从这种角度,我们认为,本次问卷调查所得到的个体数据可以向团队水平聚合。

## 7.4 研究结果

### 7.4.1 变量之间的相关关系

各变量间的相关关系和主要变量的信度系数如表 7-2 所示。其中,团队认同与团队的探索式学习($r=0.60$,$p<0.001$)、利用式学习($r=0.43$,$p<0.01$)和团队创造力($r=0.43$,$p<0.01$)都显著相关;探索式学习、利用式学习也和团队创造力显著相关。

第7章 团队认同与团队创造力的关系：双重路径的整合研究（研究四）

表7-2 变量间的相关系数

| 变量 | 均值 | 标准差 | 1 | 2 | 3 | 4 | 5 | 6 | 7 | 8 | 9 | 10 | 11 | 12 |
|---|---|---|---|---|---|---|---|---|---|---|---|---|---|---|
| 1. 团队规模 | 6.52 | 2.09 | — | | | | | | | | | | | |
| 2. 平均任职时间 | 41.78 | 31.93 | -0.04 | — | | | | | | | | | | |
| 3. 熟悉程度 | 4.31 | 0.41 | 0.03 | 0.01 | — | | | | | | | | | |
| 4. 性别多样性 | 0.21 | 0.23 | 0.12 | 0.09 | -0.09 | — | | | | | | | | |
| 5. 教育水平多样性 | 0.32 | 0.23 | 0.16 | 0.12 | -0.10 | -0.09 | — | | | | | | | |
| 6. 教育背景多样性 | 0.32 | 0.26 | 0.25 | -0.11 | 0.06 | 0.24 | 0.37** | — | | | | | | |
| 7. Marker | 3.85 | 0.48 | -0.17 | 0.14 | 0.36* | 0.10 | -0.18 | 0.14 | — | | | | | |
| 8. 团队认同 | 4.32 | 0.36 | -0.14 | 0.14 | 0.21 | 0.08 | -0.20 | -0.05 | 0.39** | (0.91) | | | | |
| 9. 开放式思维规范 | 4.43 | 0.41 | 0.02 | 0.03 | 0.23 | 0.09 | -0.02 | 0.15 | 0.39** | 0.49** | (0.86) | | | |
| 10. 利用式学习 | 5.81 | 0.46 | -0.23 | 0.10 | 0.26 | -0.10 | -0.08 | 0.12 | 0.29** | 0.43** | 0.24 | (0.78) | | |
| 11. 探索式学习 | 5.38 | 0.67 | -0.08 | 0.01 | 0.42** | 0.00 | -0.10 | 0.15 | 0.55** | 0.60** | 0.33* | 0.67** | (0.89) | |
| 12. 团队创造力 | 3.76 | 0.47 | -0.18 | 0.01 | 0.19 | 0.01 | -0.15 | -0.12 | 0.32* | 0.43** | 0.12 | 0.43** | 0.61** | (0.86) |

注：$N=50$。$*p<0.05$；$**p<0.01$。

## 7.4.2 研究假设检验结果：团队认同对中介过程的影响

我们首先检验了团队认同以及团队认同和开放式思维规范的交互项对团队的利用式学习和探索式学习的影响作用，具体的回归结果如表7-3所示。

**表7-3  团队认同、开放式思维规范对结果变量的回归系数表**

| 变量 | | 结果变量=利用式学习 | | | 结果变量=探索式学习 | | |
|---|---|---|---|---|---|---|---|
| | | M1 | M2 | M3 | M4 | M5 | M6 |
| 控制变量 | 1. 团队规模 | -0.05 | -0.05 | -0.05 | -0.01 | -0.00 | -0.01 |
| | 2. 平均任职时间 | 0.00 | 0.00 | 0.00 | -0.00 | -0.00 | -0.00 |
| | 3. 熟悉程度 | 0.20 | 0.17 | 0.17 | 0.41+ | 0.39+ | 0.33+ |
| | 4. 性别多样性 | -0.30 | -0.33 | -0.35 | -0.11 | -0.19 | -0.31 |
| | 5. 教育水平多样性 | -0.24 | -0.16 | -0.18 | -0.10 | 0.02 | -0.42 |
| | 6. 教育背景多样性 | 0.44 | 0.47 | 0.46 | 0.27 | 0.35 | 0.48 |
| | 7. *Marker* | 0.12 | 0.01 | 0.01 | 0.61** | 0.40* | 0.32+ |
| 自变量 | 8. 团队认同 | | 0.48* | 0.48* | | 0.94** | 0.43 |
| | 9. 团队认同$^2$ | | | | | -0.44 | -0.39 |
| 调节变量 | 10. 开放式思维规范 | | | -0.01 | -0.03 | -0.17 | -0.39+ |
| 交互项 | 11. 团队认同×开放式思维规范 | | | -0.23 | | | 0.78 |
| | 12. 团队认同$^2$×开放式思维规范 | | | | | | 3.02** |
| | *F* | 1.55 | 2.03+ | 1.83+ | 3.44** | 4.92** | 5.51** |
| | $R^2$ | 0.21 | 0.31 | 0.32 | 0.36 | 0.56 | 0.64 |
| | $\Delta R^2$ | | 0.10+ | 0.01 | | 0.20** | 0.08* |

注：$N=50$。$+p<0.1$；$*p<0.05$；$**p<0.01$；$***p<0.001$。

以利用式学习为结果变量。H1假设了团队认同对利用式学习的积极影响。为了检验该假设，M1中加入了所有的控制变量。M2中加入了团队认同，以检验团队认同对利用式学习是否存在显著的作用。回归结果显示，团队认同能够积极地影响团队利用式学习（$b=0.48$，$p<0.05$）。H1得到支持。

H2假设了开放式思维规范对上述关系的调节作用。为了检验该假设，M3

中进一步加入了调节变量——开放式思维规范、团队认同和开放式思维规范的交互项,以检验开放式思维规范的调节作用。回归结果显示,虽然团队的开放式思维规范会削弱团队认同对利用式学习的积极作用,但这种调节作用还不够显著（$b = -0.23$, $ns.$）。因此,H2 并没有得到支持。

以探索式学习为结果变量。H4 假设了团队认同和探索式学习之间的倒"U"形关系。为了检验该假设,我们首先在 M4 中加入了所有的控制变量。M5 中加入了团队认同和它的平方项以及团队的开放式思维规范。回归结果显示,团队认同对团队探索式学习的线性作用显著（$b = 0.94$, $p < 0.01$）；尽管团队认同表现出了对探索式学习的曲线影响,但遗憾的是,这种曲线作用并不显著（$b = -0.44$, $ns.$）；H4 没有得到支持。

H5 假设了开放式思维规范对上述曲线关系的调节作用。我们进一步在 M6 中加入了调节变量——两个交互项（团队认同 × 开放式思维规范、团队认同$^2$ × 开放式思维规范）。M6 中的结果显示,团队认同的平方项和开放式思维规范的交互能够对探索式学习产生显著作用（$b = 3.02$, $p < 0.01$）,开放式思维规范的调节作用成立,H5 得到支持。

为了进一步对上述调节作用进行检验,我们根据艾肯等人（1991）提供的方法,绘制了团队认同和开放式思维规范对探索式学习的交互效应图。具体的交互效应如图 7-3 所示。

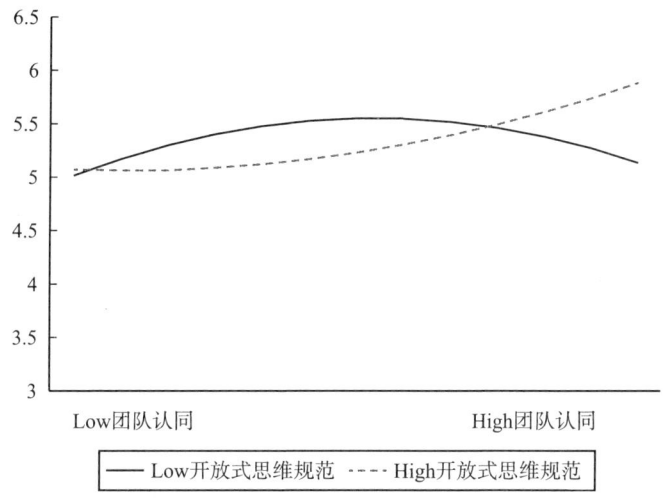

图 7-3　团队认同和开放式思维规范对探索式学习的交互作用

注：图中的高、低水平是基于自变量和调节变量再加、减一个标准差获得的。

从图7-3中我们可以看出，当团队的开放式思维规范较低时，团队认同对探索式学习表现出倒"U"形的影响；而当开放式思维规范较高时，团队认同对探索式学习表现出积极作用。基于道森（2014）的方法，我们对图中的简单效应进行检验。简单效应检验的结果显示，当开放式思维规范低时，团队认同对探索式学习的线性作用不显著（$b=0.11$，ns.），但非线性作用（$b=-1.64$，$p<0.05$）显著；当开放式思维规范高时，团队认同对探索式学习的线性作用显著（$b=0.75$，$p<0.05$），但非线性作用不显著（$b=0.86$，ns.）。

综合回归分析和简单效应检验的结果，我们认为开放式思维规范确实能够对团队认同和团队探索式学习之间的关系发生调节作用。H5得到支持。

### 7.4.3 研究假设全模型检验

在检验了团队认同对利用式学习、探索式学习的影响之后，我们接下来对利用式学习和探索式学习的中介作用进行检验。由于本研究中存在两个中介变量，我们认为路径分析是更加适合的数据检验方法。因此，和前面的两个研究类似，我们采用Mplus7.0软件，对本研究关注的模型进行了全模型路径分析。全模型检验的部分路径系数结果如图7-4所示。

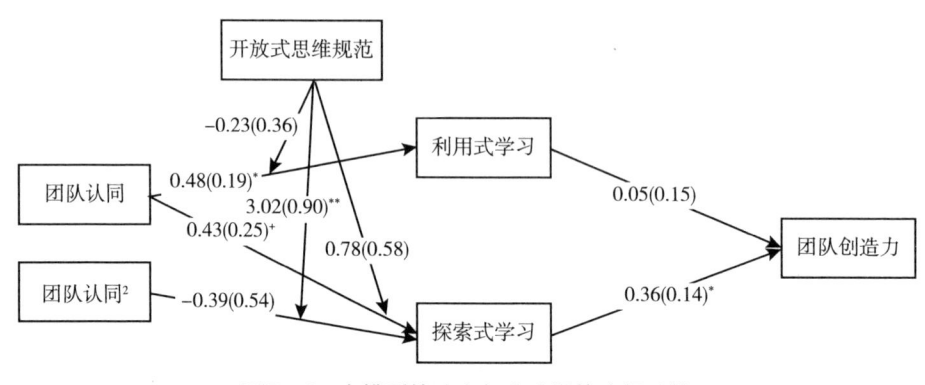

图7-4 全模型检验中部分路径的路径系数

注：本路径分析结果是基于Mplus 7.0得到的结果。*$p<0.1$；**$p<0.05$，***$p<0.01$。

从图7-4中可以看到，探索式学习和团队创造力之间的路径系数显著（$b=0.36$，$SE=0.14$，$p<0.05$），但利用式学习和团队创造力之间的路径系数不显著（$b=0.05$，$SE=0.15$，ns.）。由于利用式学习对团队创造力的影响

## 第7章 团队认同与团队创造力的关系：双重路径的整合研究（研究四）

并不显著，因此我们不能再进一步检验利用式学习的中介作用，只能对探索式学习对团队认同和团队创造力间关系的中介作用进行分析和检验。

基于 Boostrap 的方法，我们对不同情况下团队认同如何经由探索式学习而对团队创造力产生影响的间接效应进行了检验。检验的具体结果如表7-4所示。

从表7-4中我们可以看到，不同情况下团队认同经由探索式学习对团队创造力的间接作用结果。举例来说，当团队认同和团队的开放式思维规范都较低时，团队认同→探索式学习→团队创造力的间接效应为0.50，95%的置信区间为[0.05, 1.65]，置信区间不含零；我们认为该种情况下的探索式学习的间接作用成立。但当团队的开放式思维规范较低、团队认同水平较高时，团队认同→探索式学习→团队创造力的间接效应为-0.41，95%的置信区间为[-1.87, 0.10]，置信区间包含零。基于这种结果，我们认为探索式学习的间接作用不成立。

表7-4　　　团队认同经由探索式学习对团队创造力的间接作用

| 团队认同 | 效应值（标准误） | 95%的置信区间 |
| --- | --- | --- |
| 当开放式思维规范高时 | | |
| 团队认同高时 | 0.53（0.27） | [0.14, 1.36] |
| 团队认同低时 | 0.05（0.31） | [-0.68, 0.60] |
| 当开放式思维规范低时 | | |
| 团队认同高时 | -0.41（0.41） | [-1.87, 0.10] |
| 团队认同低时 | 0.50（0.35） | [0.05, 1.65] |
| 间接效应的差异 | 1.38（0.96） | [0.003, 4.147] |

注：该表格的结果是基于 Mplus7.0 的处理结果。
　　所有的效应值都是基于 bootstrap 抽样20 000次得到的。

进一步地，我们对不同情况下的间接效应进行比较以检验 H6 中所假设的被中介的调节模型是否成立。研究发现，在团队开放式思维规范的高、低水平下，团队认同经由探索式学习对团队创造力的间接效应存在显著差异，差异95%的置信区间为[0.003, 4.147]，不包括零。H6 得到支持；但 H3 没有被验证。

## 7.5 讨 论

基于我们在研究中所提出的团队认同影响团队创造力的双路径模型，本研究整合探索式学习和利用式学习来讨论团队认同如何经由"聚合"和"发散"两条信息加工路径来对团队创造力产生影响，并讨论开放式思维规范在此过程中的调节作用。研究结论表明，团队认同能够积极影响团队利用式学习；但是开放式思维规范对团队认同和利用式学习间关系的调节作用并不显著。与之不同的，团队认同对探索式学习的影响会受到开放式思维规范的调节：当团队的开放式思维规范较低时，团队认同和探索式学习之间会呈现倒"U"形关系；过度认同会负面抑制团队的探索式学习。而当开放式思维规范水平高时，团队认同才会始终积极促进探索式学习。我们的研究还发现，团队认同和开放式思维规范的交互能够经由团队的探索式学习而对团队创造力产生影响。

### 7.5.1 研究的理论贡献

本研究对以往研究的理论贡献主要针对以下四个方面。

第一，长久以来，关于"团队认同如何作用于团队创造力"这一问题，研究者并没有形成一致的认识。有些研究者认为，团队认同对于发挥多样性的积极效应有很重要的意义（Kearney et al.，2009；Van der Vegt & Bunderson，2005）；但也有一些研究指出，团队认同和群体思维、群际偏见等可能对团队创造力产生负面影响的过程息息相关（Ashforth et al.，2008；Turner & Pratkanis，1998）。我们认为，研究者之所以会对团队认同和团队创造力的关系形成不同的见解，很大程度上是因为他们在讨论团队创造力问题时基于不同的角度。关注团队认同对团队创造力积极作用的研究认为，团队认同有助于团队有效利用已知的信息和观点资源，帮助团队化解不同观点之间的对立和矛盾，增强团队利用和加工这些信息的动机，继而会显著有助于团队创造力（Van der Vegt et al.，2003；栾琨，谢小云，2014）。研究一表明了团队认同对内部学习的积极作用，在此基础上，研究二进一步表明，团队认同确实会通过促进团队行为整合的方式有效提升团队创造力。但是，认为团队认同会削弱团队创造力的学者相信，团队认同会带来成员在态度、行为等多个方面的一致性，压抑团

## 第7章 团队认同与团队创造力的关系：双重路径的整合研究（研究四）

队成员个体区别性的表达。长此以往，成员之间会变得越来越同质（Ashforth et al., 2008；Janssen & Huang, 2008）。这样的负面作用会损害团队创造力产生的基础，因此团队认同会对团队创造力产生负面影响。基于这种看法，研究一首先发现，当心理安全水平较低时，团队认同确实会对团队外部学习产生倒"U"形影响，即过度认同会负面影响团队外部学习。进一步地，研究三借助于外部学习、团队反思和成员进谏三个过程，捕捉了团队认同尤其是过度认同对上述三个过程的抑制作用；并表明，在特定情境下，过度认同可以通过负面抑制员工进谏的方式来削弱团队创造力。

考虑到信息聚合和信息发散这两方面过程对团队创造力的重要意义，我们认为，要想更加准确地解读和把握团队认同对团队创造力的影响，应该将"聚合"和"发散"两条信息加工路径同时考虑进去，即同时考察团队认同如何通过影响信息聚合路径和信息发散路径来影响最终的团队创造力。团队认同影响团队创造力的双路径模型的提出，不仅能够有效整合以往研究中出现的矛盾观点和对于二者关系的不同见解，并且能够对团队认同和团队创造力之间的关系认识更全面，给出更为系统的分析框架。

基于双路径模型，我们在当前研究中试图通过同时考虑探索式学习和利用式学习这一对二元学习过程的方式，来捕捉团队认同如何能够通过同时影响这两条路径最终作用于团队创造力。研究结果表明，团队认同会对上述两种学习过程产生不同的影响：团队认同和利用式学习之间存在积极的线性关系；与此不同的，团队认同对探索式学习的曲线影响会受到团队规范的调节。换句话说，和我们的假设一致，当团队成员需要突破现存实践或者是主流观点而进行更多、更大范围的探索时，这种行为需要获得团队规范的许可，尤其是对于共享高度认同的团队来说。进一步地，研究也表明，探索式学习能够作为团队认同影响团队创造力的过程机制。当团队的开放式思维规范较高时，团队认同可以通过积极作用于探索式学习的方式来对团队创造力产生积极影响；但当团队的开放式思维规范水平较低时，过度认同反而会由于抑制了探索式学习而削弱团队创造力。

这样的结果一定程度上支持了我们所提出的双路径模型。不过，由于在考虑了探索式学习之后，利用式学习本身没有对团队创造力产生显著的作用，因此团队认同如何经由信息聚合过程来影响团队创造力在本研究中没有得到验证。考虑到"聚合"和"发散"两条信息加工过程对团队创造力的积极意义已经得到了广泛的认可和讨论，我们鼓励未来的研究基于本书所提出的双路径模型，选取更加多样的团队信息加工过程对团队认同和团队创造力之间的关系进行探索和检验。

第二，以往研究在讨论集体认同对团队产出尤其是创新维度产出的影响时，认为应该将团队认同水平和团队规范的具体内容整合起来加以考虑（Haslam et al.，2013）。其原因在于，基于社会身份视角，尤其是自我分类理论，团队认同本身虽然会对团队成员的行为产生影响，但是影响的方向却是由团队规范或者是团队身份的原型特征决定的（Hogg，2001；Hogg & Terry，2000）；团队认同会促使成员朝着团队规范要求的方向行动。虽然研究者提出了这种倡议并进行了一些探索，但是，以往研究选择的团队规范仍然过于宽泛。以阿德维斯-尤努等人的研究为例（Adarves - Yorno，Postmes & Haslam，2007），他们选择的团队规范是在制作海报时更多地"采用文字"还是"采用图画"——这种规范虽然为团队开展和评价创新互动提供了基准，但是，即使是在这样的规范要求下，团队能够开展的创新活动、最终创新产出的水平仍然可能非常多样。并且，在现实的组织中，大部分团队都是在既定的范围内开展创新任务的。从这种角度来看，虽然阿德维斯-尤努等人的系列研究明确了团队规范对团队认同和团队创造力关系的影响（Adarves - Yorno et al.，2007），但我们还是应该选择和团队创新活动关系更为密切的团队规范来加以关注。

基于这种思路，本研究发现了团队的开放式思维规范对团队认同、探索式学习和团队创造力之间关系的调节方向。而且，正像我们假设的那样，开放式思维规范为团队成员指明了行为和活动的方向，而认同则促使团队成员倾向于去接受并且遵循这样的行为规范。本研究的发现进一步支持了哈斯拉姆等人（2013）所提出的针对"身份认同和创造力关系"的研究框架。

第三，虽然在组织水平，研究者对探索和利用过程的关注由来已久，但对这两种活动的关注并没能很好地延伸到团队水平；不过，需要指出的是，组织中的团队，尤其是像新产品开发或技术研发类的团队，很多情况下也需要通过开展探索式学习来进行产品革新换代，或者是借由利用式学习来深化对现存知识的理解、提高工作效率等（Kostopoulos & Bozionelos，2011）。从这个角度来进行思考，在团队水平开展关于探索式学习和利用式学习的研究非常必要。我们的研究正是基于这种思路，引入两种学习过程，通过对这两种学习的过程和特点进行分析，希望探索能够在团队水平促进或影响这两种学习过程的重要因素。研究也确实发现了团队认同对探索式学习和利用式学习的差别化影响作用。

第7章　团队认同与团队创造力的关系：双重路径的整合研究（研究四）

其中，由于利用式学习强调对现存知识的开发、利用和延伸，因此我们假设团队认同能够通过积极促进团队成员提升知识分享、提高合作质量等方式来增加利用式学习。与利用式学习不同的是，探索式学习不仅需要团队付出努力、承担风险，同时还需要成员始终向团队内引入、提供或者是产生新知识。团队认同虽然能够激励团队成员付出努力，为了团队目标的实现而承担风险甚至是接受个人利益的损失，但是会由于负面影响了成员的独特性而削弱团队的探索式学习过程。通过对利用式学习和探索式学习的过程特征进行对比分析，我们揭示了利用式学习和探索式学习之间的差异；研究结论进一步显示，由于存在这样的差异，即使是同样的团队认同，也会对两种过程产生不同的影响。因此，我们鼓励未来的研究在讨论如何促进或影响利用式学习和探索式学习时，能够更加聚焦于不同过程的特点来进行分析。

第四，由于探索式、利用式学习引入团队水平进行研究的时间还比较短暂，关于这两种学习过程对团队产出影响作用的研究结论还比较缺乏。已有研究显示，探索式学习和利用式学习对产品开发的绩效或者是对团队的创新绩效（team innovation）能产生积极作用（Chu，Li & Lin，2011；Kostopoulos & Bozionelos，2011）。在此基础上，我们的研究表明了探索式学习对团队创造力的积极作用。

## 7.5.2　研究的局限性及未来研究方向

尽管本研究通过整合利用式学习和探索式学习两种过程，进一步论证了团队认同对团队创造力的影响作用，但是研究中还是存在一定的局限性。

首先，我们只对研究中关注的变量进行了一次数据搜集，这样的设计使得我们无法对变量之间的因果关系进行检验。我们鼓励未来研究对不同变量进行多次数据搜集。此举虽然增大了数据收集的难度，但是可以借助这种纵向研究的设计思路更好地检验变量之间的因果关系。

其次，在已有结论的基础上，我们在第四个研究中基于探索式学习和利用式学习两种过程重新探索团队认同对团队创造力的影响，这主要是为了扩大双路径模型的解释范围，提高其外部效度。选择探索式学习和利用式学习过程有它的优势，一是符合本研究对于信息聚合和信息发散两条信息加工路径的描述，二是在不同程度上对团队创造力产生影响，三是具有良好的二元性和对称性。在以往的组织水平研究中，有很多研究都同时基于这两个过程展开过讨论。但是选择这两个过程也有它的局限性。探索式学习的过程虽然强调变异的引入和增多,却也在一定程度上包含了信息的聚合和方案的提出(尽管不是探索式学习强调的重点)。与之不同的是,诸如任务冲突和信息共享这样的过程并不包括团队对信息的聚合。因此,当以这些过程为中介时,团队的信息聚合路径更有可能在团队认同和团队创造力的关系中表现出显著作用。基于这种思路,未来研究在检验本书所提出的双路径模型时,可以换用其他的中介路径(例如组合使用"任务冲突"和"反思性重构"过程)来进行。

更重要的是,团队的信息聚合和发散过程在团队创新的过程中可能会存在复杂的互动关系。正如前文所论述的那样,观点发散是创新的基础;观点聚合决定了最终创新的水平和质量——这两个过程之间很可能存在互动或协同关系。要进一步检验团队认同对团队创造力的影响作用,我们鼓励未来研究在当前研究的基础上,能够更加深入地去刻画团队认同如何通过影响信息"聚合"和"发散"两条路径的协同来作用于团队创造力。

最后,尽管我们对利用式学习和团队创造力之间的关系以及利用式学习的中介作用进行了假设,但是研究结论并没有支持我们的假设;我们没有发现利用式学习对团队创造力的积极作用。我们认为,这样的结论并不能否定利用式学习对团队创造力的显著影响。原因在于,我们选择的多是以技术开发和新产品研发等为主要任务的工作团队,这些团队所需要产出的创新本身可能和探索式学习或者是和不断试错的新想法和新方案的关系更加密切。换句话说,利用式学习过程可能对那些只需要完成增量创新任务的团队更加重要。基于这种思路,我们鼓励未来的研究在探索利用式学习和探索式学习的影响作用时,不仅要考虑团队情境的作用,更可以考虑团队的任务类型与学习类型的匹配性,从这种角度来探索不同种类学习过程对团队创造力的影响。

## 7.6 结　　论

本研究表明了团队认同对探索式学习和利用式学习的差别化影响,而团队认同对探索式学习的影响作用较为复杂,并且还会受到团队开放式思维规范的调节。进一步地,研究结论还表明,探索式学习能够中介团队认同和开放式思维规范的交互项对团队创造力的影响作用。

本研究的结论还表明了团队规范在团队认同和团队创造力的关系中的重要

作用。管理者应该意识到，团队认同会使团队成员接受团队规范的指引，但是这样的指引也会限制他们的行为。尤其是，当团队需要突破已有框架而进行创新时，团队规范是否包容或赞赏这种行为对于具有高水平认同的团队来说非常关键；如果团队规范对这些行为或者是差异观点不能表现出开放性，那么过度认同就有可能对团队创造力产生负面作用。

# 第 8 章

# 研究结论与展望

基于社会身份视角，团队认同作为一种典型的团队动机能够对团队创新过程和团队创造力产生关键作用，但是长期以来对于二者关系的研究关注不够（Haslam et al., 2013），并且已有研究对二者关系的认识也并不一致（Ashforth et al., 2008）。团队认同一方面被认为有利于团队有效利用不同观点并促进信息聚合（Van der Vegt & Bunderson, 2005），另一方面也被发现会对外部学习、变革等产生负面影响（Ashforth & Mael, 1998; Turner & Pratkanis, 1998; Wong, 2004）。

为了系统探索团队认同对团队创造力的影响作用，并打开二者间的过程机制，设计并开展了我们四个系列的研究。研究一检验了团队认同对内部学习、外部学习的影响。研究二以行为整合为中介，检验了团队认同如何通过积极促进这种信息或行为的聚合过程进而对团队创造力产生积极影响。研究三以外部学习、团队反思和团队成员进谏为中介，检验了团队认同尤其是过度认同如何通过抑制这些能够给团队带来发散观点的过程进而对团队创造力产生负面作用。基于以上研究发现，我们在研究四中总结提出了"团队认同影响团队创造力的双路径模型"，并以利用式学习和探索式学习为中介，整合讨论了团队认同如何通过影响信息聚合路径和信息发散路径的方式来影响团队创造力。

## 8.1 总结四个研究的研究结论

### 8.1.1 研究一主要结论总结

对研究一关注的理论模型的回顾如图8-1所示。

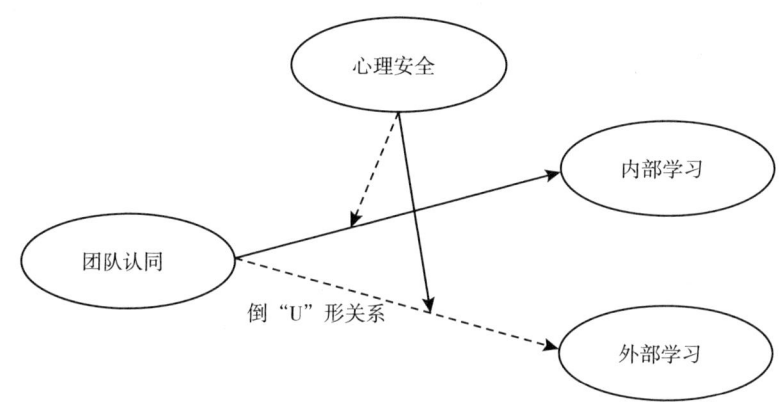

**图8-1 研究一的理论模型和数据分析结果总结**
注：实线箭头表示假设得到支持；虚线箭头则表示假设没有得到支持。

研究一基于61个新产品开发团队的样本进行分析，主要关注团队认同对团队内部学习和外部学习的选择，并引入团队心理安全这一情境因素。研究结果表明，对于团队内部学习而言，较高的团队认同将带来较高的团队内部学习。而对于团队外部学习来说，当团队心理安全较高的时候，团队认同将带来较高的团队外部学习行为；当团队心理安全较低的时候，团队认同带来的内群体偏好便凸显出来，从而表现出团队认同与团队外部学习的倒"U"形关系。

研究一的发现支持了团队认同对内部学习和外部学习过程机制的差异化影响：虽然团队认同有助于促进团队的内部学习和沟通，但在团队心理安全水平较低时，过高的团队认同却可能负面影响团队向外探索和学习。

### 8.1.2 研究二主要结论总结

对研究二关注的理论模型的回顾如图8-2所示。

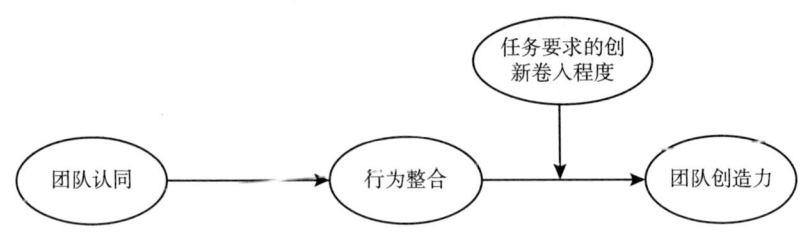

**图8-2 研究二的理论模型和数据分析结果总结**
注：图中的实线箭头表示该假设得到支持。

研究二论证了团队认同能够通过影响行为整合的方式来影响团队创造力。行为整合过程的开展需要团队成员愿意去分享和任务相关的信息，愿意投入协作和工作决策的过程当中。由于团队认同能够促使团队成员内化团队目标，因此被认为能够激励团队成员做出更多的有利于团队的行为，促进团队内的合作和协同过程，因而能够对团队的行为整合过程产生积极作用。与此同时，通过行为整合，团队对于内部散落的资源能够进行有效的利用和聚合，从而积极影响团队创造力。进一步地，团队认同能够通过推进行为整合来提高团队创造力。基于62个团队的问卷数据，研究结论支持了上述假设。

但是，行为整合对团队创造力的作用会受到团队任务要求的创新卷入程度的调节。对于那些创新卷入程度要求高的任务来说，适度存在的观点差异是创新任务完成的重要基础；但是过分或过早强调行为整合有可能抑制团队内差异观点的涌现和对这些观点的深入讨论。因此，我们在研究二中进一步假设了团队任务要求的创新卷入程度对上述中介关系的调节作用。研究结论表明，当团队任务要求的创新卷入程度较低时，团队认同更可能通过促进行为整合来提高团队创造力；而当创新卷入程度较高时，这种中介关系并不成立。

### 8.1.3 研究三主要结论总结

对研究三关注的理论模型和数据分析结果的回顾如图8-3所示。

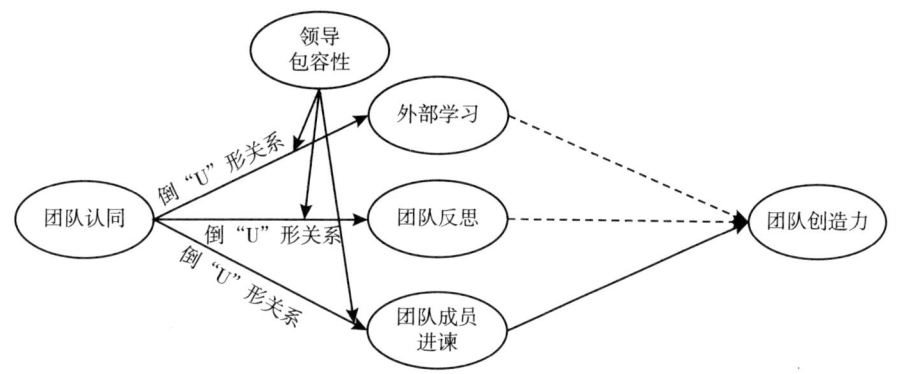

**图 8-3　研究三的理论模型和数据分析结果总结**
注：实线箭头表示假设得到支持，虚线箭头则表示假设没有得到支持。

基于77个团队的成员和领导的调研数据，我们在研究三中对团队认同如何经由影响外部学习、团队反思和团队成员进谏来影响团队创造力进行了关注，并且检验了领导包容性在这个过程中所起到的调节作用。团队认同促使团队成员产生以团队利益为重的工作动机，愿意承担由此带来的风险甚至是对自身利益的威胁，因此被认为有利于团队的外部学习、团队反思和团队成员进谏。但团队认同还有可能会削弱成员个人区别于其他成员的独特性和成员的独立思考判断。这对于团队开展外部学习、团队反思和成员进谏都会产生抑制作用。

进一步地，研究三提出，团队认同对个体独特性的削弱很可能会被包容性的领导风格所化解。我们认为，如果领导者能够包容团队内的不同观点甚至是鼓励团队成员个人的独特价值，团队成员就有可能在形成高水平团队认同的同时，保持个体的独特性不受损害。最终研究结论支持了领导包容性的调节作用，还表明，当领导包容性水平较低时，过高的团队认同会抑制外部学习、团队反思和成员的进谏行为。不过，只有团队成员进谏的中介作用获得了结论的支持。

### 8.1.4　研究四主要结论总结

在前述研究的基础上，研究四整合了探索式学习和利用式学习两个过程来解释团队认同如何经由"聚合""发散"两条信息加工路径对团队创造力产生作用，并认为团队的开放式思维规范会调节上述关系。对研究四的理论模型和数据结果的整理如图 8-4 所示。

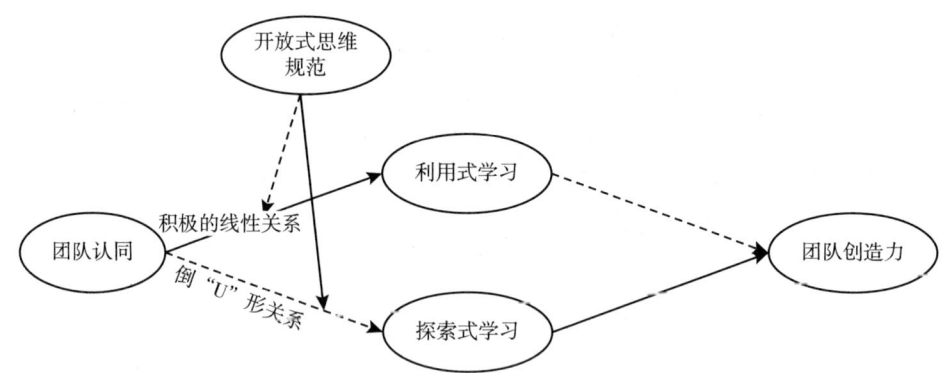

**图 8-4 研究四的理论模型和数据分析结果总结**

注：图中的实线箭头表示假设得到支持，而虚线箭头则表示假设没有得到支持。

基于 50 个团队的两轮调研的数据，我们对上述假设进行了验证。研究结论表明了团队认同对利用式学习的积极作用；与之不同的，团队认同对探索式学习的作用会受到开放式思维规范的调节。尤其是，当团队的开放式思维规范要求团队成员"墨守成规"时，具有高水平认同的团队更有可能因为遵守这样的规范而减少探索式学习，进而导致在此种情况下，团队认同对探索式学习呈现出倒"U"形的影响作用。与此同时，研究结论也表明，团队认同和开放式思维规范的交互能够通过探索式学习行为来影响团队创造力，探索式学习行为的中介作用成立。

## 8.2 研究的理论贡献

为了解释团队认同对团队创造力的影响作用，本书设计并开展了四个系列研究。我们认为，本书的研究发现首先表明了团队认同对团队创造力的显著作用，适度填补了以往团队创造力研究中在集体动机视角上的缺失；其次，本研究推进了对于"团队认同影响团队创造力过程机制"这一问题的理解和认识，以信息聚合和信息发散两条路径总结并检验了团队认同对团队创造力的影响；再次，基于社会身份视角，本书深化了我们对团队认同影响机制的理解，尤其是在特定的情境下捕捉到了团队认同的负面作用；最后，通过在四个研究中分别讨论"聚合"和"发散"信息加工路径对团队创造力的影响,在一定程度上也推进了对团队创造力产生过程的研究。

第一,从集体动机视角关注团队认同对团队创造力的促进作用,一定程度上填补了以往团队创造力研究在集体动机视角上的缺失。

在当今时代,科技进步正以前所未有的速度改变着人们的生活和需求,也改变着企业所面临的市场环境和技术环境。对外部环境的适应能力以及组织的创新能力对组织的发展甚至是生存来说已经变得愈加重要。由于团队能够汇聚不同的观点和视角,且具有反应速度快、灵活应变性强等突出特点,因此成为很多组织开展创新活动的主要单元。确实,相比于组织的大规模,几人到十几人甚至几十人的团队内都可以进行自如的信息交流和讨论;观点的碰撞对于创新来说十分关键。并且,相比于从上到下的组织内的信息传递,团队规模的小而精也决定了它的信息处理和反应速度要明显优于组织。

从这个角度来说,关注团队如何完成创新过程、团队创造力的水平如何被团队过程或者是其他因素所影响在当代商业背景下意义重大。和完成一般的工作任务不同,团队创造力在实现过程中会要求团队成员开展很多角色外的、亲团队的行为,例如知识搜索、外部学习等(Carmeli, Cohen – Meitar & Elizur, 2007)。即使是对于从事新产品开发或者是技术研发任务的团队,团队成员要想产出高水平的创造力,长时间的认知关注和认知投入也是必不可少的(Paulus, 2008)。但是这些认知努力和自由裁量的行为往往是不能够被量化考核或者是外在激励的。更糟糕的是,团队成员在创新过程中还需要承担额外的风险;创新的产生需要挑战并改变现状,需要承担结果未知的不确定性。这些都要求团队成员要切实地以团队利益为重,甚至可能要牺牲个人利益。但以往团队创造力的研究却往往忽略了此类集体动机因素对团队创造力的重要作用。长期以来,对于团队多样性、团队氛围和领导风格的研究占据了绝大部分的团队创造力前因变量研究。这一研究现状着实让人感到惊讶,尤其是考虑到在个体创造力的研究中,个体的工作动机始终被当作影响个体创造力的重要的前因变量之一。

和个体工作动机的作用相似,团队动机可以激发团队成员持续投入创新的认知活动中(Amabile, 1983; 1997);为了实现团队的创造目标,团队动机还会激励团队成员承担风险甚至付出额外的工作努力。除此之外,不同于一般的艺术家或科学家的创新活动,现实组织中的团队创造力需要以为组织创造利润或者是用更好的方法解决组织中现存问题为出发点。此时的动机因素不仅需要激励团队持续地在创新过程中投入认知努力,更重要的,还需要将团队创造的关注点始终锁定在团队目标和团队利益的实现上。基于社会身份视角,本书认为团队认同恰恰可以扮演这样的角色。团队认同能够建立成员对团队目标的承诺,使得团队目标成为个人目标的一部分(Van Knippenberg & Van Schie,2000)。此时,不仅再无团队目标和个人利益的差别,并且随着认同水平的上升,团队目标的实现对团队成员来说会变得更为重要。总结来看,团队认同能够激发团队成员对于集体利益和目标实现的关注。如果团队的目标是指向创新的(例如本文中所选取的新产品研发或技术开发此类型的团队),那么团队认同就有可能激励团队成员将这种目标牢记心间,并持续地为了实现这种目标而付出努力。本书的研究成果也确实表明了团队认同对团队创造力的积极作用。

基于动机视角开展团队创造力研究在近些年来已经获得了越来越多研究者的关注,基于 MIP – G(motivated information processing in groups)模型,研究者将影响团队创新的动机总结成两类:一类是求知动机,决定了团队认知加工的深度和强度;第二类是亲社会或亲自我动机,该类动机决定了哪些信息会纳入团队信息加工的过程中,信息加工最终的结果又会走向何方(De Dreu et al.,2011)。不过,基于 MIP – G 模型来对团队创造力的过程进行检验的实证研究为数并不多。我们鼓励未来的研究能够基于集体动机视角对如何推进团队创造力进行更多的思考和探索。同时,未来研究还可以整合团队内的信息资源和团队动机因素,考察资源数量和资源使用效率的联合如何影响团队创造力。

第二,提出并检验了团队认同影响团队创造力的双路径模型,为后续探索二者关系的研究提供了基于信息加工过程的作用机制。

团队认同虽然对于团队创造力有很明显的积极作用(研究二),这一点在以往的实证研究中也获得了一些间接支持,但是认为团队认同会消极影响创造力的研究也不在少数(Ashforth et al.,2008)。

团队认同对团队创造力潜在的负面作用主要体现在,团队认同在让团队成员内化团队目标的同时,团队的身份特征、团队规范和信念也都会对团队成员的行为产生影响。这种社会影响首先会使得团队成员之间的态度、观点和行为变得一致;其次,团队也会基于这些规范和标准去评价其他成员的行为和观点,不符合"主流"的观点和行为就有可能被边缘化。这样的过程被认为逐渐削弱了成员之间的区别性(Janssen & Huang,2008),负面影响团队成员向团队提供多样的、差异的观点的行为和过程,从而破坏了团队创造力产生的基础。基于这种认识，我们在研究三中确实发现：当领导包容性水平较低时，团队认同会对外部学习、团队反思和进谏这样能够给团队带来不同观点的信息发散过程产生倒"U"形的曲线作用；过度认同抑制了团队内的观点发散；并且，借由成员进谏，过度认同也进一步抑制了团队创造力。

研究一发现了团队认同对内部学习的积极影响以及在心理安全水平较低时，过高的团队认同对外部学习潜在的负面影响。以此为基础，研究二和研究三就团队认同和团队创造力间的关系给出了不同的答案，并且这两个研究进一步指出了产生这种不同关系的原因：当我们关注的是信息聚合为特点的创新过程时，团队认同往往可以借由促进这样的信息聚合过程来积极影响团队创造力；而当我们关注的是团队内部是否能进行有效的信息共享或者是产生更多的观点变异时，过度认同对团队创造力的负面作用就可能显现出来。基于此，我们在研究四中提出了团队认同影响团队创造力的双路径模型，认为团队认同能够通过影响"聚合"和"发散"两种信息加工路径来影响团队创造力。研究结论也确实支持了我们的假设：集体水平团队认同可以显著地促进团队的信息聚合过程；不过，过高水平的团队认同在某些情境中会对团队的信息发散过程产生抑制作用。这两种信息加工过程也能够解释不同任务类型、不同团队规范下团队认同对团队创造力的差异影响。

团队认同影响团队创造力的双路径模型的提出，能够对以往关于二者关系的矛盾见解进行梳理，并且一定程度上为未来关注二者关系的研究提供了作用机制。未来研究在讨论团队认同的影响作用时，可以根据自己研究的重点来选择合适的过程机制以解释团队认同对团队创造力的影响。更重要的是，不论是"发散"还是"聚合"的信息加工路径对于团队创造力的实现来说都是关键且不可或缺的。为团队提供不同的信息和观点是进行"聚合"的基础；而"聚合"的水平决定了团队最终的创新结果。以往对于"团队认同影响团队创造力过程机制"的探索大多只关注其中一种路径，这样得到的结论很可能是偏颇的。双路径模型在单条信息加工路径之外，提供了探索二者关系的一个较为全面的分析思路。

第三，在特定情境中捕捉到了团队认同潜在的负面效应。

以往实证研究表明了团队认同对团队产出的积极作用（Han & Harms, 2010; Kearney et al., 2009）；但这些一面倒的研究证据也让研究者颇为担忧。阿什福思等人不止一次对认同尤其是过度认同可能造成的负面作用进行过讨论（Ashforth et al., 2008; Ashforth & Mael, 1996; Mael & Ashforth, 2001）。认同被发现能够促进群体思维（Turner & Pratkanis, 1998），造成承诺升级（Dietz-Uhler, 1996），提高内群体对外群体的偏见进而减少子群间的合作（Ashforth et al., 2008）、对团队过度的服从（overconformity）、对创新的抵制，等等。这些效应可能不会对团队绩效产生过多负面的影响，但是当我们关注的结果变量变成团队创造力时，团队认同的作用就可能变得更加复杂，甚至令人悲观。遗憾的是，虽然有这些学者不遗余力地在讨论和呼吁要正视团队认同或者是其他社会身份认同的潜在的负面作用，实际上对身份认同的负面作用进行探索的实证研究却非常缺乏（Ashforth et al., 2008），团队水平的研究就更少了。

考虑到这种研究现状，本研究在讨论团队认同和团队创造力间的关系时，重点讨论了团队认同对团队创造力可能存在的负面作用，并对负面作用产生的原因和情境一并进行了讨论。我们指出，团队认同虽然使得团队规范和信念等对团队成员的行为和态度产生影响，但同时也会使得成员之间变得越发一致，越发缺乏改变现状的勇气、缺乏开展创新过程或者进行变革的多样观点。这种效应在领导者不具有包容性或者是团队对不同观点不能保持开放性态度的团队中会非常明显。而通过在研究三和研究四中分别检验团队认同对信息发散路径以及团队创造力的影响，团队认同的这种负面作用确实得到了支持。

考虑到研究证据的不平衡（关于团队认同的积极作用的研究要明显多于对其负面作用的探索和挖掘），我们鼓励未来研究能够选择合适的情境来讨论团队认同的负面作用机制。这样做可以使我们形成对团队认同影响作用更全面的认识，避免以偏概全地认为团队认同是"百利而无一害"的，同时，对于团队认同负面作用机制的深入了解有利于我们采取恰当的管理手段进行管理和规避。

第四，本书还推进了对团队创新过程的总结和认识。

基于对以往创造力研究的回顾和总结，本书对团队创造力产生的过程进行了简单的分类，提出了信息聚合和信息发散两条路径。其中，信息聚合路径强调对于团队内已知的多样信息和资源的利用与聚合的过程，信息发散路径则强调团队去挖掘和探索新的不同的知识观点，并且让这些知识观点能够涌现的过程。虽然这两类过程关注点存在差异，但是对于团队创造力来说都是至关重要的。信息发散路径是创新的源泉和基础；没有变异和差异，团队很难提出新颖性的创新方案。而信息聚合过程是团队对于已有资源的利用水平。本书具体假设并检验了这两类信息加工过程对团队创造力的积极意义，并且对不同过程发挥作用的任务情境进行了讨论。在此基础上，我们鼓励后续研究能够通过整合甚至是协同这两类过程的方式来讨论团队的创新过程。

## 8.3　未来可能的研究方向

第一，基于自我分类理论，我们认为团队认同会促使团队成员的认知、态度和行为变得一致。这种一致不仅会影响到团队内是否存在多样性的观点，同时也有可能让团队成员排斥和现状不同的观点和行为。詹森和黄旭（Janssen & Huang，2008）也明确指出了团队认同对个体差异性的抑制作用。尽管研究者提出了这种观点，却并没有实证研究真正去检验具有团队认同的个体是否真的会排斥创新的观点或者是在何种情况下会排斥创新的观点。基于此，我们认为未来的研究可以采用实验的方法对这一观点进行检验。并且，一旦我们确实发现了团队认同对创新观点或者是差异想法的这种"驱逐"效应，我们就能够解释为什么在具有高认同的组织或团队内进行变革往往会遭遇巨大的阻力。

第二，在研究四中，我们采用利用式学习和探索式学习这一对二元学习过程来描述两种信息加工的路径。未来的研究可以根据我们对信息聚合和信息发散路径的特点的描述选择更为多样的过程机制来讨论团队认同和团队创造力之间的关系。正如我们在前面部分所提到的，很多情况下，信息发散过程要为后续的信息聚合过程提供足够的观点变异，而信息聚合过程最终决定了团队有效的创新产出。此时，信息发散和信息聚合两条路径实际上是整合起来对团队创造力产生影响的。当前研究并没有讨论信息聚合和信息发散这两种过程之间复杂的互动关系。未来研究可以在这方面进行一些探索，以更加清晰地解读团队创造力的产生过程。

更进一步地，虽然信息发散路径可以说是聚合过程的基础，但是二者的关系很可能不是顺序发生而是反复迭代（iterative）的。团队在进行了一定程度的特异性信息共享之后，需要进行一个阶段有序的信息整理；继而在进行了恰当的信息聚合之后，再根据任务的需要进行一个阶段的观点发散和分享。这在创新任务完成过程中很可能是循环往复展开的。需要指出的是，虽然以往的头脑风暴研究认为，为了保持观点的变异和多样性，头脑风暴过程中不应该进行评价和干预。但近些年来已经有研究对上述观点进行了反思和讨论（Harvey & Kou，2014）。提供评价的标准可以帮助团队在头脑风暴阶段更加聚焦；并且，恰当的观点整理也可以确保团队不会因为观点太多而进入信息过载的状态（De Dreu，2006）。未来研究可以以上述观点为基础，对本书提出的信息聚合和信息发散两条信息加工路径之间的互动关系进行更细致的探索。

第三，信息聚合和信息发散过程之间存在复杂的互动关系，并且这两个过程对于团队创造力的实现都是非常关键的。这种情况会导致团队认同和团队创造力之间的关系变得更加复杂。集体水平的团队认同一方面会积极促进信息聚合路径，提高团队对差异信息的使用效率；另一方面，共享认同又有可能会负面抑制团队的信息发散过程，使得团队在聚合过程中没有足够的资源投入。当前研究没能捕捉到这样复杂的互动关系，不过，未来研究可以以我们的研究为起点，采用案例分析、实验室研究等方式对这一复杂的过程进行观察和描述，并进一步完善本书所提出的"团队认同影响团队创造力的双路径模型"。

第四，对团队认同的负面效应投入更多的关注和探索。截止到目前，我们已经积累了很多关于团队认同积极作用的研究证据（栾琨，谢小云，2014），但是正如本书所指出的那样，团队认同的影响作用并不总是积极的。本研究的结论就表明，团队认同对团队创造力存在潜在的负面作用。由于团队认同，或者是对于其他社会身份的认同，会导致团队成员很难接受团队身份的改变，因此我们认为团队认同或者是组织认同有可能负面影响团队革新或组织变革等过程。显然，在研究者将团队认同视作一种有效的黏合剂或者积极的集体共享的动机因素之前，我们需要对团队认同或者是其他社会身份认同感可能的负面作用机制和负面作用情境进行更多的讨论和探索。我们鼓励未来的研究借鉴本书的思路，以具有创新特点的结果变量为效标来讨论团队认同的潜在负面作用。

更进一步地，本研究还表明，团队认同很可能会对团队内部过程和外部行为产生不一致的影响，更为严重的，过度认同很可能会抑制成员向外的探索和学习行为。考虑到当前的行业和市场环境都处于剧烈的震荡阶段，打破团队边界，面向外部，从外部汲取能量，不仅能够帮助团队了解消费者需求变化和技术等宏观环境的演进，并且也可以通过借鉴外部经验的方式"少走弯路"，甚至实现最终的创新创造目的。从这种角度来看，外部活动对组织和工作团队的意义和影响都愈加明显（Gibson & Rebekah，2013；Carbonell & Rodríguez，2019）。考虑到以往团队研究更多围绕团队内部展开（例如，团队冲突、知识共享等），我们需要投入更多研究关注去探索影响团队外部学习的因素，不仅包括如何促进团队外部学习，也包括探索哪些因素会影响团队外部活动效能的发挥等方面。与此同时，还需指明的是，考虑到团队内部活动和外部活动需要跨过团队边界，由此而产生的很多副作用可能会导致原本可以积极促进团队内部活动的因素反而成为限制团队跨越团队边界的阻力，例如本研究就发现，当团队缺乏心理安全时，过度的团队认同就会限制团队外部学习。因此未来研究还需要对以往研究中发现的能够积极影响团队内部过程的因素进行慎重考虑，检验它们是否也能对团队外部活动产生相同的积极影响。

第五，恩斯沃什（2001）曾对团队的创新任务进行类型的区分，并强调完成不同类型的创新任务所需要的资源投入和创新过程很可能会存在差别（Shalley & Zhou，2008），进一步地，我们认为在不同类型的创新任务中，团队对于创新程度的评价以及评价的可比性可能都会存在差别。对于那些创新程度要求比较低的任务来说，团队可能只需要完成过程的改善就完成了该创新任务；而对于像皮克斯公司内部的动画团队来说，他们需要完成的是一个全新的动画作品。虽然我们可以用同样的量表或者是评价标准对这两种团队的团队创造力水平进行评价，但是这些评价之间却可能并不可比。基于这种思考，我们鼓励未来研究能够对团队创新任务的类型进行思考和区分，尽量选择那些所要完成的创新任务程度可比的团队进行观察。

更重要的是，由于创新任务的差异，团队的创新过程会存在明显的差别。致力于解决问题或者是改善现有流程的创新任务可能更需要利用式学习这样的信息聚合过程，来帮助团队利用已知的资源进行快速响应。但是，如果团队需要"从无到有"地进行创造，那么他们就需要在创新过程中不断地搜索和分享信息，进行持续的、深度的信息加工，并且可能还要打破同行的规范或者是已知的边界；换句话说，在完成突破性创新任务时，团队更需要有序地整合信息发散和信息聚合两条信息加工路径。不过，现有的实证研究中很少区分不同类型的创新任务，所得到的结论虽具有普适性但针对性并不充分。并且，相比于突破性创新任务，一般组织中的团队可能只需要适度的创造力。同时，创新任务的类型需要和团队或组织面临的任务相匹配，盲目地追求突破性的创新可能是"劳民伤财"的举动，这就要求研究者在关注创新活动时能够有所区分。在这种现实背景下，未来的研究可以考虑针对不同类型的创新任务，更集中地去探索那些有利于团队创造力的影响因素或者是对创新过程进行区别性的描述。

# 第 9 章

# 实 践 意 义

  当今商业环境的不确定性持续加剧,"创新"几乎成了每个组织绕不开的关键命题。由于团队能够集合不同的观点和想法,因此团队创新在组织创新的研究和管理实践中都占据着相当重要的位置。

  团队创新的重要性日益凸显,但要实现团队创新并非易事。信息分享的困境显示,员工更倾向于分享和别人一致的信息,而保留那些和其他人不同的独特信息,这很明显会限制团队获取的信息多样性;群体思维也会导致团队过早地集中于某个解决方案(而不是全面探索不同的可能性),甚至忽略那些不一致的信息……以上种种团队决策过程中出现的问题,都会显著影响团队创新的产生。更进一步地,团队创新的实现,不只是需要信息汇聚的过程,如何加工别人提供的信息,最终进行创新整合也是必不可少的,然而这一过程却困难重重。信息的加工和整合不只是需要团队具有创新的动机,同时是否具备能够加工这些信息的能力一定程度上也限制了团队最终的创新水平。

  正是考虑到创新过程中存在的这些困境和复杂因素,本系列研究才致力于围绕"团队创新"展开探索,尤其是要弄清楚"团队认同"——这一过去看来"百利而无一害"的团队动机因素将如何影响团队创新,希望借此提示现实组织如何构建、构建何种内容的团队认同将更有利于团队创新目标的实现。

  第一,团队认同并非越高越好。本研究指出了在现实组织中普遍存在的一个现象。一旦组织或者是团队对某个"光辉"的形象或者是身份特征产生了过度认同,要改变和革新这个身份就变得非常困难。摩托罗拉手机曾经以技术优势称霸全球,即使现在几经易手,这种"以技术为核心"的形象仍然没有显著改变。微软的操作系统目前在世界范围内仍然占据相当的市场份额,但在互联网世界里却难以撼动"后起之秀"谷歌的地位。原因就在于,在互联网企业发展的蓬勃年代，微软执着于自己在操作系统方面的优势，没有对浏览器的开发投入恰当的关注，甚至边缘化了这部分业务。

这些企业都曾经在各自的领域里"独领风骚"，但随着外部环境的变化和动荡，它们中的很多企业都无法有效地跟上这种发展的速度和步伐，固执地坚持企业已经"成功"的形象和身份，不肯改变——而这很可能是高度认同产生的负面作用之一。组织或团队的身份特征对员工认知和态度方面的影响根深蒂固，让他们没有办法接受甚至会排斥边缘化的"非主流"的意见。从此种角度来看，管理者们应认识到，一味追求高水平的团队认同对团队来说并不是"百利而无一害"的，尤其是当团队任务是指向创新任务时。受高水平的团队认同的驱使，员工个人的独特性很难被恰当尊重甚至有可能被贬低，反而会限制团队的信息发散和探索过程，进而团队水平的"1+1>2"的效应就很难形成。此时，与其追求高水平团队认同，不如将团队认同水平的塑造维持在合理的区间内，让团队尊重"和而不同"的团队理念。

具体到管理实践举措方面，我们的建议是，在团队成立初期，有效的"团建活动"可以拉近不同成员之间的距离，帮助他们形成集体意识和团队认同；但随着团队互动的深入，团队领导要注意有意识地引导成员认识并尊重不同成员间的差异——"求同+存异"两种活动对于塑造恰当的团队认同水平缺一不可。没有"求同"的过程，团队认同很难形成，团队内部若冲突过多，团队集体就很难形成"合力"去实现共同的目标；而如果缺少了后续的"存异"，那么团队认同就很可能引导员工过度追求相似和一致，反而忽略了彼此间的"独特性"对团队结果的贡献。

这里所讨论的团队认同的"合理"水平，应当注意和团队创新任务的类型相适应。举例来说，对于创新程度不那么高的渐进式创新任务，团队认同可以通过促使成员深度加工团队信息的信息聚合过程更积极地影响团队创新。但当团队任务要求的创新程度较高时（例如，突破性创新任务），过高的团队认同反而会限制成员个体的独特性和独有信息的分享，从而负面影响团队的信息发散过程，对突破性创新任务不利。从这个角度来说，管理者在塑造团队认同时，应当和团队所要完成的任务类型进行匹配。

第二，团队身份的原型内涵也同样值得关注。企业希望员工能够牢记企业战略、使命和价值观，并以此来约束并指导自己的行为，这一目的的实现，往往有赖于强有力的集体认同。一旦员工产生了对组织或团队的认同，他们便会将上述构成身份原型的重要内涵内化成个体的态度和行为标准。可以说，对于凝聚力很强、认同水平很高的团队来说，团队规范、团队信念或团队价值观等将不再是飘在空中的"纸上工作"，它们会成为切实影响成员态度、情绪和行为的"关键指南"。因此，集体认同的一个关键作用是为集体规范、文化或价值观影响员工提供了可能。但随之而来的一个问题就是，怎样在员工受制于集体规范约束的同时仍然保护好成员个人弥足珍贵的独特性不受损害？要知道，损失了员工个人的独特性，也就损失了团队水平"1+1＞2"的可能性。从这种角度来说，团队或组织不仅应关注所塑造的集体认同的水平，集体身份的原型内涵也值得投入同样的甚至是更多的关注。

从管理举措角度，塑造开放式的"锐意进取""不断创新"的团队规范或集体身份原型对于当今组织和团队来说可能更加可取（Adarves - Yorno et al.，2007）。开放式的团队规范能够有效包容团队成员之间的差异性，也可以有效包容团队向外部其他团队"取经"和学习。考虑到领导者在塑造团队氛围、规范方面的突出作用，领导者可能需要在日常工作中对员工主动进谏、提出异议等关键行为表现出包容甚至是赞赏的态度；在项目开会时，鼓励成员集思广益和观点碰撞，在团队头脑风暴时不过早地进入点评甚至批判观点的环节。并且，领导者或团队也可以注意塑造"心理安全"的团队氛围，将"心理安全"这种重要的"容错"氛围作为团队原型的一部分纳入团队身份的构建当中，进一步确保团队成员不会因为"人际风险"的举动而受到惩罚，从而鼓励他们在认同集体的同时，也能够为了集体创新或长期利益的实现不断地学习、试错、反思、调整和创新。

第三，包容性实践的重要性。本书的研究结论还显示了领导包容性以及包容性实践对组织或者是团队的意义。截至目前，已经有越来越多的研究者意识到，虽然团队凝聚力对团队非常重要，但是在团队内并不能仅仅强调"一致"和"凝聚"。过度的凝聚会导致团队过早地达成一致，从而导致群体思维（Janis，1982）；高度的团队认同还会对团队的外部学习或成员的边界跨越行为产生消极影响（Ashforth et al.，2008）。更重要的是，在高度凝聚的团队内，成员的个人独特性会被抑制，使得成员的独特价值无法被团队有效利用，进而可能对团队的创新过程和创造力产生消极影响（Janssen & Huang，2008）。基于上述考虑，研究者指出，为了获得团队多样性的积极作用，团队或组织内要注意开展"包容性实践"（Mitchell et al.，2015；李燕萍，杨婷，潘亚娟，徐嘉，2012）。和传统的多样性管理思维不同，透过包容性实践，组织需要同时兼顾个体的独特性需求和归属性需求（Shore et al.，2011）：既不是片面强调一致和共识，也不是放任存在差异性的员工各自发展。包容性实践要注意强调两方面的内涵：其一，要让每个员工都感觉到自己参与到了和团队或组织利益紧密相关的活动当中，成为集体中重要的一分子；其二，包容性实践还让每个员工都拥有平等地对团队决策、组织产出产生影响的权利（Roberson，2006），每个人都对最终的结果产生有价值的贡献。

随着互联网技术的不断进步，旧有的"从上到下"的权力结构正在一天天朝着"以平等参与"为主要特点的新权力结构转变（Heimans & Timms，2014）。个体平等"发声"和"参与"的权利不仅会越来越受到重视，并且也有可能变得越来越普遍。这种现实背景给了包容性实践更大的发挥作用的舞台。以构建团队成员的集体认同为例。简斯等人的研究（Jans，Postmes & Van der Zee，2011）就显示，组织和团队可以激发团队成员对共享目标产生认同，同时在形成团队身份的过程中鼓励团队成员可以适度地表现出自己的个性和独特性。此时形成的团队身份实际上是经历一个"从下到上"的过程；并且，由于团队身份可能包含了每个成员的特征，成员也更容易接受并认可这样的团队身份。考虑到包容性实践可能具有的重要价值，我们鼓励管理者能够在这方面以及采用包容性领导风格方面投入更多的关注。

# 附录 研 究 问 卷

## 附录A 研究一问卷

### 工作团队互动调查问卷

尊敬的先生/女士：　　　　　　　　　　　　　　　　　　　编号：_____

您好！

首先感谢您抽出时间来参与我们的研究。本研究旨在关注团队的互动过程对团队产出的影响机制。本问卷结果将仅用于学术研究，不涉及任何评价或商业用途，我们保证将对您所提供的一切信息保密。请您根据您所在团队的真实情况来填写问卷，答案无所谓对错，希望您认真填写。研究结束后，如有需要，我们承诺将以电子版本的形式呈送我们的研究成果。如您对本研究有任何的疑问，可以与研究者取得联系。

衷心感谢您的支持与配合！

浙江大学管理学院

| 请您根据您所在团队的实际情况，对下面每个项目的符合程度进行评分（在相应数字上打√）： | 完全不符合 | | | 一般符合 | | | 完全符合 |
|---|---|---|---|---|---|---|---|
| 1. 当有人批评这个团队时，我会觉得是自己受到了侮辱 | 1 | 2 | 3 | 4 | 5 | 6 | 7 |
| 2. 我很想知道别人是如何评价这个团队的 | 1 | 2 | 3 | 4 | 5 | 6 | 7 |
| 3. 当我说起这个团队时，总是倾向于说"我们"而不是"他们" | 1 | 2 | 3 | 4 | 5 | 6 | 7 |
| 4. 团队的成功就是我的成功 | 1 | 2 | 3 | 4 | 5 | 6 | 7 |

续表

| 请您根据您所在团队的实际情况，对下面每个项目的符合程度进行评分（在相应数字上打√）： | 完全不符合 | | 一般符合 | | | 完全符合 | |
|---|---|---|---|---|---|---|---|
| 5. 当有人称赞这个团队时，我会觉得是在夸自己 | 1 | 2 | 3 | 4 | 5 | 6 | 7 |
| 6. 如果别人批评了这个团队，我也会觉得颜面无光 | 1 | 2 | 3 | 4 | 5 | 6 | 7 |
| 7. 如果我在工作中出了差错，其他人就会抱怨我 | 1 | 2 | 3 | 4 | 5 | 6 | 7 |
| 8. 团队中成员能够直面工作中的难题 | 1 | 2 | 3 | 4 | 5 | 6 | 7 |
| 9. 团队中成员经常会听不进别人不同的观点 | 1 | 2 | 3 | 4 | 5 | 6 | 7 |
| 10. 在这个团队中，我们可以做些冒险的尝试 | 1 | 2 | 3 | 4 | 5 | 6 | 7 |
| 11. 在这个团队中想让别人帮忙很难 | 1 | 2 | 3 | 4 | 5 | 6 | 7 |
| 12. 这个团队中没有一个人会故意抹杀我的成绩和贡献 | 1 | 2 | 3 | 4 | 5 | 6 | 7 |
| 13. 在这个团队中，我能更好地发挥我的才能和价值 | 1 | 2 | 3 | 4 | 5 | 6 | 7 |
| 14. 我们经常花时间来讨论改善团队工作流程的方法 | 1 | 2 | 3 | 4 | 5 | 6 | 7 |
| 15. 我们可以在工作讨论中毫无顾忌地说出自己的看法 | 1 | 2 | 3 | 4 | 5 | 6 | 7 |
| 16. 我们会通过提假设性的问题或情境来诱发大家的新想法、新思路 | 1 | 2 | 3 | 4 | 5 | 6 | 7 |
| 17. 为了获得新创意，我们愿意花时间讨论每个人的建议 | 1 | 2 | 3 | 4 | 5 | 6 | 7 |
| 18. 当工作中出现新问题时，我们会征询每个人的意见寻求解决方法 | 1 | 2 | 3 | 4 | 5 | 6 | 7 |
| 19. 当工作中出现错误时，我们总会讨论如何预防今后再次发生 | 1 | 2 | 3 | 4 | 5 | 6 | 7 |
| 20. 我们会反思当前工作的方式方法 | | | | | | | |
| 21. 当遇到新问题时，我们会充分讨论这个问题对我们有什么样的影响 | 1 | 2 | 3 | 4 | 5 | 6 | 7 |
| 22. 我们会在工作中征求团队外人员的专业意见 | 1 | 2 | 3 | 4 | 5 | 6 | 7 |
| 23. 我们会与团队外人员一起总结团队的工作进展 | 1 | 2 | 3 | 4 | 5 | 6 | 7 |
| 24. 我们会向团队外人员寻求工作上的帮助和建议 | 1 | 2 | 3 | 4 | 5 | 6 | 7 |
| 25. 我们会向团队外人员寻求关于团队工作成效的反馈 | 1 | 2 | 3 | 4 | 5 | 6 | 7 |

请您根据实际情况填写您的个人资料：

1. 学历：_____ A. 高中或高中以下；B. 大专；C. 大学本科；D. 研究生及以上

2. 在这个团队工作的时间迄今已达：_____个月。

3. 团队规模：_____人。

4. 团队成员间熟悉程度。

完全不熟悉　　　　　　熟悉程度一般　　　　　　彼此非常熟悉
1　　　　　　2　　　　　　3　　　　　　4　　　　　　5

如您希望获得相关研究结论，请在此处填写您的邮件地址，我们将尽快回复。

非常感谢您对本研究的支持；问卷完成后，请将问卷返还给您的问卷发放人。

**祝您工作顺利，生活愉快！**

# 附录 B 研究二问卷

## 团队创造力调查问卷

尊敬的先生/女士： 编号：_____

您好！本调查研究旨在关注如何更好地开展团队创新活动，请根据您本人及您所在团队的真实情况填写问卷，答案无所谓对错。如您在填写时遇到任何问题，请直接与研究负责人联系。本调查为匿名形式，且我们承诺调查结果仅用于学术研究，无任何商业用途，请您放心填写。衷心感谢您的支持与配合！

浙江大学管理学院

### 第 一 部 分

| 请根据您所在团队的实际情况，对下列题项的符合程度进行评分（在右边相应数字上打√）： | 完全不符合 | | 一般符合 | | 完全符合 | | |
|---|---|---|---|---|---|---|---|
| 1. 我们团队总会提出很好的新想法 | 1 | 2 | 3 | 4 | 5 | 6 | 7 |
| 2. 我们团队提出的新想法总是很有用 | 1 | 2 | 3 | 4 | 5 | 6 | 7 |
| 3. 我们团队富有创造力 | 1 | 2 | 3 | 4 | 5 | 6 | 7 |
| 4. 我们团队提出的新想法对企业很重要 | 1 | 2 | 3 | 4 | 5 | 6 | 7 |
| 5. 每位团队成员都能对团队决策发表观点 | 1 | 2 | 3 | 4 | 5 | 6 | 7 |
| 6. 团队成员间的沟通是开放和流畅的 | 1 | 2 | 3 | 4 | 5 | 6 | 7 |
| 7. 在团队决策中，成员们充分交换了各自的观点 | 1 | 2 | 3 | 4 | 5 | 6 | 7 |
| 8. 团队成员经常分享各自的经验与专长 | 1 | 2 | 3 | 4 | 5 | 6 | 7 |

请以百分比形式分别描述以下 4 项活动在团队工作中所占比例
（4 项之和应为 100%）：

| (1) 重复已有技术 _____% | (3) 开发在其他企业中已有，但对本企业而言新的技术 _____% |
|---|---|
| (2) 改进已有技术 _____% | (4) 基于全新的概念或原则，开创突破性的技术 _____% |

## 第二部分

| 请根据您在团队中的实际情况，对下列题项的符合程度进行评分（在右边相应数字上打√）： | 完全不符合 | | 一般符合 | | 完全符合 |
|---|---|---|---|---|---|
| 1. 我在情感上喜欢我所在的团队 | 1 | 2 | 3 | 4 | 5 |
| 2. 我对所在团队有强烈的归属感 | 1 | 2 | 3 | 4 | 5 |
| 3. 我常常会觉得团队的困难就是我自己的困难 | 1 | 2 | 3 | 4 | 5 |
| 4. 我感觉自己是团队这个家庭中的一员 | 1 | 2 | 3 | 4 | 5 |
| 5. 我对单位的各项规章制度非常熟悉 | 1 | 2 | 3 | 4 | 5 |

请根据实际情况填写您的个人资料：

1. 年龄：_____岁

2. 性别：_____（1）男；（2）女

3. 最高学历：_____（1）高中及以下；（2）大专；（3）本科；（4）研究生及以上

4. 在校所学专业（以最高学历所学专业为准）：_____（1）哲学；（2）经济学；（3）法学；（4）教育学；（5）文学；（6）历史学；（7）理学；（8）工学；（9）农学；（10）医学；（11）管理学；（12）艺术学

5. 您目前任职的部门是：_____（例如，人力资源部、财务部等）。

6. 您从_____年_____月开始在当前单位工作；从_____年_____月开始在当前团队工作。

7. 这个团队总共有：_____个成员。

8. 请您评价一下团队内成员间的熟悉程度：

完全不熟悉　　　　　　熟悉程度一般　　　　　　彼此非常熟悉
1　　　　　　2　　　　　　3　　　　　　4　　　　　　5

如您希望获得相关研究结论，请在此处填写您的邮件地址，我们将尽快回复。

非常感谢您对本研究的支持；问卷完成后，请将问卷返还给您的问卷发放人。

祝您工作顺利，生活愉快！

# 附录 C 研究三问卷

## 工作团队互动调查问卷（成员问卷）

尊敬的先生/女士： 编号：_____

您好！本研究旨在关注团队的互动过程对团队产出的影响机制。问卷结果仅用于学术研究，不涉及任何评价或商业用途，我们保证将对您所提供的一切信息保密。请您根据您所在团队的真实情况来填写问卷，答案无所谓对错，希望您认真填写。如您在填写时遇到任何问题，请直接向问卷发放者询问。研究结束后，如有需要，我们承诺以电子版本的形式呈送我们的研究成果。如您对本研究有任何的疑问，可以与研究者（crystal_luan@126.com）取得联系。衷心感谢您的支持与配合！

浙江大学管理学院

### 第一部分

| 请根据您在团队中的实际感受和体验，对下列题项的符合程度进行评分（在相应数字上打√）： | 完全不符合 | | 一般符合 | | 完全符合 | | |
|---|---|---|---|---|---|---|---|
| 1. 团队成员之间非常友爱 | 1 | 2 | 3 | 4 | 5 | 6 | 7 |
| 2. 我不愿意离开我现在的团队 | 1 | 2 | 3 | 4 | 5 | 6 | 7 |
| 3. 我很享受和团队内的其他成员合作 | 1 | 2 | 3 | 4 | 5 | 6 | 7 |
| 4. 团队中的许多同事我都不太喜欢 | 1 | 2 | 3 | 4 | 5 | 6 | 7 |
| 团队领导在多大程度上会表现出下述行为： | | | | | | | |
| 5. 团队领导经常鼓励我们充分发挥主观能动性 | 1 | 2 | 3 | 4 | 5 | 6 | 7 |
| 6. 团队领导非常欢迎其他部门的同事为我们献计献策 | 1 | 2 | 3 | 4 | 5 | 6 | 7 |
| 7. 团队领导会尊重每个团队成员的意见和建议 | 1 | 2 | 3 | 4 | 5 | 6 | 7 |
| 8. 我对单位内的各项规章制度非常熟悉 | 1 | 2 | 3 | 4 | 5 | 6 | 7 |

## 第二部分

| 请根据您在团队中的日常观察和体验，对下列题项的符合程度进行评分（在相应数字上打√）： | 完全不符合 | | 一般符合 | | 完全符合 |
|---|---|---|---|---|---|
| 1. 我们经常会花时间讨论怎样完成任务 | 1 | 2 | 3 | 4 | 5 |
| 2. 我们会定期讨论团队成员之间的合作是否有问题 | 1 | 2 | 3 | 4 | 5 |
| 3. 我们会根据环境的变化及时调整团队目标 | 1 | 2 | 3 | 4 | 5 |
| 4. 我们经常会评估当前的工作流程和方法 | 1 | 2 | 3 | 4 | 5 |
| 5. 我们团队还会经常评估任务目标的可行性 | 1 | 2 | 3 | 4 | 5 |
| 6. 我们会在工作中征求团队外人员的专业意见 | 1 | 2 | 3 | 4 | 5 |
| 7. 我们会与团队外人员一起总结团队的工作进展 | 1 | 2 | 3 | 4 | 5 |
| 8. 我们会向团队外人员寻求工作上的帮助和建议 | 1 | 2 | 3 | 4 | 5 |
| 9. 我们会向团队外人员寻求关于团队工作成效的反馈 | 1 | 2 | 3 | 4 | 5 |

请根据实际情况填写您的个人资料：（在相应选项上打√即可）

1. 您的年龄：_____岁

2. 性别：_____ A. 男  B. 女；

3. 您的学历水平：_____ A. 高中或高中以下  B. 大专  C. 大学本科  D. 研究生及以上

4. 您的教育背景（以最高学历毕业的专业为准）：_____
   A. 理科  B. 工科  C. 人文社科  D. 医学  E. 农学  F. 其他

5. 这个团队中包括了：_____个成员；

6. 请您评价一下团队内成员间的熟悉程度：

| 完全不熟悉 | | 熟悉程度一般 | | 彼此非常熟悉 |
|---|---|---|---|---|
| 1 | 2 | 3 | 4 | 5 |

如您希望获得相关研究结论，请在此处填写您的邮件地址，我们将尽快回复。

非常感谢您对本研究的支持；问卷完成后，请将问卷返还给您的问卷发放人。

**祝您工作顺利，生活愉快！**

# 附录 D  研究三问卷

## 工作团队互动调查问卷(领导者问卷)

尊敬的先生/女士:　　　　　　　　　　　　编号:_____

您好!

首先感谢您抽出时间来参与我们的研究。本研究旨在关注团队的互动过程对团队产出的影响机制。问卷结果将仅用于学术研究,不涉及任何评价或商业用途,我们保证将对您所提供的一切信息保密。请根据您所领导的团队的真实情况来填写问卷,答案无所谓对错,希望您认真填写。如您在填写过程中遇到任何问题,请直接询问问卷发放者。研究结束后,如有需要,我们承诺将以电子版本的形式呈送我们的研究成果。如您对本研究有任何的疑问,可以与研究者(crystal_luan@126.com)取得联系。衷心感谢您的支持与配合!

浙江大学管理学院

### 第一部分  工作产出

| 请根据您所领导团队的实际情况,对下列题项的符合程度进行评分(在相应数字上打√): | 完全不符合 | | 一般符合 | | 完全符合 | | |
|---|---|---|---|---|---|---|---|
| 1. 团队成员总是能够提出新的想法或建议来改进产品和服务 | 1 | 2 | 3 | 4 | 5 | 6 | 7 |
| 2. 团队成员愿意花时间和精力去考虑其他人提出的新想法或替代性方案 | 1 | 2 | 3 | 4 | 5 | 6 | 7 |
| 3. 团队成员经常提出新的工作流程或工作方法建议 | 1 | 2 | 3 | 4 | 5 | 6 | 7 |
| 4. 总体来说,这是一个能够创新的团队 | 1 | 2 | 3 | 4 | 5 | 6 | 7 |

## 第二部分　团队运行

| 请根据您所领导团队的实际情况，对下列题项的符合程度进行评分（在相应数字上打√）： | 完全不符合 | | 一般符合 | | 完全符合 |
|---|---|---|---|---|---|
| 1. 当涉及团队内的重大问题时，团队成员会主动献计献策 | 1 | 2 | 3 | 4 | 5 |
| 2. 团队成员愿意表达他们的真实观点和看法 | 1 | 2 | 3 | 4 | 5 |
| 3. 团队成员经常提出新的工作流程或工作方法建议 | 1 | 2 | 3 | 4 | 5 |

请您根据实际情况填写下列问题：

1. 您的年龄：_____岁；

2. 性别：_____A. 男　B. 女；

3. 您的籍贯：_____省；

4. 您的学历水平：_____A. 高中或高中以下；B. 大专；C. 大学本科；D. 研究生及以上

5. 您的教育背景（以最高学历毕业的专业为准）：_____
   A. 理科　B. 工科　C. 人文社科　D. 医学　E. 农学　F. 其他

6. 迄今为止，您担任这个团队的领导已经：_____个月。

如您希望获得相关研究结论，请在此处填写您的邮件地址，我们将尽快回复。

非常感谢您对本研究的支持；问卷完成后，请将问卷返还给您的问卷发放人。

*祝您工作顺利，生活愉快！*

# 附录 E  研究四问卷

# 团队创造力调查问卷（第一轮）

尊敬的先生/女士：　　　　　　　　　　团队编号：_____

本调查旨在了解您所在团队的人力资本与创新潜能，请根据您本人及您所在团队的真实情况来填写问卷，答案无所谓对错。如您在填写时遇到任何问题，请直接联系问卷负责人。本调查为匿名形式，且我们承诺调查结果不会用于任何商业目的，请您放心填写。衷心感谢您的支持与配合！

浙江大学管理学院

## 第 一 部 分

| 请根据您所在团队的实际情况，对下列题项的符合程度进行评分（在右边相应数字上打√）： | 完全不符合 | | 一般符合 | | | 完全符合 | |
|---|---|---|---|---|---|---|---|
| 1. 团队成员在工作中系统化地寻找新的可能性 | 1 | 2 | 3 | 4 | 5 | 6 | 7 |
| 2. 团队成员提出新的想法和方案来解决复杂的问题 | 1 | 2 | 3 | 4 | 5 | 6 | 7 |
| 3. 团队成员尝试通过新的和创造性的方式来完成任务 | 1 | 2 | 3 | 4 | 5 | 6 | 7 |
| 4. 团队成员对有关工作方向的多样化观点进行评估 | 1 | 2 | 3 | 4 | 5 | 6 | 7 |
| 5. 团队成员在工作中开发出很多新技能 | 1 | 2 | 3 | 4 | 5 | 6 | 7 |
| 6. 团队成员重新利用过去积累的知识来完成工作 | 1 | 2 | 3 | 4 | 5 | 6 | 7 |
| 7. 团队成员在工作中主要进行常规活动 | 1 | 2 | 3 | 4 | 5 | 6 | 7 |
| 8. 团队成员在工作中遵循标准方法和规范实践 | 1 | 2 | 3 | 4 | 5 | 6 | 7 |
| 9. 团队成员在工作中使已有知识和专长得到提升 | 1 | 2 | 3 | 4 | 5 | 6 | 7 |
| 10. 团队成员主要使用已有的知识和技能来开展工作 | 1 | 2 | 3 | 4 | 5 | 6 | 7 |
| 11. 我对单位的各项规章制度非常熟悉 | 1 | 2 | 3 | 4 | 5 | 6 | 7 |

请根据实际情况填写您的个人资料：

1. 性别：_____ （1）男 （2）女；

2. 最高学历：_____ （1）高中及以下；（2）大专；（3）本科；（4）研究生及以上；

3. 在校所学专业（以最高学历所学专业为准）：_____ （1）哲学；（2）经济学；（3）法学；（4）教育学；（5）文学；（6）历史学；（7）理学；（8）工学；（9）农学；（10）医学；（11）管理学；（12）艺术学；

4. 您从_____年_____月开始在当前团队工作；

5. 这个团队总共有：_____个成员；

6. 请您评价一下团队内成员间的熟悉程度

| 完全不熟悉 | | 熟悉程度一般 | | 彼此非常熟悉 |
| --- | --- | --- | --- | --- |
| 1 | 2 | 3 | 4 | 5 |

## 第 二 部 分

| 请根据您在团队中的实际情况，对下列题项的符合程度进行评分（在右边相应数字上打√）： | 完全不符合 | | 一般符合 | | 完全符合 |
| --- | --- | --- | --- | --- | --- |
| 1. 我在情感上喜欢我所在的团队 | 1 | 2 | 3 | 4 | 5 |
| 2. 我对所在团队有强烈的归属感 | 1 | 2 | 3 | 4 | 5 |
| 3. 我常常会觉得团队的困难就是我自己的困难 | 1 | 2 | 3 | 4 | 5 |
| 4. 我感觉自己是团队这个家庭中的一员 | 1 | 2 | 3 | 4 | 5 |
| 5. 每个人都应该努力去理解其他团队成员提出的建议 | 1 | 2 | 3 | 4 | 5 |
| 6. 每个人都应该以开放的心态去看待其他团队成员的想法 | 1 | 2 | 3 | 4 | 5 |
| 7. 每个人都应该尽可能去吸纳其他团队成员的观点 | 1 | 2 | 3 | 4 | 5 |

如您希望获得相关研究结论，请在此处填写您的邮件地址，我们将尽快回复。

非常感谢您对本研究的支持；问卷完成后，请将问卷返还给您的问卷发放人。

*祝您工作顺利，生活愉快！*

# 附录 F  研究四问卷

## 团队创造力调查问卷（第二轮）

**尊敬的先生/女士：**　　　　　　　　　　　　　团队编号：_____

您好，本问卷是"团队创新调查问卷"的第二轮追踪调查。本调查旨在了解您所在团队的人力资本与创新潜能，请根据您本人及您所在团队的真实情况来填写问卷，答案无所谓对错。如您在填写时遇到任何问题，请直接联系问卷负责人。本调查为匿名形式，且我们承诺调查结果不会用于任何商业目的，请您放心填写。衷心感谢您的支持与配合！

浙江大学管理学院

| 请根据您所在团队的实际情况，对下列题项的符合程度进行评分（在右边相应数字上打√）： | 完全不符合 | | 一般符合 | | | 完全符合 | |
|---|---|---|---|---|---|---|---|
| 1. 我们团队总会提出很好的新想法 | 1 | 2 | 3 | 4 | 5 | 6 | 7 |
| 2. 我们团队提出的新想法总是很有用 | 1 | 2 | 3 | 4 | 5 | 6 | 7 |
| 3. 我们团队富有创造力 | 1 | 2 | 3 | 4 | 5 | 6 | 7 |
| 4. 我们团队提出的新想法对企业很重要 | 1 | 2 | 3 | 4 | 5 | 6 | 7 |

如您希望获得相关研究结论，请在此处填写您的邮件地址，我们将尽快回复。

非常感谢您对本研究的支持；问卷完成后，请将问卷返还给您的问卷发放人。

*祝您工作顺利，生活愉快！*

# 参 考 文 献

[1] [美] Clayton M. Christensen. 创新者的窘境 [M]. 全新修订版. 胡建桥, 译. 北京: 中信出版社, 2015.

[2] 蔡昉. 人口转变、人口红利与刘易斯转折点 [J]. 经济研究, 2010 (4): 4-13.

[3] 陈悦明, 葛玉辉, 宋志强. 高层管理团队断层与企业战略决策的关系研究 [J]. 管理学报, 2012, 9 (11): 1634-1642.

[4] 段光, 杨忠. 知识异质性对团队创新的作用机制分析 [J]. 管理学报, 2014, 11 (1): 86-94.

[5] 方来坛, 时勘, 刘蓉晖. 团队创新氛围的研究述评 [J]. 科研管理, 2012, 33 (6): 146-153.

[6] 蒿坡, 龙立荣, 贺伟. 共享型领导如何影响团队产出? 信息交换、激情氛围与环境不确定性的作用 [J]. 心理学报, 2015, 47 (10): 1288-1299.

[7] 金碚. 中国工业的转型升级 [J]. 中国工业经济, 2011, 80 (7): 5-14.

[8] 孔伟杰. 制造业企业转型升级影响因素研究——基于浙江省制造业企业大样本问卷调查的实证研究 [J]. 管理世界, 2012 (9): 120-131.

[9] 李燕萍, 杨婷, 潘亚娟, 徐嘉. 包容性领导的构建与实施——基于新生代员工管理视角 [J]. 中国人力资源开发, 2012 (3): 31-35.

[10] 刘宁, 张正堂, 张子源. 研发团队多元性、行为整合与创新绩效关系的实证研究 [J]. 科研管理, 2012, 33 (12): 135-141.

[11] 栾琨, 谢小云. 国外团队认同研究进展与展望 [J]. 外国经济与管理, 2014, 36 (4): 57-64.

[12] 莫申江, 谢小云. 团队学习、交互记忆系统与团队绩效: 基于IMOI范式的纵向追踪研究 [J]. 心理学报, 2009, 41 (7): 639-648.

[13] 倪旭东. 知识异质性团队对团队创新的作用机制研究 [J]. 企业经

济, 2010 (8): 57-63.

[14] 唐宁玉, 张凯丽. 包容性领导研究书评与展望 [J]. 管理学报, 2015, 12 (6): 932-938.

[15] 沈伊默, 袁登华, 张华, 杨东, 张进辅, 张庆林. 两种社会交换对组织公民行为的影响: 组织认同和自尊需要的不同作用 [J]. 心理学报, 2009, 41 (12): 1215-1227.

[16] 隋杨, 陈云云, 王辉. 创新氛围、创新效能感与团队创新: 团队领导的调节作用 [J]. 心理学报, 2012, 44 (2): 237-248.

[17] 汤超颖, 刘洋, 王天辉. 科研团队魅力型领导、团队认同和创造性绩效的关系研究 [J]. 科学学与科学技术管理, 2012, 33 (10): 155-162.

[18] 汤超颖, 王菲, 王璐. 团队认同管理研究现状 [J]. 中国人力资源开发, 2013 (3): 15-22.

[19] 王端旭, 李溪. 包容性领导对员工从错误中学习的影响机制研究 [J]. 世界科技研究与发展, 2015, 37 (1): 61-66.

[20] 王端旭, 薛会娟, 张东锋. 试论"远缘杂交"与创造力的提升——以高效科研团队为例 [J]. 科学学与科学技术管理, 2009 (7): 182-185.

[21] 王黎萤, 陈劲. 国内外团队创造力研究述评 [J]. 研究与发展管理, 2010, 22 (4): 62-68.

[22] 王黎萤, 陈劲. 研发团队创造力的影响机制研究——以团队共享心智模型为中介 [J]. 科学学研究, 2010, 28 (3): 420-428.

[23] 王唯梁, 谢小云. 团队创新研究进展书评与重构: 二元性视角 [J]. 外国经济与管理, 2015, 37 (6): 39-49.

[24] 吴军. 浪潮之巅 [M]. 2版. 北京: 人民邮电出版社, 2013.

[25] 薛贵, 董奇, 周龙飞, 张华, 陈传生. 内部动机、外部动机与创造力的关系研究 [J]. 心理发展与教育, 2001 (1): 6-11.

[26] 薛继东, 李海. 团队创新影响因素研究述评 [J]. 外国经济与管理, 2009, 31 (2): 25-32.

[27] 杨皎平, 侯楠, 邓雪. 基于团队认同对学习空间调节作用的成员异质性对团队创新绩效的影响研究 [J]. 管理学报, 2014, 11 (7): 1021-1028.

[28] 唐翌. 团队心理安全、组织公民行为和团队创新——一个中介传导模型的实证分析 [J]. 南开管理评论, 2005, 8 (6): 24-29.

[29] 袁庆宏, 张华磊, 王震, 黄勇. 研发团队跨界活动对团队创新绩效

的"双刃剑"效应——团队反思的中介作用与授权领导的调节作用 [J]. 南开管理评论, 2015, 18 (3): 13-23.

[30] 张倩. 团队集体认同与团队绩效——基于团队学习视角的过程机制研究 [D]. 杭州: 浙江大学, 2012.

[31] 张文勤, 刘云. 研发团队反思的结构检验及其对团队效能与效率的影响 [J]. 南开管理评论, 2011, 14 (3): 26-33.

[32] 张政晓. 当风险遭遇责任——基于计划行为理论的 LMX, 团队认同与抑制性进谏行为关系研究 [D]. 杭州: 浙江大学, 2013.

[33] 郑全全, 李宏. 面对面和计算机群体决策在观点产生上的比较 [J]. 心理学报, 2003, 35 (4): 492-498.

[34] 周浩, 龙立荣. 变革型领导对下属进谏行为的影响: 组织心理所有权与传统性的作用 [J]. 心理学报, 2012, 44 (3): 388-399.

[35] Abrams, D., Hogg, M. A. Social Identification, Self-categorization and Social Influence [J]. European Review of Social Psychology, 1990, 1 (1): 195-228.

[36] Abrams, D., Wetherell, M., Cochrane, S., Hogg, M. A., Turner, J. C. Knowing What to Think by Knowing Who You Are: Self-categorization and the Nature of Norm Formation, Conformity and Group Polarization [J]. British Journal of Social Psychology, 1990, 29 (2): 97-119.

[37] Adarves-Yorno, I., Postmes, T., Alexander Haslam, S. Social Identity and the Recognition of Creativity in Groups [J]. British Journal of Social Psychology, 2006, 45 (3): 479-497.

[38] Adarves-Yorno, I., Postmes, T., Haslam, S. A. Creative Innovation or Crazy Irrelevance? The Contribution of Group Norms and Social Identity to Creative Behavior [J]. Journal of Experimental Social Psychology, 2007, 43 (3): 410-416.

[39] Adarves-Yorno I., Haslam S. A., Postmes, T. And Now for Something Completely Different? The Impact of Group Membership on Perceptions of Creativity [J]. Social Influence, 2008, 3 (4): 248-266.

[40] Adler, P. S., Chen, C. X. Combining Creativity and Control: Understanding Individual Motivation in Large-scale Collaborative Creativity [J]. Accounting, Organizations and Society, 2011, 36 (2): 63-85.

[41] Aggarwal, I., Woolley, A. W. Team Creativity, Cognition, and Cognitive Style Diversity [J]. Management Science, 2019, 65 (4): 1586-1599.

[42] Aiken, L. S., West, S. G., Reno, R. R. Multiple Regression: Testing and Interpreting Interactions [M]. Sage, 1991.

[43] Alavi, M., Tiwana, A. Knowledge Integration in Virtual Teams: The Potential Role of KMS [J]. Journal of the American Society for Information Science and Technology, 2002, 53 (12): 1029-1037.

[44] Alvesson, M., Willmott, H. Identity Regulation as Organizational Control: Producing the Appropriate Individual [J]. Journal of Management Studies, 2002, 39 (5): 619-644.

[45] Amabile, T. M., Pillemer, J. Perspectives on the Social Psychology of Creativity [J]. Journal of Creative Behavior, 2012, 46 (1): 3-15.

[46] Amabile, T. M., Barsade, S. G., Mueller, J. S., Staw, B. M. Affect and Creativity at Work [J]. Administrative Science Quarterly, 2005, 50 (3): 367-403.

[47] Amabile, T. M. A model of creativity and innovation in organizations [J]. Research in Organizational Behavior, 1988, 10 (1): 123-167.

[48] Amabile, T. M. Motivating Creativity in Organization: On Doing What You Love and Loving What You Do [J]. California Management Review, 1997, 40 (1): 39-58.

[49] Amabile, T. M. Motivational Synergy: Toward New Conceptualizations of Intrinsic and Extrinsic Motivation in The Workplace [J]. Human Resource Management Review, 1993, 3 (3): 185-201.

[50] Amabile, T. M. Motivation and Creativity: Effects of Motivational Orientation on Creative Writers [J]. Journal of Personality and Social Psychology, 1985, 48 (2): 393-399.

[51] Amabile, T. M. The Social Psychology of Creativity: A Componential Conceptualization [J]. Journal of Personality and Social Psychology, 1983, 45 (2): 357-376.

[52] Ancona, D. G., Caldwell, D. F. Bridging the Boundary: External Activity and Performance in Organizational Teams [J]. Administrative Science Quarterly, 1992, 37 (4): 634-665.

[53] Anderson, N. , De Dreu, C. K. W. , Nijstad, B. A. The Routinization of Innovation Research: A Constructively Critical Review of the Sstate-of-the-science [J]. Journal of Organizational Behavior, 2004, 25 (2): 147 – 173.

[54] Anderson, N. , Potočnik, K. , Zhou, J. Innovation and Creativity in Organizations: A State-of-the-science Review, Prospective Commentary, and Guiding Framework [J]. Journal of Management, 2014, 40 (5): 1297 – 1333.

[55] Andriopoulos, C. , Lewis, M. W. Exploitation-exploration Tensions and Organizational Ambidexterity: Managing Paradoxes of Innovation [J]. Organization Science, 2009, 20 (4): 696 – 717.

[56] Ashforth, B. E. , Johnson, S. A. Which Hat to Wear? The Relative Salience of Multiple Identities in Organizational Contexts. In M. A. Hogg & D. J. Terry (Eds. ) [M]. Social identity processes in organizational contexts. Philadelphia: Psychology Press, 2001: 31 – 48.

[57] Ashforth, B. E. , Mael, F. A. Organizational Identity and Strategy as a Context for the Individual [J]. Advances in Strategic Management, 1996, 13: 19 – 64.

[58] Ashforth, B. E. , Mael, F. A. The Power of Resistance: Sustaining Valued Identities. In R. M. Kramer & M. A. Neale (Eds. ) [M]. Power and influence in organizations. Thousand Oaks, CA: Sage, 1998: 89 – 119.

[59] Ashforth, B. E. , Harrison, S. H. , Corley, K. G. Identification in Organizations: An Examination of Four Fundamental Questions [J]. Journal of Management, 2008, 34 (3): 325 – 374.

[60] Ashforth B. E. , Mael, F. Social Identity Theory and the Organization [J]. Academy of Management Review, 1989, 14 (1): 20 – 39.

[61] Baer, M. , Oldham, G. R. , Jacobsohn, G. C. , Hollingshead, A. B. The Personality Composition of Team and Creativity: The Moderating Role of Team Creative Confidence [J]. Journal of Creative Behavior, 2008, 42 (4): 255 – 282.

[62] Bagozzi, R. P. The Role of Arousal in the Creation and Control of the Halo Effect in Attitude Models [J]. Psychology & Marketing, 1996, 13 (3): 235 – 264.

[63] Barczak, G. , Lassk, F. , Mulki, J. Antecedents of Team Creativity: An Examination of Team Emotional Intelligence, Team Trust and Collaborative Cul-

ture [J]. Creativity and Innovation Management, 2010, 19 (4): 332 - 345.

[64] Barker, J. R., Tompkins. P. K. Identification in the Self - Managing Organization Characteristics of Target and Tenure [J]. Human Communication Research, 1994, 21 (2): 223 - 240.

[65] Barrick, M. R., Stewart, G. L., Neubert, M. J., Mount, M. K. Relating Member Ability and Personality to Work - Team Processes and Team Effectiveness [J]. Journal of Applied Psychology, 1998, 83 (3): 377 - 391.

[66] Beckman, C. M. The Influence of Founding Team Company Affiliations on Firm Behavior [J]. Academy of Management Journal, 2006, 49 (4): 741 - 758.

[67] Bell, S. T., Villado, A. J., Lukasik, M. A., Belau, L., Briggs, A. L. Getting Specific about Demographic Diversity Variable and Team Performance Relationship: A Meta-analysis [J]. Journal of Management, 2011, 37 (3): 709 - 743.

[68] Bergami, M., Bagozzi, R. P. (2000). Self-categorization, Affective Commitment and Group Self - Esteem as Distinct Aspects of Social Identity in the Organization [J]. British Journal of Social Psychology, 2000, 39 (4): 555 - 577.

[69] Bezrukova, K., Jehn, K. A., Zanutto, E. L., Thatcher, S. M. Do Workgroup Faultlines Help or Hurt? A Moderated Model of Faultlines, Team Identification, and Group Performance [J]. Organization Science, 2009, 20 (1): 35 - 50.

[70] Billig, M., Tajfel, H. Social Categorization and Similarity in Intergroup Behaviour [J]. European Journal of Social Psychology, 1973, 3 (1): 27 - 52.

[71] Blazevic, V., Lievens, A. Learning during the New Financial Service Innovation Process: Antecedents and Performance Effects [J]. Journal of Business Research, 2004, 57 (4): 374 - 391.

[72] Boone, C., Hendriks, W. Top Management Team Diversity and Firm Performance: Moderators of Functional - Background and Locus - Of - Control Diversity [J]. Management Science, 2009, 55 (2): 165 - 180.

[73] Bresman, H. External Learning Activities and Team Performance: A Multimethod Field Study [J]. Organization Science, 2010, 21 (1): 81 - 96.

[74] Brewer, M. B., Gardner, W. Who is This "We"? Levels of Collective Identity and Self Representations [J]. Journal of Personality and Social Psychology,

1996, 71 (1): 83 -93.

[75] Brewer, M. B. In-group Bias in the Minimal Intergroup Situation: A Cognitive Motivational Analysis [J]. Psychological Bulletin, 1979, 86 (2): 237 -243.

[76] Brewer, M. B. The Psychology of Prejudice: Ingroup Love and Outgroup Hate [J]. Journal of Social Issues, 1999, 55 (3): 429 -444.

[77] Brewer, M. B. The Social Self: On Being the Same and Different at the Same Time [J]. Personality and Social Psychology Bulletin, 1991, 17 (5): 475 -482.

[78] Brislin, R. W. Translation and Content Analysis of Oral and Written Material. In H. C. Triandis & J. W. Berry (Eds.) [M]. Handbook of cross-cultural psychology: Methodology. Boston: Allyn & Bacon, 1980: 389 -444.

[79] Brown, A. D., Starkey, K. Organizational Identity and Learning: A Psychodynamic Perspective [J]. Academy of Management Review, 2000, 25 (1): 102 -120.

[80] Brown, V. R., Paulus, B. P. Making Group Brainstorming More Effective: Recommendations from an Associative Memory Perspective [J]. Current Directions in Psychological Science, 2002, 11 (6): 208 -212.

[81] Cai, F., Wang, D. Demographic Transition: Impkications for Growth. In R. Garnaut & L. Song (Eds.) [M]. The china boom and its discontents. Asia Pacific Press, 2005: 34 -52.

[82] Cannella Jr., A. A., Park, J. H., Lee, H. U. Top Management Team Functional Background Diversity and Firm Performance: Examining the Roles of Team Member Colocation and Environmental Uncertainty [J]. Academy of Management Journal, 2008, 51 (4): 768 -784.

[83] Carbonell, P., Rodríguez Escudero, A. I. The Dark Side of Team Social Cohesion in NPD Team Boundary Spanning [J]. Journal of Product Innovation Management, 2019, 36 (2): 149 -171.

[84] Carmeli, A., Schaubroeck, J. Top Management Team Behavioral Integration, Decision Quality, and Organizational Decline [J]. Leadership Quarterly, 2006, 17 (5): 441 -453.

[85] Carmeli, A., Cohen - Meitar, R., Elizur, D. The Role of Job Challenge and Organizational Identification in Enhancing Creative Behavior among Employ-

ees in the Workplace [J]. Journal of Creative Behavior, 2007, 41 (2): 75 - 90.

[86] Carmeli, A., Gelbard, R., Goldriech, R. Linking Perceived External Prestige and Collective Identification to Collaborative Behavior in R & D Teams [J]. Expert System with Application, 2011, 38 (7): 8199 - 8207.

[87] Carmeli, A., Gilat, G., Waldman, D. A. The Role of Perceived Organizational Performance in Organizational Identification, Adjustment and Job Performance [J]. Journal of Management Studies, 2007, 44 (6): 972 - 992.

[88] Carmeli, A., Reiter - Palmon, R., Ziv, E. Inclusive Leadership and Employee Involvement in Creative Tasks in the Workplace: The Mediating Role of Psychological Safety [J]. Creativity Research Journal, 2010, 22 (3): 250 - 260.

[89] Carmeli, A. Top Management Team Behavioral Integration and the Performance of Service Organizations [J]. Group & Organization Management, 2008, 33 (6): 712 - 735.

[90] Carter, S. M., West, M. A. Reflexivity, Effectiveness, and Mental Health in BBC - TV Production Teams [J]. Small Group Research, 1998, 29 (5): 583 - 601.

[91] Chan, C. C. A., Pearson, C., Entrekin, L. Examining the Effects of Internal and External Team Learning on Team Performance [J]. Team Performance Management: An International Journal, 2003, 9 (7 - 8): 174 - 181.

[92] Chen, G., Kanfer, R. Toward a Systems Theory of Motivated Behavior in Work Teams [J]. Research in Organizational Behavior, 2006, 27: 223 - 267.

[93] Chen, M - H. Understanding the Benefits and Detriments of Conflict on Team Creativity Process [J]. Creativity and Innovation Management, 2006, 15 (1): 105 - 116.

[94] Christensen, P. N., Rothgerber, H., Wood, W., Matz, D. C. Social Norms and Identity Relevance: A Motivational Approach to Normative Behavior [J]. Personality and Social Psychology Bulletin, 2004, 30 (10): 1295 - 1309.

[95] Chu, C - P., Li, C - R., Lin, C - J. The Joint Effect of Project - Level Exploratory and Exploitative Learning in New Product Development [J]. European Journal of Marketing, 2011, 45 (4): 531 - 550.

[96] Cialdini, R. B., Goldstein, N. J. Social Influence: Compliance and Conformity [J]. Annual Review of Psychology, 2004, 55: 591 - 621.

[97] Cohen, W. M., Levinthal, D. A. Absorptive Capacity: A New Perspective on Learning and Innovation [J]. Administrative Science Quarterly, 1990, 35 (1): 128 – 152.

[98] Conti, R., Collins, M. A., Picariello, M. L. The Impact of Competition on Intrinsic Motivation and Creativity: Considering Gender, Gender Segregation and Gender Role Orientation [J]. Personality and Individual Differences, 2001, 31 (8): 1273 – 1289.

[99] Cronin, M. A., Bezrukova, K., Weingart, L. R., Tinsley, C. H. Subgroups Within a Team: The Role of Cognitive and Affective Integration [J]. Journal of Organizational Behavior, 2011, 32 (6): 831 – 849.

[100] Cropley, A. In Praise of Convergent Thinking [J]. Creativity Research Journal, 2006, 18 (3): 391 – 404.

[101] Dawson, J. F. Moderation in Management Research: What, Why, When, and How [J]. Journal of Business and Psychology, 2014, 29 (1): 1 – 19.

[102] De Cremer, D., Van Vugt, M. Social Identification Effects in Social Dilemmas [J]. European Journal of Social Psychology, 1999, 29 (7): 871 – 893.

[103] De Dreu, C. K. W., Van Vianen, A. E. Managing Relationship Conflict and the Effectiveness of Organizational Teams [J]. Journal of Organizational behavior, 2001, 22 (3): 309 – 328.

[104] De Dreu, C. K. W., West, M. A. Minority Dissent and Team Innovation: The Importance of Participation in Decision Making [J]. Journal of Applied Psychology, 2001, 86 (6): 1191 – 1201.

[105] De Dreu, C. K. W., Nijstad, B. A., Van Knippenberg, D. Motivated Information Processing in Group Judgment and Decision Making [J]. Personality and Social Psychology Review, 2008, 12 (1): 22 – 49.

[106] De Dreu, C. K. W., Nijstad, B. A., Bechtoldt, M. N., Baas, M. Group Creativity and Innovation: A Motivated Information Processing Perspective [J]. Psychology of Aesthetics, Creativity, and the Arts, 2011, 5 (1): 81 – 89.

[107] De Dreu, C. K. W. Cooperative Outcome Interdependence, Task Reflexivity, and Team Effectiveness: A Motivated Information Processing Perspective [J]. Journal of Applied Psychology, 2007, 92 (3): 628 – 638.

[108] De Dreu, C. K. W. Team Innovation and Team Effectiveness: The Im-

portance of Minority Dissent and Reflexivity [J]. European Journal of Work and Organizational Psychology, 2002, 11 (3): 285 - 298.

[109] De Dreu, C. K. W. When Too Little or Too Much Hurts: Evidence for A Curvilinear Relationship Between Task Conflict and Innovation In Teams [J]. Journal of Management, 2006, 32 (1): 83 - 107.

[110] De Jong, B. A., Elfring, T. How Does Trust Affect the Performance of Ongoing Teams? The Mediating Role of Reflexivity, Monitoring, and Effort [J]. Academy of Management Journal, 2010, 53 (3): 535 - 549.

[111] Detert, J. R., Burris, E. R. Leadership Behavior and Employee Voice: Is the Door Really Open [J]. Academy of Management Journal, 2007, 50 (4): 869 - 884.

[112] Detert, J. R., Edmondson, A. C. Implicit Voice Theories: Taken - For - Granted Rules of Self - Censorship at Work [J]. Academy of Management Journal, 2011, 54 (3): 461 - 488.

[113] Dewett, T. Linking Intrinsic Motivation, Risk Taking, and Employee Creativity in an R&D Environment [J]. R&D Management, 2007, 37 (3): 197 - 208.

[114] Dietz - Uhler, B. The Escalation of Commitment in Political Decision - Making Groups: A Social Identity Approach [J]. European Journal of Social Psychology, 1996, 26 (4): 611 - 629.

[115] Doosje, B., Ellemers, N., Spears, R. Perceived Intragroup Variability as a Function of Group Status and Identification [J]. Journal of Experimental Social Psychology, 1995, 31 (5): 410 - 436.

[116] Dovidio, J. F., Gaertner, S. L., Validzic, A. Intergroup Bias: Status, Differentiation, and a Common In-group Identity [J]. Journal of Personality and Social Psychology, 1998, 75 (1): 109 - 120.

[117] Dovidio, J. F., Gaertner, S. L., Validzic, A., Matoka, K., Johnson, B., Frazier, S. Extending the Benefits of Recategorization: Evaluations, Self - Disclosure, and Helping [J]. Journal of Experimental Social Psychology, 1997, 33 (4): 401 - 420.

[118] Drazin, R., Glynn, M. A., Kazanjian, R. K. Multilevel Theorizing about Creativity in Organizations: A Sensemaking Perspective [J]. Academy of

Management Review, 1999, 24 (2): 286 - 307.

[119] Dukerich, J. M., Golden, B. R., Shortell, S. M. Beauty Is in The Eye of the Beholder: The Impact of Organizational Identification, Identity, and Image on the Cooperative Behaviors of Physicians [J]. Administrative Science Quarterly, 2002, 47 (3): 507 - 533.

[120] Dutton, J. E., Dukerich, J. M., Harquail, C. Organizational Images and Member Identification [J]. Administrative Science Quarterly, 1994, 39 (2): 239 - 262.

[121] Eckel, C. C., Grossman, P. J. Managing Diversity by Creating Team Identity [J]. Journal of Economic Behavior & Organization, 2005, 58 (3): 371 - 392.

[122] Edmondson, A. C. Psychological Safety and Learning Behavior in Work Teams [J]. Administrative Science Quarterly, 1999, 44 (2): 350 - 383.

[123] Edwards, J. R., Lambert, L. S. Methods for Integrating Moderation and Mediation: A General Analytical Framework Using Moderated Path Analysis [J]. Psychological Methods, 2007, 12 (1): 1 - 22.

[124] Edwards, M. R. Organizational Identification: A Conceptual and Operational Review [J]. International Journal of Management Review, 2005, 7 (4): 207 - 230.

[125] Ellemers, N., De Gilder, D., Haslam, S. A. Motivating Individuals and Groups at Work: A Social Identity Perspective on Leadership and Group Performance [J]. Academy of Management Review, 2004, 29 (3): 459 - 478.

[126] Ellemers, N., Kortekaas, P., Ouwerkerk, J. W. Self-categorisation, Commitment to the Group and Group Self - Esteem as Related but Distinct Aspects of Social Identity [J]. European Journal of Social Psychology, 1999, 29 (2 - 3): 371 - 389.

[127] Ellis, A. P., Mai, K. M., Christian, J. S. Examining the Asymmetrical Effects of Goal Faultlines in Groups: A Categorization - Elaboration Approach [J]. Journal of Applied Psychology, 2013, 98 (6): 948 - 961.

[128] Epitropaki, O., Martin, R. The Moderation Role of Individual Differences in the Relation Between Transformational/Transactional Leadership Perceptions and Organizational Identification [J]. The Leadership Quarterly, 2005, 16 (4):

569-589.

[129] Fairchild, J., Hunter, S. T. "We've Got Creative Differences": The Effects of Task Conflict and Participative Safety on Team Creative Performance [J]. Journal of Creative Behavior, 2014, 48 (1): 64-87.

[130] Farh, J-L., Lee, C., Farh, C. I. C. Task Conflict and Team Creativity: A Question of How Much and When [J]. Journal of Applied Psychology, 2010, 95 (6): 1173-1180.

[131] Fisher, D. M., Bell, S. T., Dierdorff, E. C., Belohlav, J. A. Facet Personality and Surface-Level Diversity as Team Mental Model Antecedents: Implications for Implicit Coordination [J]. Journal of Applied Psychology, 2012, 97 (4): 825-841.

[132] Fuller, J. B., Marler, L., Hester, K., Frey, L., Relyea, C. Construed External Image and Organizational Identification: A Test of the Moderating Influence of Need for Self-Esteem [J]. The Journal of Social Psychology, 2006, 146 (6): 701-716.

[133] Gaertner, S. L., Dovidio, J. F., Bachman, B. A. Revisiting the Contact Hypothesis: The Induction of a Common Ingroup Identity [J]. International Journal of Intercultural Relations, 1996, 20 (3): 271-290.

[134] Gans, J. The Other Disruption [J]. Harvard Business Review, 2016, 94 (3): 78-84.

[135] Gardner, H. K., Gino, F., Staats, B. R. Dynamically Integrating Knowledge in Teams: Transforming Resources into Performance [J]. Academy of Management Journal, 2012, 55 (4): 998-1022.

[136] George, J. M. 9 Creativity in Organization [J]. Academy of Management Annals, 2007: 439-477.

[137] George, J. M. Personality, Affect, and Behavior in Groups [J]. Journal of Applied Psychology, 1990, 75 (2): 107-116.

[138] Getzels, J. W. Problem-Finding and the Inventiveness of Solutions [J]. Journal of Creative Behavior, 1975, 9 (1): 12-18.

[139] Gibson, C., Vermeulen, F. A Healthy Divide: Subgroups as a Stimulus for Team Learning Behavior [J]. Administrative Science Quarterly, 2003, 48 (2): 202-239.

[140] Gibson, C. B., Dibble, R. Excess May Do Harm: Investigating the Effect of Team External Environment on External Activities in Teams [J]. Organization Science, 2013, 24 (3): 697 – 715.

[141] Gilson, L. L., Mathieu, J. E., Shalley, C. E., Ruddy, T. M. Creativity and Standardization: Complementary or Conflicting Drivers of Team Effectiveness [J]. Academy of Management Journal, 2005, 48 (3): 521 – 531.

[142] Gino, F., Argote, L., Miron – Spektor, E., Todorova, G. First, Get Your Feet Wet: The Effects of Learning from Direct and Indirect Experience on Team Creativity [J]. Organizational Behavior and Human Decision Processes, 2010, 111 (2): 102 – 115.

[143] Goncalo, J. A., Staw, B. M. Individualism – Collectivism and Group Creativity [J]. Organizational Behavior and Human Decision Processes, 2006, 100 (1): 96 – 109.

[144] Grant, A. M., Berry, J. W. The Necessity of Others Is the Mother of Invention: Intrinsic and Prosocial Motivations, Perspective Taking, and Creativity [J]. Academy of Management Journal, 2011, 54 (1): 73 – 96.

[145] Greer, L. L., van Kleef, G. A. Equality Versus Differentiation: The Effects of Power Dispersion on Group Interaction [J]. Journal of Applied Psychology, 2010, 95 (6): 1032 – 1044.

[146] Guilford, J. P. Creativity: Yesterday, Today and Tomorrow [J]. Journal of Creative Behavior, 1967, 1 (1): 3 – 14.

[147] Gundlach, M., Zivnuska, S., Stoner, J. Understanding the Relationship Between Individualism – Collectivism and Team Performance through an Integration of Social Identity Theory and The Social Relations Model [J]. Human Relations, 2006, 59 (12): 1603 – 1632.

[148] Hambrick, D. C. Top Management Groups: A Conceptual Integration and Reconsideration of the Team Label. In B. M. Staw & L. L. Cummings (Eds.) [M]. Research in organization behavior. Greenwich, CT: JAI Press, 1994, 16, 171 – 214.

[149] Hambrick, D. C. Upper Echelons Theory: An Update [J]. Academy of Management Review, 2007, 32 (2): 334 – 343.

[150] Han, G., Harms, P. D. Team Identification, Trust and Conflict: A

Mediation Model [J]. International Journal of Cnflict Management, 2010, 21 (1): 20 - 43.

[151] Hansen, M. T. The Search - Transfer Problem: The Role of Weak Ties in Sharing Knowledge across Organization Subunits [J]. Administrative Science Quarterly, 1999, 44 (1): 82 - 111.

[152] Hargadon, A. B., Bechky, B. A. When Collections of Creatives Become Creative Collectives: A Field Study of Problem Solving at Work [J]. Organization Science, 2006, 17 (4): 484 - 500.

[153] Harrison, S. H., Dossinger, K. Pliable Guidance: A Multilevel Model of Curiosity, Feedback Seeking, and Feedback Giving in Creative Work [J]. Academy of Management Journal, 2017, 60 (6): 2051 - 2072.

[154] Harrison, S. H., Rouse, E. D. Let's Dance! Elastic Coordination in Creative Group Work: A Qualitative Study of Modern Dancers [J]. Academy of Management Journal, 2014, 57 (5): 1256 - 1283.

[155] Harvey, S., Kou, C. Y. Creative Engagement in Creative Tasks: The Role of Evaluation in the Creative Process in Groups [J]. Administrative Science Quarterly, 2013, 58 (3): 346 - 386.

[156] Harvey, S., Peterson, R. S., Anand, N. The Process of Team Boundary Spanning in Multi - Organizational Contexts [J]. Small Group Research, 2014, 45 (5): 506 - 538.

[157] Harvey, S. A different perspective: The Multiple Effects of Deep Level Diversity on Group Creativity [J]. Journal of Experimental Social Psychology, 2013, 49 (5): 822 - 832.

[158] Harvey, S. Creative Synthesis: Exploring the Process of Extraordinary Group Creativity [J]. Academy of Management Review, 2014, 39 (3): 324 - 343.

[159] Haslam, S. A., Adarves - Yorno, I., Postmes, T., Jans, L. The Collective Origins of Value Originality: A Social Identity Approach to Creativity [J]. Personality and Social Psychology Reivew, 2013, 17 (4): 384 - 401.

[160] Haslam, S. A., Powell, C., Turner, J. Social Identity, Self-categorization, and Work Motivation: Rethinking the Contribution of the Group to Positive and Sustainable Organisational Outcomes [J]. Applied Psychology, 2000, 49 (3): 319 - 339.

［161］Haslam, S. A. Psychology in Organizations: The Social Identity Approach [M]. London: Sage, 2004.

［162］Heimans, J. , Timms, H. Understanding "New Power" [J]. Harvard Business Review, 2014, 92 (12): 48 – 56.

［163］Henry, K. B. , Arrow, H. , Carini, B. A Tripartite Model of Group Identification Theory and Measurement [J]. Small Group Research, 1999, 30 (5): 558 – 581.

［164］Herman, H. M. , Chiu, W. C. Transformational Leadership and Job Performance: A Social Identity Perspective [J]. Journal of Business Research, 2014, 67 (1): 2827 – 2835.

［165］Herman, H. M. , Mitchell, R. J. A Theoretical Model of Transformational Leadership and Knowledge Creation: The Role of Open – Mindedness Norms and Leader – Member Exchange [J]. Journal of Management & Organization, 2010, 16 (1): 83 – 99.

［166］Hewstone, M. , Rubin, M. , Willis, H. Intergroup Bias [J]. Annual Review of Psychology, 2002, 53: 575 – 604.

［167］Hinsz, V. B. , Tindale, R. S. , Vollrath, D. A. The Emerging Conceptualization of Groups as Information Processors [J]. Psychological Bulletin, 1997, 121 (1): 43 – 64.

［168］Hirak, R. , Peng, A. C. , Carmeli, A. , Schaubroeck, J. M. Linking Leader Inclusiveness to Work Unit Performance: The Importance of Psychological Safety and Learning from Failures [J]. The Leadership Quarterly, 2012, 23 (1): 107 – 117.

［169］Hirst, G. , Van Dick, R. , Van Knippenberg, D. A Social Identity Perspective on Leadership and Employee Creativity [J]. Journal of Organizational Behavior, 2009, 30 (7): 963 – 982.

［170］Hülsheger, U. R. , Anderson, N. , Salgado, J. F. Team – Level Predictors of Innovation at Work: A Comprehensive Meta-analysis Spanning Three Decades of Research [J]. Journal of Applied Psychology, 2009, 94 (5): 1128 – 1145.

［171］Hobman, E. V. , Bordia, P. The Role of Team Identification in the Dissimilarity – Conflict Relationship [J]. Group Processes & Intergroup Relations, 2006, 9 (4): 483 – 507.

[172] Hoegl, M., Parboteeah, K. P. Team Reflexivity in Innovative Projects [J]. R&D Management, 2006, 36 (2): 113-125.

[173] Hoever, I. J., Van Knippenberg, D., van Ginkel, W. P., Barkema, H. G. Fostering Team Creativity: Perspective Taking as Key to Unlocking Diversity's Potential [J]. Journal of Applied Psychology, 2012, 97 (5): 982-996.

[174] Hoever, I. J., Zhou, J., van Knippenberg, D. Different Strokes for Different Teams: The Contingent Effects of Positive and Negative Feedback on the Creativity of Informationally Homogeneous and Diverse Teams [J]. Academy of Management Journal, 2018, 61 (6): 2159-2181.

[175] Hogg, M. A., Hains, S. C. Intergroup Relations and Group Solidarity: Effects of Group Identification and Social Beliefs on Depersonalized Attraction [J]. Journal of Personality and Social Psychology, 1996, 70 (2): 295-309.

[176] Hogg, M. A., Terry, D. Social Identity and Self-categorization Processes in Organizational Contexts [J]. Academy of Management Review, 2000, 25 (1): 121-140.

[177] Hogg, M. A. A Social Identity Theory of Leadership [J]. Personality and Social Psychology Review, 2001, 5 (3): 184-200.

[178] Hon, A. H., Leung, A. S. Employee Creativity and Motivation in the Chinese Context: The Moderating Role of Organizational Culture [J]. Cornell Hospitality Quarterly, 2011, 52 (2): 125-134.

[179] Hu, J., Erdogan, B., Jiang, K., Bauer, T. N., Liu, S. Leader Humility and Team Creativity: The Role of Team Information Sharing, Psychological Safety, and Power Distance [J]. Journal of Applied Psychology, 2018, 103 (3): 313-323.

[180] Huang, J-W., Li, Y-H. Slack Resources in Team Learning and Project Performance [J]. Journal of Business Research, 2012, 65 (3): 381-388.

[181] Hunter, S. T., Bedell, K. E., Mumford, M. D. Climate for Creativity: A Quantitative Review [J]. Creativity Research Journal, 2007, 19 (1): 69-90.

[182] Hutchison, P., Abrams, D., Gutierrez, R., Viki, G. T. Getting Rid of the Bad Ones: The Relationship Between Group Identification, Deviant Derogation, and Identity Maintenance [J]. Journal of Experimental Social Psychology,

2008, 44 (3): 874-881.

[183] James, L. R., Demaree, R. G., Wolf, G. Estimating Within-Group Interrater Reliability with and Without Response Bias [J]. Journal of Applied Psychology, 1984, 69 (1): 85-98.

[184] Janis, I. L. Groupthink: Psychological Studies of Policy Decisions and Fiasces [M]. Houghton Mifflin, 1982.

[185] Jans, L., Postmes, T., Van der Zee, K. I. The Induction of Shared Identity: The Positive Role of Individual Distinctiveness for Groups [J]. Personality and Social Psychology Bulletin, 2011, 37 (8): 1130-1141.

[186] Janssen, O., Huang, X. Us and Me: Team Identification and Individual Differentiation as Complementary Drivers of Team Members' Citizenship and Creative Behaviors [J]. Journal of Management, 2008, 34 (1): 69-88.

[187] Jetten, J., Postmes, T., McAuliffe, B. J. 'We're All Individuals': Group Norms of Individualism and Collectivism, Levels of Identification and Identity Threat [J]. European Journal of Social Psychology, 2002, 32 (2): 189-207.

[188] Kahn, W. A. Psychological Conditions of Personal Engagement and Disengagement at Work [J]. Academy of Management Journal, 1990, 33 (4): 692-724.

[189] Kane, A. A., Argote, L., Levine, J. M. Knowledge Transfer Between Groups via Personnel Rotation: Effects of Social Identity and Knowledge Quality [J]. Organizational Behavior and Human Decision Processes, 2005, 96 (1): 56-71.

[190] Kanfer, R., Ackerman, P. L. Motivation and Cognitive Abilities: An Integrative/Aptitude-Treatment Interaction Approach to Skill Acquisition [J]. Journal of Applied Psychology, 1989, 74 (4): 657-690.

[191] Katz, R. The Effects of Group Longevity on Project Communication and Performance [J]. Administrative Science Quarterly, 1982, 27 (1): 81-104.

[192] Kearney, E., Gebert, D. Managing Diversity and Enhancing Team Outcomes: The Promise of Transformational Leadership [J]. Journal of Applied Psychology, 2009, 94 (1): 77-89.

[193] Kearney, E., Gebert, D., Voelpel, S. C. When and How Diversity Benefits Teams: The Importance of Team Members' Need for Cognition [J].

Academy of Management Journal, 2009, 52 (3): 581 -598.

[194] Kessler, E. H., Bierly, P. E., Gopalakrishnan, S. Internal vs. External Learning in New Product Development: Effects on Speed, Costs and Competitive Advantage [J]. R&d Management, 2002, 30 (3): 213 -224.

[195] Kohn, N. W., Paulus, P. B., Choi, Y. H. Building on the Ideas of Others: An Examination of the Idea Combination Process [J]. Journal of Experimental Social Psychology, 2011, 47 (3): 554 -561.

[196] Kostopoulos, K. C., Bozionelos, N. Team Exploratory and Exploitative Learning: Psychological Safety, Task Conflict, and Team Performance [J]. Group & Organization Management, 2011, 36 (3): 385 -415.

[197] Kostopoulos, K. C., Bozionelos, N., Syrigos, E. Ambidexterity and Unit Performance: Intellectual Capital Antecedents and Cross - Level Moderating Effects of Human Resource Practices [J]. Human Resource Management, 2015, 54 (S1): 111 -132.

[198] Kramer, R. M., Hanna, B. A., Su, S., Wei, J. Collective Identity, Collective Trust, and Social Capital: Linking Group Identification and Group Cooperation. In M. E. Turner (Ed.) [M]. Group at work: Theory and research. Mahwah, NJ: Erlbaum, 2001: 174 -196.

[199] Kramer, R. M. Trust and Distrust in Organizations: Emerging Perspectives, Enduring Questions [J]. Annual Review of Psychology, 1999, 50: 569 -598.

[200] Kratzer, J., Leenders, R. T. A. J., Van Engelen, J. M. L. The Social Structure of Leadership and Creativity in Engineering Design Teams: An Empirical Analysis [J]. Journal of Engineering and Technology Management, 2008, 25 (4): 269 -286.

[201] Langfred, C. W. Too Much of a Good Thing? Negative Effects of High Trust and Individual Autonomy in Self - Managing Teams [J]. Academy of Management Journal, 2004, 47 (3): 385 -399.

[202] Lau, D. C., Murnighan, J. K. Demographic Diversity and Faultlines: The Compositional Dynamics of Organizational Groups [J]. Academy of Management Review, 1998, 23 (2): 325 -340.

[203] Lavie, D., Stettner, U., Tushman, M. L. Exploration and Exploitation within and across Organizations [J]. Academy of Management Annals, 2010, 4

(1): 109-155.

[204] Lee, D. S., Lee, K. C., Seo, Y. W., Choi, D. Y. An Analysis of Shared Leadership, Diversity, and Team Creativity in An E-Learning Environment [J]. Computers in Human Behavior, 2015, 42: 47-56.

[205] Lee, F. The Social Costs of Seeking Help [J]. Journal of Applied Behavioral Science, 2002, 38 (1): 17-35.

[206] Lee, H. W., Choi, J. N., Kim, S.. Does Gender Diversity Help Teams Constructively Manage Status Conflict? An Evolutionary Perspective of Status Conflict, Team Psychological Safety, and Team Creativity [J]. Organizational Behavior and Human Decision Processes, 2018, 144: 187-199.

[207] Lee, S. M., Farh, C. I. Dynamic Leadership Emergence: Differential Impact of Members' and Peers' Contributions in the Idea Generation and Idea Enactment Phases of Innovation Project Teams [J]. Journal of Applied Psychology, 2019, 104 (3): 411-432.

[208] Leenders, R. T. A. J., Van Engelen, J. M. L., Kratzer, J. Virtuality, Communication, and New Product Team Creativity: A Social Network Perspective [J]. Journal of Engineering and Technology Management, 2003, 20 (1-2): 69-92.

[209] Lembke, S., Wilson, M. G. Putting the "Team" into Teamwork: Alternative Theoretical Contributions for Contemporary Management Practice [J]. Human Relations, 1998, 51 (7): 927-944.

[210] LePine, J. A., Van Dyne, L. Predicting Voice Behavior in Work Groups [J]. Journal of Applied Psychology, 1998, 83 (6): 853-868.

[211] Levin, D. Z., Cross, R. The Strength of Weak Ties You Can Trust: The Mediating Role of Trust in Effective Knowledge Transfer [J]. Management Science, 2004, 50 (11): 1477-1490.

[212] Levinthal, D. A., March, J. G. The Myopia of Learning [J]. Strategic Management Journal, 1993, 14 (S2): 95-112.

[213] Lewis, K. Knowledge and Performance in Knowledge-Worker Teams: A Longitudinal Study of Transactive Memory Systems [J]. Management Science, 2004, 50 (11): 1519-1533.

[214] Lewis, M. W., Welsh, M. A., Dehler, G. E., Green, S. G. Product

Development Tensions: Exploring Contrasting Styles of Project Management [J]. Academy of Management Journal, 2002, 45 (3): 546 – 564.

[215] Li, C – R., Chu, C – P., Lin, C – J. The Contingent Value of Exploratory and Exploitative Learning for New Product Development Performance [J]. Industrial Marketing Management, 2010, 39 (7): 1186 – 1197.

[216] Li, H., Zhang, Y. Founding Team Comprehension and Behavioral Integration: Evidence from New Technology Ventures in China [M]. In: Academy of Management Best Paper Proceedings, 2002.

[217] Li, J., Hambrick, D. C. Factional Groups: A New Vantage on Demographic Faultlines, Conflict, and Disintegration in Work Teams [J]. Academy of Management Journal, 2005, 48 (5): 794 – 813.

[218] Li, Y., Fu, F., Sun, J. M., Yang, B. Leader-member Exchange Differentiation and Team Creativity: An Investigation of Nonlinearity [J]. Human Relations, 2016, 69 (5): 1121 – 1138.

[219] Li, Y., Lee, S – H., Li, X., Liu, Y. Knowledge Codification, Exploitation, and Innovation: The Moderating Influence of Organizational Controls in Chinese Firms [J]. Management and Organization Review, 2010, 6 (2): 219 – 241.

[220] Li, Y – H., Huang, J – W. Exploitative and Exploratory Learning in Transactive Memory Systems and Project Performance [J]. Information & Management, 2013, 50 (6): 304 – 313.

[221] Liang, J., Farh, C. I., Farh, J. L. Psychological Antecedents of Promotive and Prohibitive Voice: A Two – Wave Examination [J]. Academy of Management Journal, 2012, 55 (1): 71 – 92.

[222] Liao, J., Jimmieson, N. L., O'Brien, A. T., Restubog, S. L. Developing Transactive Memory Systems Theoretical Contributions from A Social Identity Perspective [J]. Group & Organization Management, 2012, 37 (2): 204 – 240.

[223] Lin, B., Law, K. S., Zhou, J. Why is Underemployment Related to Creativity and Ocb? A Task – Crafting Explanation of the Curvilinear Moderated Relations [J]. Academy of Management Journal, 2017, 60 (1): 156 – 177.

[224] Ling, Y., Simsek, Z., Lubatkin, M. H., Veiga, J. F. Transformational Leadership's Role in Promoting Corporate Entrepreneurship: Examining the

CEO – TMT Interface [J]. Academy of Management Journal, 2008, 51 (3): 557 – 576.

[225] Lipponen, J., Helkama, K., Juslin, M. Subgroup Identification, Superordinate Identification and Intergroup Bias Between the Subgroups [J]. Group Processes & Intergroup Relations, 2003, 6 (3): 239 – 250.

[226] Litchfield, R. C., Karakitapoǧlu – Aygün, Z., Gumusluoglu, L., Carter, M., Hirst, G. When Team Identity Helps Innovation and When It Hurts: Team Identity and Its Relationship to Team and Cross – Team Innovative Behavior [J]. Journal of Product Innovation Management, 2018, 35 (3): 350 – 366.

[227] Lock, D., Taylor, T., Funk, D., Darcy, S. Exploring the Development of Team Identification [J]. Journal of Sport Management, 2012, 26 (4): 283 – 294.

[228] London, M., Sessa, V. I. The Development of Group Interaction Patterns: How Groups Become Adaptive, Generative, and Transformative Learners [J]. Human Resource Development Review, 2007, 6 (4): 353 – 376.

[229] Luan, K., Ling, C – D., Xie, X – Y. The Nonlinear Effects of Educational Diversity on Team Creativity [J]. Asia Pacific Journal of Human Resources, 2016, 54 (4): 465 – 480.

[230] Luan, K., Rico, R., Xie, X – Y., Zhang, Q. Collective Team Identification and External Learning. Small Group Research, 2016, 47 (4): 384 – 405.

[231] Lubatkin, M. H., Simsek, Z., Ling, Y., Veiga, J. F. Ambidexterity and Performance in Small-to-medium-sized Firms: The Pivotal Role of Top Management Team Behavioral Integration [J]. Journal of Management, 2006, 32 (5): 646 – 672.

[232] Mael, F. A., Ashforth, B. E. Identification in Work, War, Sports, and Religion: Contrasting the Benefits and Risks [J]. Journal for the Theory of Social Behaviour, 2001, 31 (2): 197 – 222.

[233] Magni, M., Proserpio, L., Hoegl, M., Provera, B. The Role of Team Behavioral Integration and Cohesion in Shaping Individual Improvisation [J]. Research Policy, 2009, 38 (6): 1044 – 1053.

[234] Majchrzak, A., More, P. H. B., Faraj, S. Transcending Knowledge Differences in Cross – Functional Teams [J]. Organization Science, 2012, 23

(4): 951-970.

[235] March, J. G. Exploration and Exploitation in Organizational Learning [J]. Organization Science, 1991, 2 (1): 71-87.

[236] May, D. R., Gilson, R. L., Harter, L. M. The Psychological Conditions of Meaningfulness, Safety and Availability and the Engagement of the Human Spirit at Work [J]. Journal of Occupational and Organizational Psychology, 2004, 77 (1): 11-37.

[237] McGrath, R. G. Exploratory Learning, Innovative Capacity, and Managerial Oversight [J]. Academy of Management Journal, 2001, 44 (1): 118-131.

[238] Michel, A. A., Jehn, K. E. The Dark Side of Identification: Overcoming Identification-Induced Performance Impediments. In M. E. Polzer & M. Neale (Eds.), Research on managing groups and teams: Identity issues in groups (Vol. 5) [M]. Greenwich, CT: JAI Press, 2003: 189-219.

[239] Millward, L. J., Haslam, S. A., Postmes, T. Putting Employees in Their Place: The Impact of Hot Desking on Organizational and Team Identification [J]. Organization Science, 2007, 18 (4): 547-559.

[240] Miron-Spektor, E., Erez, M., Naveh, E. The Effect of Conformist and Attentive-to-detail Members on Team Innovation: Reconciling the Innovation Paradox [J]. Academy of Management Journal, 2011, 54 (4): 740-760.

[241] Mitchell, R., Nicholas, S. Knowledge Creationt in Groups: The Value of Cognitive Diversity, Transactive Memory, and Open-Mindedness Norms [J]. The Electronic Journal of Knowledge Management, 2006, 4 (1): 67-74.

[242] Mitchell, R., Boyle, B., Nicholas, S. The Impact of Goal Structure in Team Knowledge Creation [J]. Group Processes & Intergroup Relations, 2009, 12 (5): 639-651.

[243] Mitchell, R., Boyle, B., Parker, V., Giles, M., Chiang, V., Joyce, P. Managing Inclusiveness and Diversity in Teams: How Leader Inclusiveness Affects Performance through Status and Team Identity [J]. Human Resource Management, 2015, 54 (2): 217-239.

[244] Miura, A., Hida, M. Synergy Between Diversity and Similarity in Group-Idea Generation [J]. Small Group Research, 2004, 35 (5): 540-564.

[245] Mo, S., Ling, C. D., Xie, X. Y. The Curvilinear Relationship Be-

tween Ethical Leadership and Team Creativity: The Moderating Role of Team Faultlines [J]. Journal of Business Ethics, 2019, 154 (1): 229 – 242.

[246] Moreland, R. L. , McMinn, J. G. Group Reflexivity and Performance. In S. R. Thye & E. J. Lawler (Eds.) [M]. Advances in group processes (Volume 27). Emerald Group Publishing limited, 2010: 63 – 95.

[247] Morrison, E. W. , Milliken, F. J. Organizational Silence: A Barrier to Change and Development in a Pluralistic World [J]. Academy of Management Review, 2000, 25 (4): 706 – 725.

[248] Morrison, E. W. , Wheeler – Smith, S. L. , Kamdar, D. Speaking up in Groups: A Cross – Level Study of Group Voice Climate and Voice [J]. Journal of Applied Psychology, 2011, 96 (1): 183 – 191.

[249] Morrison, E. W. Employee Voice Behavior: Integration and Directions for Future Research [J]. Academy of Management Annals, 2011, 5 (1): 373 – 412.

[250] Mumford, M. D. , Gustafson, S. B. Creativity Syndrome: Integration, Application, and Innovation [J]. Psychological Bulletin, 1988, 103 (1): 27 – 43.

[251] Nahapiet, J. , Ghoshal, S. Social Capital, Intellectual Capital, and the Organizational Advantage [J]. Academy of Management Review, 1998, 23 (2): 242 – 266.

[252] Nembhard, I. M. , Edmondson, A. C. Making It Safe: The Effects of Leader Inclusiveness and Professional Status on Psychological Safety and Improvement Efforts in Health Care Teams [J]. Journal of Organizational Behavior, 2006, 27 (7): 941 – 966.

[253] Nijstad, B. A. , De Dreu, C. K. W. , Rietzschel, E. F. , Baas, M. The Dual Pathway to Creativity Model: Creative Ideation as a Function of Flexibility and Persistence [J]. European Review of Social Psychology, 2010, 21 (1): 34 – 77.

[254] O'Leary, M. B. , Mortensen, M. Go (Con) figure: Subgroups, Imbalance, and Isolates in Geographically Dispersed Teams [J]. Organization Science, 2010, 21 (1): 115 – 131.

[255] O'Reilly, C. A. , Chatman, J. Organizational Commitment and Psychological Attachment: The Effects of Compliance, Identification, and Internalization

on Prosocial Behavior [J]. Journal of Applied Psychology, 1986, 71 (3): 492 - 499.

[256] Oakes, P. J., Turner, J. C., Haslam, S. A. Perceiving People as Group Members: The Role of Fit in the Salience of Social Categorizations [J]. British Journal of Social Psychology, 1991, 30 (2): 125 - 144.

[257] Oakes, P. J. The Categorization Process: Cognition and the Group in the Social Psychology of Stereotyping. In W. P. Robinson (Ed.) [M]. Social groups and identities: Developing the legacy of Henri Tajfel. Oxford: Butterworth - Heinemann, 1996: 95 - 120.

[258] Oldham, G. R., Cummings, A. Employee Creativity: Personal and Contextual Factors at Work [J]. Academy of Management Journal, 1996, 39 (3): 607 - 634.

[259] Olkkonen, M. E., Lipponen, J. Relationships Between Organizational Justice, Identification with Organization and Work Unit, and Group-related Outcomes [J]. Organizational Behavior and Human Decision Process, 2006, 100 (2): 202 - 215.

[260] Paulus, P. B., Dzindolet, M. Social Influence, Creativity and Innovation [J]. Social Influence, 2008, 3 (4): 228 - 247.

[261] Paulus, P. B. Fostering Creativity in Groups and Teams. In J. Zhou & C. E. Shalley (Eds.) [M]. Handbook of organizational creativity. Mahwah, NJ: Erlbaum, 2008: 165 - 188.

[262] Paulus, P. B. Groups, Teams, and Creativity: The Creative Potential of Idea - Generating Groups [J]. Applied Psychology: An International Review, 2000, 49 (2): 237 - 262.

[263] Pearsall, M. J., Christian, M. S., Ellis, A. P. Motivating Interdependent Teams: Individual Rewards, Shared Rewards, or Something in Between [J]. Journal of Applied Psychology, 2010, 95 (1): 183 - 191.

[264] Pearsall, M. J., Ellis, A. P. J., Evans, J. M. Unlocking the Effects of Gender Faultlines on Team Creativity: Is Activation the Key [J]. Journal of Applied Psychology, 2008, 93 (1): 225 - 234.

[265] Perry - Smith, J. E., Shalley, C. E. A Social Composition View of Team Creativity: The Role of Member Nationality - Heterogeneous Ties Outside of

the Team [J]. Organization Science, 2014, 25 (5): 1434 – 1452.

[266] Podsakoff, P. M., MacKenzie, S. B., Podsakoff, N. P. Sources of Method Bias in Social Science Research and Recommendations on How to Control It [J]. Annual Review of Psychology, 2012, 63: 539 – 569.

[267] Podsakoff, P. M., MacKenzie, S. B., Lee, J. Y., Podsakoff, N. P. Common Method Biases in Behavioral Research: A Critical Review of the Literature and Recommended Remedies [J]. Journal of Applied Psychology, 2003, 88 (5): 879 – 903.

[268] Postmes, T., Haslam, S. A., Swaab, R. I. Social Influence in Small Groups: An Interactive Model of Social Identity Formation [J]. European Review of Social Psychology, 2005, 16 (1): 1 – 42.

[269] Qu, X., Liu, X. Informational Faultlines, Integrative Capability, and Team Creativity [J]. Group & Organization Management, 2017, 42 (6): 767 – 791.

[270] Rapp, T. L., Mathieu, J. E. Team and Individual Influences on Members' Identification and Performance Per Membership in Multiple Team Membership Arrangements [J]. Journal of Applied Psychology, 2019, 104 (3): 303 – 320.

[271] Reagans, R., Zuckerman, E., McEvily, B. How To Make the Team: Social Networks vs. Demography as Criteria for Designing Effective Teams [J]. Administrative Science Quarterly, 2004, 49 (1): 101 – 133.

[272] Reicher, S. D., Spears, R., Haslam, S. A.. The Social Identity Approach in Social Psychology. In M. S. Wetherell & C. T. Mohanty (Eds.) [M]. Sage handbook of identities. London, UK: Sage, 2010: 45 – 62.

[273] Rietzschel, E. F., Nijstad, B. A., Stroebe, W. Productivity Is Not Enough: A Comparison of Interactive and Nominal Brainstorming Groups on Idea Generation and Selection [J]. Journal of Experimental Social Psychology, 2006, 42 (2): 244 – 251.

[274] Riketta, M. Organizational Identification: A Meta-analysis [J]. Journal of Vocational Behavior, 2005, 66 (2): 358 – 384.

[275] Riordan, C. M., Weatherly, E. W. Defining and Measuring Employees' Identification with Their Work Groups [J]. Educational and Psychological Measurement, 1999, 59 (2): 310 – 324.

[276] Roberson, Q. M. Disentangling the Meanings of Diversity and Inclusion in

Organizations [J]. Group & Organization Management, 2006, 31 (2): 212-236.

[277] Rodriguez, R. A. Challenging Demographic Reductionism: A Pilot Study Investigating Diversity in Group Composition [J]. Small Group Research, 1998, 29 (6): 744-759.

[278] Salazar, M. R., Feitosa, J., Salas, E. Diversity and Team Creativity: Exploring Underlying Mechanisms [J]. Group Dynamics: Theory, Research, and Practice, 2017, 21 (4): 187-206.

[279] Salazar, M. R., Lant, T. K., Fiore, S. M., Salas, E. Facilitating Innovation in Diverse Science Teams through Integrative Capacity [J]. Small Group Research, 2012, 43 (5): 527-558.

[280] Santos, C. M., Uitdewilligen, S., Passos, A. M. Why Is Your Team More Creative Than Mine? The Influence of Shared Mental Models on Intra-group Conflict, Team Creativity and Effectiveness [J]. Creativity and Innovation Management, 2015, 24 (4): 645-658.

[281] Schippers, M. C., Den Hartog, D. N., Koopman, P. L., Wienk, J. A. Diversity and Team Outcomes: The Moderating Effects of Outcome Interdependence and Group Longevity and the Mediating Effect of Reflexivity [J]. Journal of Organizational Behavior, 2003, 24 (6): 779-802.

[282] Schippers, M. C., Homan, A. C., Van Knippenberg, D. To Reflect or Not to Reflect: Prior Team Performance as a Boundary Condition of the Effects of Reflexivity on Learning and Final Team Performance [J]. Journal of Organizational Behavior, 2013, 34 (1): 6-23.

[283] Schriesheim, C. A., Eisenbach, R. J. An Exploratory and Confirmatory Factor-analytic Investigation of Item Wording Effects on the Obtained Factor Structures of Survey Questionnaire Measures [J]. Journal of Management, 1995, 21 (6): 1177-1193.

[284] Seppälä, T., Lipponen, J., Bardi, A., Pirttilä-Backman, A. M. Change-oriented Organizational Citizenship Behaviour: An Interactive Product of Openness to Change Values, Work Unit Identification, and Sense of Power [J]. Journal of Occupational and Organizational Psychology, 2012, 85 (1): 136-155.

[285] Sethi, R., Smith, D. C., Park, C. W. Cross-functional Product Development Teams, Creativity, and the Innovativeness of New Consumer Products

[J]. Journal of Marketing Research, 2001, 38 (1): 73 - 85.

[286] Shalley, C. E., Perry - Smith, J. E. The Emergence of Team Creative Cognition: The Role of Diverse Outside Ties, Sociocognitive Network Centrality, and Team Evolution [J]. Strategic Entrepreneurship Journal, 2008, 2 (1): 23 - 41.

[287] Shalley, C. E., Zhou, J. Organizational Creativity Research: A Historical Overview. In C. E. Shalley & J. Zhou (Eds.) [M]. Handbook of organizational creativity. New York: Lawrence Eribaum Associates, 2008: 3 - 32.

[288] Shalley, C. E., Zhou, J., Oldham, G. R. The Effects of Peronal and Contextual Characteristics on Creativity: Where Should We Go from Here [J]. Journal of Management, 2004, 30 (6): 933 - 958.

[289] Shalley C. E., Gilson, L. L. What Leaders Need to Know: A Review of Social and Contextual Factors That Can Foster or Hinder Creativity [J]. Leadership Quarterly, 2004, 15 (1): 33 - 53.

[290] Shemla, M., Wegge, J. Managing Diverse Teams by Enhancing Team Identification: The Mediating Role of Perceived Diversity [J]. Human Relations, 2019, 72 (4): 755 - 777.

[291] Shin, S. J., Zhou, J. When Is Educational Specialization Heterogeneity Related to Creativity in Research and Development Teams? Transformational Leadership as A Moderator [J]. Journal of Applied Psychology, 2007, 92 (6): 1709 - 1721.

[292] Shin, S. J., Kim, T. Y., Lee, J. Y., Bian, L. Cognitive Team Diversity and Individual Team Member Creativity: A Cross - Level Interaction [J]. Academy of Management Journal, 2012, 55 (1): 197 - 212.

[293] Shin, Y. Positive Group Affect and Team Creativity Mediation of Team Reflexivity and Promotion Focus [J]. Small Group Research, 2014, 45 (3): 337 - 364.

[294] Shore, L. M., Randel, A. E., Chung, B. G., Dean, M. A., Ehrhart, K. H., Singh, G. Inclusion and Diversity in Work Groups: A Review and Model for Future Research [J]. Journal of Management, 2011, 37 (4): 1262 - 1289.

[295] Siemsen, E., Roth, A., Oliveira, P. Common Method Bias in Regression Models with Linear, Quadratic, and Interaction Effects [J]. Organizational Research Methods, 2010, 13 (3): 456 - 476.

[296] Simon, F., Allix - Desfautaux, C., Khelil, N., Le Nadant, A.

L. Creativity within Boundaries: Social Identity and the Development of New Ideas in Franchise Systems [J]. Creativity and Innovation Management, 2018, 27 (4): 444-457.

[297] Simsek, Z., Veiga, J. F., Lubatkin, M. H., Dino, R. N. Modeling the Multilevel Determinants of Top Management Team Behavioral Integration [J]. Academy of Management Journal, 2005, 48 (1): 69-84.

[298] Simsek, Z. Organizational Ambidexterity: Towards A Multilevel Understanding [J]. Journal of Management Studies, 2009, 46 (4): 597-624.

[299] Skilton, P. F., Dooley, K. J. The Effects of Repeat Collaboration on Creative Abrasion [J]. Academy of Management Review, 2010, 35 (1): 118-134.

[300] Sluss, D. M., Ashforth, B. E. How Relational and Organizational Identification Converge: Processes and Conditions [J]. Organization Science, 2008, 19 (6): 807-823.

[301] Smith, J. R., Louis, W. R. Do as We Say and as We Do: The Interplay of Descriptive and Injunctive Group Norms in the Attitude – Behaviour Relationship [J]. British Journal of Social Psychology, 2008, 47 (4): 647-666.

[302] Smith, W. K., Tushman, M. L. Managing Strategic Contradictions: A Top Management Model for Managing Innovation Streams [J]. Organization Science, 2005, 16 (5): 522-536.

[303] Somech, A., Desivilya, H. S., Lidogoster, H. Team Conflict Management and Team Effectiveness: The Effects of Task Interdependence and Team Identification [J]. Journal of Organizational Behavior, 2009, 30 (3): 359-378.

[304] Song, D., Liu, H., Gu, J., He, C. Collectivism and Employees' Innovative Behavior: The Mediating Role of Team Identification and The Moderating Role of Leader – Member Exchange [J]. Creativity and Innovation Management, 2018, 27 (2): 221-231.

[305] Stasser, G., Titus, W. Hidden Profiles: A Brief History [J]. Psychological Inquiry, 2003, 14 (3-4): 304-313.

[306] Sung, S. Y., Choi, J. N. Effects of Team Knowledge Management on the Creativity and Financial Performance of Organizational Teams [J]. Organizational Behavior and Human Decision Processes, 2012, 118 (1): 4-13.

[307] Tajfel, H., Billig, M. G., Bundy, R. P., Flament, C. Social Cate-

gorization and Intergroup Behaviour [J]. European Journal of Social Psychology, 1971, 1 (2): 149 - 178.

［308］Tajfel, H. H. , Turner, J. C. 1979. An Integrative Theory of Intergroup Conflict. In W. G. Austin & S. Worchel (Eds.) [M]. The social psychology of intergroup relations. Monterey, CA: Brooks/Cole, 1979: 33 - 47.

［309］Tajfel, H. 'La Catégorisation Sociale' (English trans. ), in S. Moscovici (Ed. ) [M]. Introduction à la psychologie sociale. Paris: Larouse. 1972: 272 - 302.

［310］Tajfel, H. Social Identity and Intergroup Behavior [J]. Social Science Information, 1974, 13 (2): 65 - 93.

［311］Tajfel, H. Social Psychology of Intergroup Relations [J]. Annual Review of Psychology, 1982, 33 (1): 1 - 39.

［312］Tanghe, J. , Wisse, B. , Van Der Flier, H. The Formation of Group Affect and Team Effectiveness: The Moderating Role of Identification [J]. British Journal of Management, 2010, 21 (2): 340 - 358.

［313］Terry, D. J. , Hogg, M. A. Group Norms and the Attitude-behavior Relationship: A Role for Group Identification [J]. Personality and Social Psychology Bulletin, 1996, 22 (8): 776 - 793.

［314］Terry, D. J. , Hogg, M. A. , McKimmie, B. M. Attitude-behaviour Relations: The Role of In-group Norms and Mode of Behavioural Decision-making [J]. British Journal of Social Psychology, 2000, 39 (3): 337 - 361.

［315］Tett, R. P, Burnett, D. D. A Personality Trait-based Interactionist Model of Job Performance [J]. Journal of Applied Psychology, 2003, 88 (3): 500 - 517.

［316］Tiwana, A. , Mclean, E. R. Expertise Integration and Creativity in Information Systems Development [J]. Journal of Management Information Systems, 2005, 22 (1): 13 - 43.

［317］Tjosvold, D. , Poon, M. Dealing with Scarce Resources Open-minded Interaction for Resolving Budget Conflicts [J]. Group & Organization Management, 1998, 23 (3): 237 - 255.

［318］Tjosvold, D. , Sun, H. F. Openness among Chinese in Conflict: Effects of Direct Discussion and Warmth on Integrative Decision Making [J]. Journal of Applied Social Psychology, 2003, 33 (9): 1878 - 1897.

[319] Tjosvold, D., Morishima, M., Belsheim, J. A. Complaint Handling on the Shop Floor: Cooperative Relationships and Open-minded Strategies [J]. International Journal of Conflict Management, 1999, 10 (1): 45 – 68.

[320] Tjosvold, D., Tang, M. M., West, M. Reflexivity for Team Innovation in China: The Contribution of Goal Interdependence [J]. Group & Organization Management, 2004, 29 (5): 540 – 559.

[321] Turner, J. C., Oakes, P. J. Self-categorization Theory and Social Influence. In P. B. Paulus (Ed.) [M]. Psychology of group influence (2nd edition). Hillsdale, NJ: Erlbaum. 1989: 233 – 275.

[322] Turner, J. C., Oakes, P. J., Haslam, S. A., McGarty, C. Self and Collective: Cognition and Social Context [J]. Personality and Social Psychology Bulletin, 1994, 20 (5): 454 – 436.

[323] Turner, M. E., Pratkanis, A. R. A Social Identity Maintenance Model of Groupthink [J]. Organizational Behavior and Human Decision Processes, 1998, 73 (2): 210 – 235.

[324] Turner, M. E., Pratkanis, A. R., Probasco, P., Leve, C. Threat, Cohesion, and Group Effectiveness: Testing A Social Identity Maintenance Perspective on Groupthink [J]. Journal of Personality and Social Psychology, 1992, 63 (5): 781 – 796.

[325] Unsworth, K. Unpacking Creativity [J]. Academy of Management Review, 2001, 26 (2): 289 – 297.

[326] Van Der Vegt, G. S., Bunderson, J. S. Learning and Performance in Multidisciplinary Teams: The Importance of Collective Team Identification [J]. Academy of Management Journal, 2005, 52 (3): 581 – 598.

[327] Van Der Vegt, G. S., Van De Vliert, E., Oosterhof, A. Informational Dissimilarity and Organizational Citizenship Behavior: The Role of Intrateam Interdependence and Team Identification [J]. Academy of Management Journal, 2003, 45 (6): 715 – 727.

[328] Van Dick, R., Christ, O., Stellmacher, J., Wagner, U., Ahlswede, O., Grubba, C., Hauptmeier, M., Höhfeld, C., Moltzen, K., Tissington, P. A. Should I Stay or Should I Go? Explaining Turnover Intentions with Organizational Identification and Job Satisfaction [J]. British Journal of Management,

2004, 15 (4): 351-360.

[329] Van Dick, R., Grojean, M. W., Christ, O., Wieseke, J. Identity and the Extra Mile: Relationships between Organizational Identification and Organizational Citizenship Behavior [J]. British Journal of Management, 2006, 17 (4): 283-301.

[330] Van Dick, R., Van Knippenberg, D., Kerschreiter, R., Hertel, G., Wieseke, J. Interactive Effects of Work Group and Organizational Identification on Job Satisfaction and Extra-Role Behavior [J]. Journal of Vocational Behavior, 2008, 72 (3): 388-399.

[331] Van Dick, R., Wagner, U., Stellmacher, J., Christ, O., Tissington, P. A. To Be (Long) or Not to Be (Long): Social Identification in Organizational Contexts [J]. Genetic, Social, and General Psychology Monographs, 2005, 131 (3): 189-218.

[332] Van Dick, R. Identification in Organizational Contexts: Linking Theory and Research from Social and Organizational Psychology [J]. International Journal of Management Reviews, 2005, 3 (4): 265-283.

[333] Van Knippenberg, D., Ellemers, N. Social Identity and Group Performance: Identification as the Key to Group-oriented Effort. In S. A. Haslam, D. Van Knippenberg, M. J. Platow, N. Ellemers (Eds.) [M]. Social identity at work: Developing theory for organizational practice. Psychology Press: New York and London, 2003: 29-42.

[334] Van Knippenberg, D., Hogg, M. A. A Social Identity Model of Leadership Effectiveness in Organizations [J]. Research in Organizational Behavior, 2003, 25: 243-295.

[335] Van Knippenberg, D., Sleebos, E. Organizational Identification Versus Organizational Commitment: Self-definition, Social Exchange, and Job Attitudes [J]. Journal of Organizational Behavior, 2006, 27 (5): 571-584.

[336] Van Knippenberg, D., Van Schie, E. C. M. Foci and Correlates of Organizational Identification [J]. Journal of Occupational and Organizational Psychology, 2000, 73 (2): 137-147.

[337] Van Knippenberg, D., De Dreu, C. K. W., Homan, A. C. Work Group Diversity and Group Performance: An Integrative Model and Research Agenda

[J]. Journal of Applied Psychology, 2004, 89 (6): 1008 – 1022.

[338] Van Knippenberg, D. Work Motivation and Performance: A Social Identity Perspective [J]. Applied Psychology, 2000, 49 (3): 357 – 371.

[339] Van Leeuwen, E., Van Knippenberg, D., Ellemers, N. Continuing and Changing Group Identities: The Effects of Merging on Social Identification and Ingroup Bias [J]. Personality and Social Psychology Bulletin, 2003, 29 (6): 679 – 690.

[340] Van Veelen, R., Ufkes, E. G. Teaming Up or Down? A Multisource Study on the Role of Team Identification and Learning in the Team Diversity – Performance Link [J]. Group & Organization Management, 2019, 44 (1): 38 – 71.

[341] Vissers, G., Dankbaar, B. Creativity in Multidisciplinary New Product Development Teams [J]. Creativity and Innovation Management, 2002, 11 (1): 31 – 42.

[342] Walton, A. P., Kemmelmeier, M. Creativity in Its Social Context: The Interplay of Organizational Norms, Situational Threat, and Gender [J]. Creativity Research Journal, 2012, 24 (2 – 3): 208 – 219.

[343] Wang, X – H., Kim, T – Y., Lee, D – R. Cognitive Diversity and Team Creativity: Effects of Team Intrinsic Motivation and Transformational Leadership [J]. Journal of Business Research, 2016, 69 (6): 3231 – 3239.

[344] Webber, S. S., Donahue, L. M. Impact of Highly and Less Job – Related Diversity on Work Group Cohesion and Performance: A Meta-analysis [J]. Journal of Management, 2001, 27 (2): 141 – 162.

[345] West, M. A., Anderson, N. R. Innovation in Top Management Teams [J]. Journal of Applied Psychology, 1996, 81 (6): 680 – 693.

[346] West, M. A. Reflexivity, Revolution and Innovation in Work Teams. In M. M. Beyerlein, D. A. Johnson, & S. T. Beyerlein (Eds.) [M]. Product development teams. Stamford CT: JAI Press, 2000: 1 – 29.

[347] West, M. A. Sparkling Fountains or Stagnant Ponds: An Integrative Model of Creativity and Innovation Implementation in Work Groups [J]. Applied Psychology, 2002, 51 (3): 355 – 387.

[348] Wilder, D., Simon, A. F. Affect as a Cause of Intergroup Bias. In R. Brown & S. L. Gaertner (Eds.), Blackwell handbook of social psychology: In-

tergroup processes. Malden, MA: Blackwell, 2001, 153 – 172.

[349] Williams, K. Y., O'Reilly III, C. A. A Review of 40 Years of Research [J]. Research in Organizational Research, 1998, 20: 77 – 140.

[350] Williams, M. In Whom We Trust: Group Membership as an Affective Context for Trust Development [J]. Academy of Management Review, 2000, 26 (3): 377 – 396.

[351] Wong, S – S. Distal and Local Group Learning: Performance Trade – Offs and Tensions [J]. Organization Science, 2004, 15 (6): 645 – 656.

[352] Woodman, R. W., Schoenfeldt, L. F. An Interactionist Model of Creative Behavior [J]. Journal of Creative Behavior, 1990, 24 (1): 10 – 20.

[353] Woodman, R. W., Sawyer, J. E., Griffin, R. W. Toward a Theory of Organizational Creativity [J]. Academy of Management Review, 1993, 18 (2): 293 – 321.

[354] Wu, J – F., Shanley, M. T. Knowledge Stock, Exploration, and Innovation: Research on the United States Electromedical Device Industry [J]. Journal of Business Research, 2009, 62 (4): 474 – 483.

[355] Xie, X – Y., Ling, C – D., Mo, S – J., Luan, K. Linking Colleague Support to Employees' Promotive Voice: A Moderated Mediation Model [J]. PloS One, 2015, 10 (7).

[356] Xie, X – Y., Wang, W – L., Luan, K. It Is Not What We Have, but How We Use It: Reexploring The Relationship Between Task Conflict and Team Innovation from the Resource – Based View [J]. Group Processes & Intergroup Relations, 2014, 17 (2): 240 – 251.

[357] Yu, C., Frenkel, S. J. Explaining Task Performance and Creativity from Perceived Organizational Support Theory: Which Mechanisms Are More Important [J]. Journal of Organizational Behavior, 2013, 34 (8): 1165 – 1181.

[358] Zhang, A. Y., Tsui, A. S., Wang, D. X. Leadership Behaviors and Group Creativity in Chinese Organizations: The Role of Group Processes [J]. Leadership Quarterly, 2011, 22 (5): 851 – 862.

[359] Zhang, X., Bartol, K. M. Linking Empowering Leadership and Employee Creativity: The Influence of Psychological Empowerment, Intrinsic Motivation, and Creative Process Engagement [J]. Academy of Management Journal,

2010, 53 (1): 107-128.

[360] Zhou, J., George, J. M. When Job Dissatisfaction Leads to Creativity: Encouraging the Expression of Voice [J]. Academy of Management Journal, 2001, 44 (4): 682-696.

[361] Zhou, J., Hoever, I. J. Research on Workplace Creativity: A Review and Redirection [J]. Annual Review of Organizational Psychology and Organizational Behavior, 2014, 1: 333-359.

[362] Zhou, J. Feedback Valence, Feedback Style, Task Autonomy, and Achievement Orientation: Interactive Effects on Creative Performance [J]. Journal of Applied Psychology, 1998, 83 (2): 261-276.